민음 한국사　조선04

I8세기

왕의 귀환

김백철
노대환
염정섭
오상학
이　욱
정재훈
최성환
허용호
지음

강응천
편저

이 책을 쓴 사람들

최성환 (수원학연구센터 연구위원, 1부 1장, 3부 1·2장)

김백철 (규장각한국학연구원 책임연구원, 1부 2장)

염정섭 (한림대학교 교수, 1부 3장)

노대환 (동국대학교 교수, 2부 1~3장)

허용호 (고려대학교 연구교수, 2부 4장)

정재훈 (경북대학교 교수, 3부 2장 18세기의 초점)

이욱 (순천대학교 교수, 3부 3장)

오상학 (제주대학교 교수, 지도 총괄)

강응천 (문사철 대표, 편저)

이 책을 만든 사람들

책임 편집   정연경
아트디렉터   김용한
아트에디터   김원용
디자인   조혜림

민음 한국사　조선04

18세기

왕의 귀환

김백철
노대환
염정섭
오상학
이　욱
정재훈
최성환
허용호
지음

강응천
편저

18세기의 서 序

『18세기-왕의 귀환』은 21세기의 시각에서 지난 수천 년의 한국사를 세기별로 되돌아
보고 성찰하는 '민음 한국사' 시리즈의 조선 시대 편 넷째 권이다. 방대한 시리즈의 첫
편을 조선에서 시작한 것은 상대적으로 풍부한 자료와 연구 성과 때문이기도 하지만
무엇보다도 21세기 오늘의 현실적 관심에서 비롯된 측면이 크다.

오늘날 세계의 뚜렷한 흐름 가운데 하나는 인류가 근대를 새롭게 사유하고 있다
는 것이다. 오랫동안 수많은 사람에게 근대는 황금알을 낳는 거위이거나 오매불망 동
경하는 파랑새였다. 다른 나라를 살필 것도 없이 19세기 말 이래 한국사는 끊임없이
근대를 갈구하며 그 파랑새를 손에 넣기 위해 때로는 자신의 목숨을 던지기도 하고
때로는 남의 목숨을 빼앗기도 하던 군상의 피와 땀으로 얼룩져 있다.

근대가 자본주의 경제와 그에 기반한 정치·사회·문화 등의 체제라고 한다면, 한
국 사회가 이미 근대에 도달했을 뿐 아니라 그 최전선에서 달려 나가고 있다는 것을
부정할 사람은 많지 않을 것이다. 그러나 그러한 최첨단 사회에 살면서 우리는 묻는
다. 도대체 근대는 어디에 있는가? 우리는 정말 그토록 희구하던 근대에 살고 있는 것
인가? 그리고 다시 묻는다. 근대는 도대체 무엇이었단 말인가?

그리하여 마침내 우리 시선은 '전근대'의 마지막 시대였던, 근대를 갈구한 이들이
그토록 저주하고 경멸하던 조선 500년으로 향하고 있다. 그 500년이 정녕 남들은 근
대를 향해 달려갈 때 정체나 퇴보를 감수하기만 하던 시간이었을까? 근대를 향해 질
주하면서 우리는 무언가를 빼놓거나 지나친 것은 아니었을까? 근대를 우회하거나 추
월할 '가지 않은 길'이 그 500년 어디엔가 숨어 있는 것은 아닐까? 『18세기-왕의 귀
환』은 바로 그런 질문을 던지며 조심스러우면서도 호기심에 가득 찬 눈빛으로 조선
500년의 네 번째 세기에 발을 디딘다.

왕이 돌아왔다. 지난 세기의 조선에 왕이 사라졌었다는 뜻은 아니다. 그러나 18세기의 왕은 사대부에게 주도권을 내주었던 16, 17세기의 왕과는 확연히 다른 존재감을 가지고 역사 무대의 정중앙에 복귀했다. 세종과 성종의 부활을 보는 것 같은 극적인 변화였지만 그것은 결코 15세기로의 회귀는 아니었다. 역사에서 그런 일은 일어날 수 없다. 돌아온 위풍당당한 국왕 영조와 정조가 왕권을 장악한 이념적 무기는 세종과 마찬가지로 성리학이었지만, 그들이 딛고 선 기반은 15세기와는 달랐다.

18세기 조선은 지난 세기 이래 양란이라는 누란의 위기 위에서 시작된 개혁이 없었다면 왕조로 살아남을 수 없었을 것이다. 임박한 파국 앞에서 민의 부담을 덜어 주고 지배층의 기득권을 내려 놓는 대동법, 균역법 등 대개혁은 빈사 상태에 빠졌던 왕조를 부활시켜 15세기에 이은 또 한 번의 절정으로 이끌었다. 영조와 정조는 바로 그러한 개혁과 부흥을 주도해 '왕의 귀환'을 이룩했다. 개혁을 추진하는 데 점차 걸림돌이 되어 갔던 붕당정치는 '탕평'을 기축으로 하는 국왕 중심 정치에 그 자리를 내주고 역사 무대에서 한발 물러났다.

대동법과 균역법은 16세기 이래 성장하던 시장경제의 산물이면서 그 촉매제 역할을 했다. 이러한 사회경제적 변화는 농업 국가 조선을 새로운 시대로 이끌고 있었다. 그 변화는 조선만이 아니라 중국과 일본에서도 일어났고, 서유럽에서는 훨씬 더 급격하고 공격적인 형태로 일어나고 있었다. 영조와 정조가 이 변화를 성리학의 틀 안에서 포용하려고 한 것은 그들의 장점이자 한계였다. 모든 것을 뒤섞어 차이를 없애 버리는 시장이 그 성격상 두 군주가 설정한 성리학의 틀을 박차고 나가는 것은 시간 문제였다. 그들에게는 다행히도 18세기는 아직 그 '시간'은 아니었던 것 같다. 성리학의 임계점을 보여 주는 '세계사적 실험' 속에 조선왕조는 무르익고 있었다.

03. 화성으로 가는 길

18세기를 나가며

18세기의 세계

1709년^{숙종 35}, 이탈리아의 크리스토포리는 이전에 볼 수 없었던 강력한 악기를 선보였다. 망치로 현을 때리면 풍부한 음량, 긴 여운을 가진 소리가 실내뿐 아니라 광장에서도 멀리까지 울려 퍼졌다. 이전의 파이프오르간과 하프시코드가 교회에 청중을 모아놓고 귀족 취향의 장중한 음악을 연주한 데 비해 피아노는 음악 그 자체를 즐기려는 시민계급에게 간결하고 개인적인 음악의 세계를 선물했다. 18세기의 막은 이 소리와 함께 열렸다.

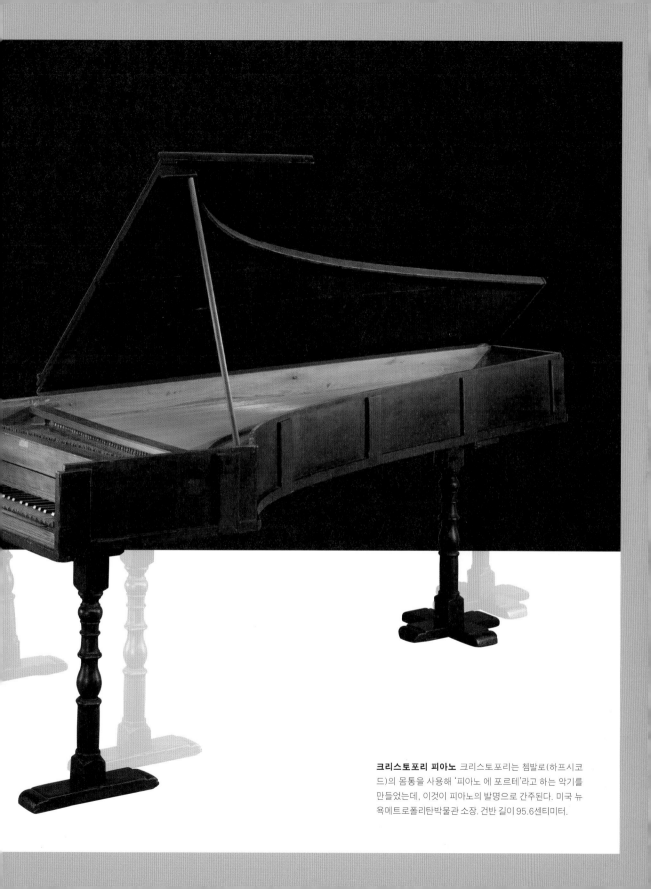

크리스토포리 피아노 크리스토포리는 쳄발로(하프시코드)의 몸통을 사용해 '피아노 에 포르테'라고 하는 악기를 만들었는데, 이것이 피아노의 발명으로 간주된다. 미국 뉴욕메트로폴리탄박물관 소장. 건반 길이 95.6센티미터.

시민의 시대

18세기 들어 음악은 궁정과 교회로부터 해방되었다. 귀족과 사제 계급을 위한
바로크 음악은 시민계급을 위한 고전파 음악, 즉 '클래식'에 자리를 내주었다.

18세기 음악 축제 로슈푸코 추기경이 루이 15세의 황태자와 마리 조제프 드 삭스의 결혼을 축하하며 개최한 음악회. 왕실과 귀
족을 위한 화려한 축제이지만 시민들도 참여해 함께 즐길 수 있는 대중적 음악회의 요소를 갖추고 있다. 1747년. 조반니 파올로
파니니 작 「음악 축제」. 프랑스 루브르박물관 소장. 캔버스에 유채. 가로 204센티미터, 세로 247센티미터.

「대관식 예복을 입은 루이 15세」 1730년. 이야생트 리고 작. 프랑스 베르사유 궁전 소장. 캔버스에 유채.

18세기를 돌아볼 때 가장 먼저 우리의 눈을 끌어당기는 지역은 서유럽이다. 향후 세계의 운명을 좌우하게 될 근본적인 변화는 거의 대부분 이 지역에서 일어나고 있었다. 선두 주자는 유럽 대륙의 서쪽에 둥그렇게 몸을 구부린 태아의 모양을 하고 떠 있는 섬나라 영국이었다. 이 나라는 일찌감치 절대왕정을 퇴진시키고 근대적 입헌 질서와 의회 제도를 갖춘 참신한 모습으로 18세기를 시작하고 있었다. 생긴 모습 그대로 새로운 질서를 '태동'시키고 있었던 것이다.

다음은 프랑스 차례였다. 11세기 이래 영국과 앙숙 관계를 유지해 온 프랑스답게 '태양왕' 루이 14세는 추락한 영국 왕실을 비웃으며 "짐이 곧 국가다."라는 자부심과 함께 18세기를 맞았다. 그러나 영국과 대륙 사이를 흐르는 도버 해협의 물결은 강렬한 절대왕정의 햇살을 받아 반짝거리면서도 새로운 질서를 머금은 채 노르망디 해안으로 밀려들었다.

영국의 절대왕정이 그랬던 것처럼 프랑스에서도 정부의 중상주의 정책 아래 나라와 나라, 도시와 도시를 오가며 부를 축적한 신인류가 태동하고 있었다. 중세 농촌 경제의 태반을 빠져나와 도시에 정착한 시민계급, 즉 부르주아지는 경제적 성과를 바탕으로 그들만의 새로운 문화를 추구했다. 절대왕정의 비호를 받는 중세 귀족의 문화는 궁정과 교회에 종속된 문화였다. 귀족과 사제의 보호를 받는 시인과 화가와 음악가들은 화려한 궁정 연회와 교회 천장에서 그들의 재능을 발휘했다. 그러나 신흥 시민계급은 예술과 문화를 궁정과 교회로부터 광장과 극장으로 끌어냈다.

작곡에 몰두하는 베토벤 베토벤은 고전파 음악의 마지막을 장식하는 위대한 음악가였다. 1890년. 카를 슐로서 작. 미국 그레인저컬렉션 소장.

절대왕정기를 문화적으로는 '바로크 시대'라고 한다. 궁정과 교회의 위엄을 빛내 주는 엄격한 형식주의가 바로크 문학, 바로크 미술, 바로크 음악을 시대의 조류로 만들었다. 시민계급은 이에 맞서 그 어떤 권위에도 종속되지 않은 자기완결적인 형식을 완성하고 자연스러운 인간적 감정에 호소하는 문화를 창조해 나갔다. 바로 이때 크리스토포리의 피아노는 특유의 강한 반동을 자랑하는 망치로 귀족들의 뒤통수를 통타하며 18세기에 걸맞은 맑은 음색을 빚어내고 있었던 것이다.

피아노라는 경이로운 악기의 탄생과 더불어 교향곡, 현악 4중주 등 새로운 예술 형식이 출현했다. 그렇게 완성된 18세기 시민계급의 음악이 바로 고전파 음악, 곧 '클래식'이다. 그리스 로마 문화를 가리키는 클래식은 마치 완벽한 그리스 조각을 보는 듯한 완성미와 균형미를 추구했다. 하이든, 모차르트, 베토벤은 바로 이러한 클래식 음악의 시대를 수놓은 별들이었다. 클래식의 시대를 맞아 음악의 대중화가 가속되었다. 더 많은 사람들이 음악을 즐길 여가와 수단을 갖게 되었고, 기보법이 발달해 직업적 음악가만 볼 수 있었던 악보가 모든 사람에게 개방되었다. 대중적 연주회도 출현했다. 이처럼 시민이 자신들의 음악을 즐기게 되자 대중적 인기를 한 몸에 받는 연주자와 지휘자들이 생겨나 지금까지 의존해 오던 귀족과 사제의 후원으로부터 벗어났다. 이제 음악은 공개 연주회에 입장하기 위해 기꺼이 지갑을 여는 시민계급의 것으로 바뀌었다.

축제를 즐기는 시민들 18세기는 축제의 세기였다. 사제와 귀족의 장중한 음악은 시민계급에게 어려웠을 뿐 아니라 접근도 불가능했다. 시민계급과 일반 대중은 자신들의 음악을 만들어 부르고 춤추며 해방감을 만끽했다. 18세기. 조반니 도메니코 티에폴로 작 「베니스의 사육제」. 프랑스 루브르박물관 소장. 캔버스에 유채.

계몽의 시대

경제적으로 성장하고 자신들의 문화를 창조한 시민계급은 거리의 살롱과 카페에 모여 앉아 정치적 울분을 토로했다. "우리가 언제까지 한 줌도 안 되는 봉건 귀족의 지배를 받고 있어야 한단 말인가!"

카페에 모여 격론을 벌이는 파리의 사상가들 영국의 커피하우스, 프랑스와 이탈리아의 카페, 독일의 콘디토라이는 수많은 문화예술인이 모여 정치·경제·사회를 비판하고 자신들의 삶과 예술을 이야기하는 토론과 창조의 공간이었다. 낡은 것을 허물고 새로운 질서를 세우는 혁명은 카페를 따라 다녔다. 사진은 뷔퐁, 디드로, 루소, 볼테르 등 파리의 사상가들이 카페 프로코프에서 토론을 벌이는 모습을 담은 판화이다. 바도로 작. 프랑스 파리장식미술도서관 소장.

시민계급이 카페에 모여 섭취하는 커피는 그들의 사상적 각성을 북돋는 에너지원이었다. 커피 덕분에 머리가 맑아지고 잠이 달아난 시민들은 밤이 새도록 수다를 떨며 그들의 눈에 새롭게 비친 세계와 그 속에 놓인 자신들의 처지에 대해 고민하고 논쟁했다. 그런 가운데 시민계급의 사상인 계몽주의가 무르익었다.

계몽주의자 디드로의 초상 1767년. 루이 미셸 반 루 작. 프랑스 루브르박물관 소장.

커피가 시민계급의 각성제로 기능하기 시작한 곳은 17세기 런던이었다. 이슬람 신비주의 교파인 수피즘 교단에서 철야 기도를 돕고자 신도들에게 커피를 마시게 한 이래, 커피는 사람을 깨어 있게 하고 두뇌 활동을 촉진하는 음료로 사랑받게 되었다. 런던 거리에 가득 찬 커피하우스에서 청교도혁명과 명예혁명의 촉매제 역할을 한 커피는 뒤이어 파리에 상륙해 계몽주의를 전파했다.

계몽주의란 말 그대로 대중의 무지몽매한 상태를 깨우치려는 사상이었다. 중세 유럽의 대중은 종교의 품에 안겨 세계에 대한 무지를 당연한 것으로 여기며 살았다. 나약한 인간은 그저 모든 것을 알고 있는 신에게 의지하며 기도하면 되었다. 교회를 주재하는 사제들이 신과 인간의 매개자가 되어 사람들의 삶을 지도했고, 왕과 귀족들이 사제들을 봉양하며 세속의 권력을 누렸다.

18세기 프랑스의 시민계급은 이 같은 중세 질서에 근본적인 의문을 던졌다. 도대체 왜 인간이 앎의 주체가 되면 안 되는가? 왜 대다수의 인민이 자기 삶의 주인이 되지 못하고 한 줌도 안 되는 사제와 귀족들에게 운명을 맡기며 살아가야 하는가? 경제적으로는 성공했으나 정치 사회적으로는 여전히 '적과 흑귀족과 사제' 밑에서 아무런 권리도 누리지 못하는 것이 당시 시민계급의 현실이었다. 그들은 위와 같은 의문을 매우 예민하게 받아들이고, 정력적으로 문제 해결에 나섰다.

마담 조프랭의 살롱 17세기 후반에 시작된 프랑스의 살롱 문화는 18세기 들어 사교적인 기능에서 벗어나 문화를 생산하는 창조적인 기능을 했다. 프랑스 말메종국립박물관 소장.

인간이 세계의 비밀과 원리를 터득하고 삶의 주인이 되어야 한다는 계몽사상은 커피가 섞인 시민들의 침과 함께 거리로 튀어 나갔다. 카페 프로코프에서 볼테르는 하루에 40잔의 커피를 마시고 절대왕정에 독설을 퍼부었으며, 변호사 로베스피에르는 인권의 가치를 논하며 열변을 토했다. 미국의 독립운동가 프랭클린이 프랑스의 지원을 요청하러 파리에 왔다가 계몽사상가들과 교유한 곳도 카페 프로코프였다.

디드로, 달랑베르 등 백과전서파라고 불리는 계몽주의자들은 1751년[형조 27]부터 30년간 인간이 알아야 할 모든 것을 탐구하고 그 결과를 백과사전에 담아내는 방대한 작업도 진행했다. 모든 인간이 자기 삶의 주인이라는 인식은 신의 이름 아래 굴종을 강요당하던 시민계급에게 모욕감을 안겨 주었고, 이는 프랑스대혁명으로 폭발했다. 시민계급을 포함한 대중은 절대왕정에서 사제와 귀족에 이은 제3신분으로 불렸다. 이 미천한 제3신분은 시에예스의 다음과 같은 부르짖음과 함께 카페에서 거리로 뛰쳐나갔다.

"제3신분은 무엇인가? 전부이다. 제3신분은 지금의 정치 질서에서 무엇인가? 아무 것도 아니다. 제3신분은 무엇이 되고자 하는가? 무언가가 되고자 한다!"

「1789년 7월 14일의 바스티유 감옥 습격」 루이 16세가 신분제 의회인 삼부회를 소집하자 시민 대표들은 자신들의 의회인 국민의회를 출범시켰다. 왕정이 국민의회를 공격하자 성난 파리 시민들은 앵발리드에서 무기를 탈취하고, 오랜 세월 왕궁의 요새였던 바스티유 감옥으로 행진했다. 이 사건은 근대 세계를 완전히 바꿔 놓은 프랑스대혁명의 시발점으로 여겨진다. 1789년. 작자 미상. 프랑스 베르사유궁전 소장.

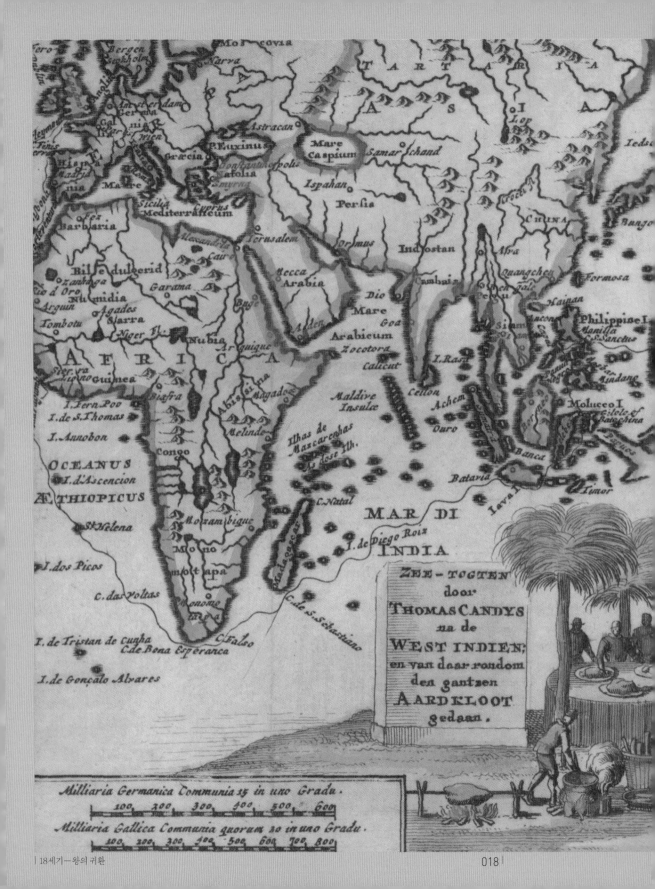

노예무역의 시대

서유럽의 시민계급이 커피를 마시며 인권을 노래할 때 대서양과 인도양은 커피콩과 노예를 실은 배들로 가득했다. 계몽의 시대는 노예무역과 서세동점의 시대였다.

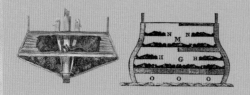

노예무역의 경제학 1771년 영국의 노예무역선은 190척에 이르렀고, 1년에 노예 4만 7000명을 운반해 30~100퍼센트에 이르는 이익을 올렸다. 100톤의 노예선에 400명 이상의 노예를 적재했으며, 항해 중에 6분의 1이 죽고, 길들이는 동안에 3분의 1이 죽었다고 한다. 항해 도중에 벌어진 잔혹하고 비참한 실정은 말로 표현할 수 없는 지경이었다.

영국 탐험가 카벤디쉬가 1707년에 제작한 세계지도(큰 도판). 당시 유럽인의 미각과 후각을 지배한 커피 원두(오른쪽 아래). 아프리카 노예들이 무역선을 타고 있는 '노예 시루'(맨 왼쪽). 노예를 최대한 많이 태우기 위해 고안한 노예무역선의 도면(왼쪽과 아래).

노예를 수용하는 헛간 아프리카 노예들은 거래 지점에 도착하면 헛간에 갇혔다. 울타리와 지붕만 있는 헛간에서 족쇄와 긴 사슬에 꿰어져 자신이 매매되는 것을 기다려야 했다.

시선을 서유럽으로부터 남쪽의 아프리카로 내려 보자. 영국과 프랑스의 상인들이 100톤이 넘는 배에 럼주, 총포, 화약 등을 싣고 항구를 떠난다. 아프리카 서해안에 도착한 배들은 싣고 간 물건을 그 지역의 추장들에게 건넨 뒤 대가로 흑인 노예를 받아 화물칸에 차곡차곡 적재한다. 상인들은 이 노예들을 아메리카의 사탕수수 농장과 서아시아의 커피 농장에 팔고, 그 대금으로 사탕수수, 향신료, 커피 등을 싼 값에 구입해 유유히 본국으로 돌아간다. 파리의 시민계급에게 원활한 두뇌 회전과 생산적인 수다를 제공해 인도주의를 부르짖게 한 커피는 이처럼 비인도적인 삼각무역을 통해 카페의 주방까지 배달되었다.

영국과 프랑스는 노예무역의 이권을 놓고 치열한 경쟁을 벌였다. 에스파냐 정부가 아메리카 식민지에서 원주민의 노예 사역을 금지한 이래 대안으로 떠오른 아프리카 노예무역은 황금알을 낳는 거위로 엄청난 경쟁을 불러일으켰다. 1702년^{숙종 28} 프랑스의 기네아 회사는 4800명의 흑인 수입권을 따냈고, 11년 뒤 영국의 남해회사는 14만 4000명을 수송한다는 계약을 에스파냐령 아메리카와 맺었다. 18세기 중반에 들어서는 아프리카 추장에게 건네주던 선물도 없애고 유럽인이 직접 아프리카로 들어가 노예를 사냥했다. 다음 세기에 노예제도가 완전히 폐지될 때까지 죽음의 상인들이 아메리카에 팔아 치운 노예의 숫자는 무려 1500만 명에 이르는 것으로 알려졌다.

놀라운 것은 이처럼 비인간적인 노예무역에 대해 각국 정부와 국민은 물론 교회조차 그것이 이교도에 대해 자행된다는 이유로 눈을 감았다는 사실이다. 노예무역의 선두 주자인 영국에서 비판적인 목소리가 나오기 시작한 것은 자본주의가 확립되어 가던 18세기 말의 일이었다. 자본주의의 본원적 축적이 이루어지는 과정에서 극단적인 물욕과 인간성 경시가 빚어낸 서유럽 상인들의 노예무역은 인류 역사상 최대의 죄악 가운데 하나로 남을 것이다.

노예무역선 노예를 실어 나르던 배. 이름은 캡프랑세와 마리세라피크 호이다. 18세기.

노예를 짐짝처럼 노예선 알바니호의 내부 그림. 강제로 잡혀온 노예들은 벌거벗긴 채 치욕적인 신체검사를 받은 후 붉게 달군 쇠로 가슴에 낙인이 찍히고 배 밑창에 처박혔다. 노예들은 작은 천 조각 하나를 두르고 누울 수도 없는 비좁은 공간에 들어간 채 대서양을 횡단했다. 노예는 짐칸에 실린 짐짝이나 다름없었다.

영국과 프랑스는 노예무역의 이권뿐 아니라 에스파냐의 영향력이 미치지 않은 북아메리카 식민지를 확보하기 위해 양보 없는 경쟁을 벌였다. 그 경쟁은 1754년[영조 30] 영국이 '프렌치인디언전쟁', 프랑스가 '정복전쟁'이라 부르는 유혈 충돌로 비화되었다. 이 전쟁은 처음에는 원주민과 손잡은 프랑스의 우세 속에 전개되었으나, 유럽 본토로 옮겨 붙은 7년전쟁에서 전세를 역전시킨 영국이 결국 북아메리카 대부분을 차지하는 것으로 막을 내렸다.

이윤을 위해서라면 지옥까지 가는 것도 마다하지 않을 서유럽 상업자본의 발길은 유럽과 아메리카를 잇는 대서양에서 멈추지 않았다. 이미 16세기에 아프리카 남단을 돌아 인도양으로 가는 길을 개척한 서유럽의 해상 세력은 이른바 '동인도회사'라는 것을 만들어 인도와 동남아시아에서 닥치는 대로 식민지를 확대해 나갔다. 영국과 프랑스는 이곳에서도 거대한 인도 대륙을 놓고 치열하게 싸웠고, 그 승자는 북아메리카와 마찬가지로 영국이었다. 인도를 빼앗긴 프랑스는 19세기에 인도차이나로 발길을 돌려 오늘날의 베트남, 라오스, 캄보디아에 오래도록 지워지지 않을 식민 지배의 발자국을 남기게 된다.

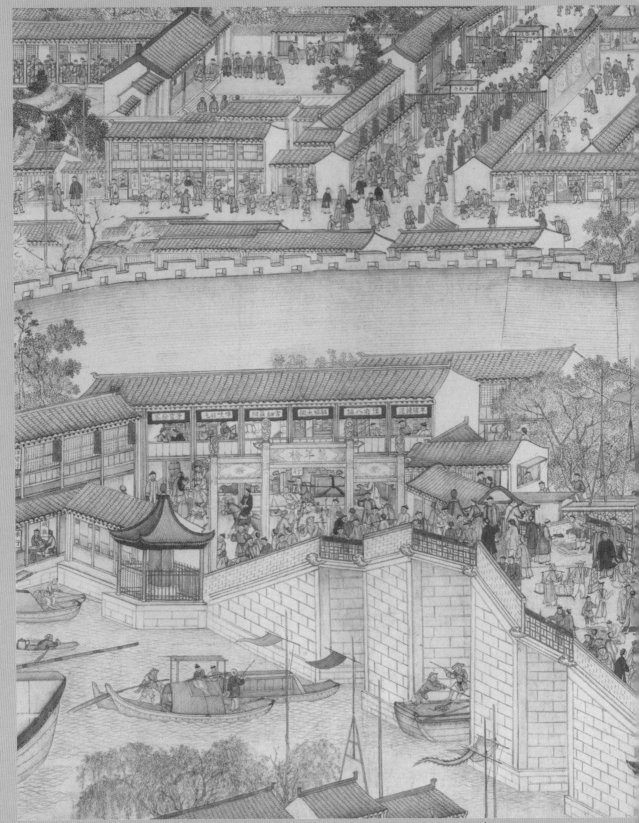

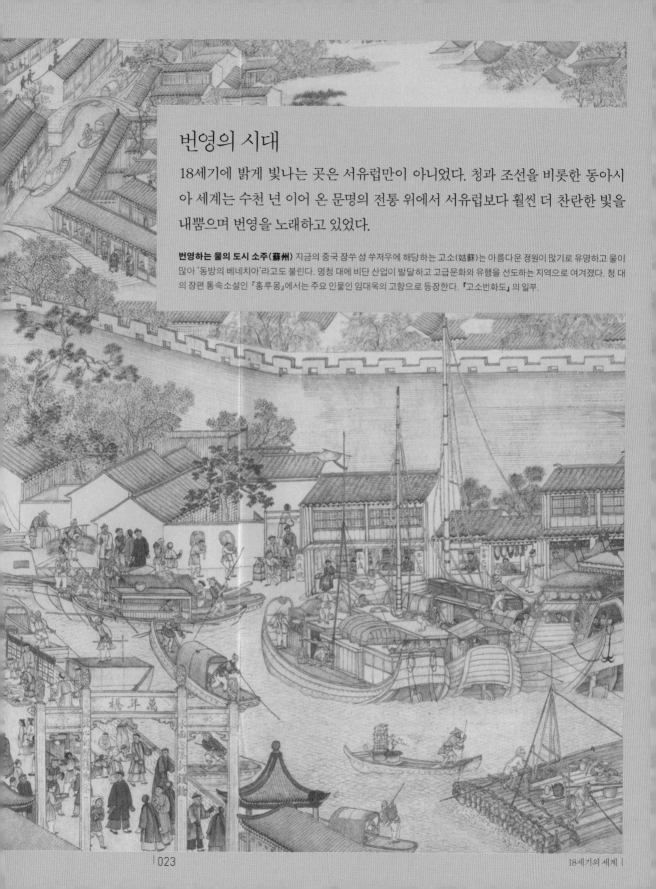

번영의 시대

18세기에 밝게 빛나는 곳은 서유럽만이 아니었다. 청과 조선을 비롯한 동아시아 세계는 수천 년 이어 온 문명의 전통 위에서 서유럽보다 훨씬 더 찬란한 빛을 내뿜으며 번영을 노래하고 있었다.

번영하는 물의 도시 소주(蘇州) 지금의 중국 장쑤 성 쑤저우에 해당하는 고소(姑蘇)는 아름다운 정원이 많기로 유명하고 물이 많아 '동방의 베네치아'라고도 불린다. 명청 대에 비단 산업이 발달하고 고급문화와 유행을 선도하는 지역으로 여겨졌다. 청 대의 장편 통속소설인 『홍루몽』에서는 주요 인물인 임대옥의 고향으로 등장한다. 「고소번화도」의 일부.

18세기 중국의 번영을 묘사한 「고소번화도(姑蘇繁華圖)」 청 건륭 연간에 궁정화가 서양(徐揚)이 24년간 공들여 완성한 작품. 태평성대에 백성의 윤택한 삶을 묘사했다는 뜻에서 「성세자생도(盛世滋生圖)」라고도 불린다. 중국의 대표적인 공필화(工筆畫)로, 공필화는 대상물을 화면에 가득 그리되 채색이 정교하고 묘사가 깔끔한 그림을 말한다. 번영하는 물의 도시 소주의 서쪽 외곽에서 시작해 성 전체를 훑어 나간다. 1만 2000명의 인물, 400여 척의 배, 260여 개 상점, 50여 개의 다리가 그려져 있다. 1759년. 중국 랴오닝성박물관 소장. 가로 1225센티미터.

18세기의 동아시아 3국은 엄청난 문화적 역량을 뽐내고 있었다. 이 세 나라는 16세기 말과 17세기 전반기에 커다란 정치적 격변을 겪은 이래 별다른 전쟁 없이 태평성대를 누려 왔다. 청과 일본 사이에 있는 조선은 청에는 연행사, 일본에는 통신사를 보내면서 동아시아 평화의 견인차 역할을 하고 있었다. 이것은 전쟁으로 날이 밝고 전쟁으로 날이 저무는 유럽 대륙과는 확연히 대조적인 모습이었다.

18세기 중국의 채회자기 다양한 색의 안료를 사용해 화려하게 장식한 자기이다. 경덕진에서 제작되었다. 높이 41.5센티미터.

중국 대륙을 장악한 만주족의 청은 중화 문명을 수용하고 중국 역사상 가장 넓은 영토를 차지해 전례 없는 번영을 누리고 있었다. 강희제, 옹정제, 건륭제로 이어지는 18세기 황제들은 전성기를 구가하며 국가적 문화 역량을 총동원한 문화 프로젝트를 진행했다. 강희제는 1716년^{숙종 42} 오늘날에도 한자 사전의 기본서로 쓰이는 『강희자전』을 완성하고, 1725년^{영조 1} 백과사전인 『고금도서집성』을 편찬했다. 건륭제 때인 1782년^{정조 6}에는 그동안 중국에서 간행된 모든 서적을 망라한다는 야심적인 프로젝트를 펼쳐 총 7만 9582권에 이르는 방대한 분량의 『사고전서』를 펴냈다. 프랑스 계몽주의자들이 비슷한 시기에 펴낸 백과사전은 질과 양에서 『사고전서』의 비교 대상이 되지 못한다.

건륭제 청 제6대 황제(재위 1735~1795). '강희·건륭 시대'라는 청 최대 전성기를 이룩했다. 이 시기에 중국 문화가 유럽 사회에도 널리 알려졌다.

조선도 문화 부흥의 시대를 맞이하고 있었다. 영조와 정조는 사대부들의 붕당정치가 초래한 분열과 혼란을 수습하고 강력한 왕권 아래 유교적 이상 국가를 수립하는 방향으로 나아갔다. 영조는 백과사전 격인 『동국문헌비고』를 펴냈고, 정조는 왕립 아카데미인 규장각을 세워 전통문화를 총정리하는 사업을 벌였다. 임진왜란 이래 외교적으로 고립되었던 일본의 에도 막부는 조선으로부터 유교 문화를 수혈 받으며 동아시아 전통의 맥을 이어 가고 있었다.

청과 조선에서 전개된 왕조 중심의 문화 사업은 이 지역의 전제 왕권과 문화적 역량이 얼마나 강력한 것이었는지를 잘 보여 준다. 그러나 이처럼 화려한 국가적 문화 사업이 사회와 개인의 문화적 잠재력을 이끌어 내고 새로운 문화를 창조할 수 있는 에너지를 북돋울 수 있었는지는 의문이다. 청이 『사고전서』를 간행한 진짜 목적은 시중의 서적을 수집해 내용을 검열하고, 편찬에 참여한 한족 지식인들의 문화적 욕구를 달래 정부에 대한 비난을 줄이기 위해서였다. 청과 조선에서도 17세기 이래의 영국과 18세기 후반의 프랑스처럼 변화를 지향하는 움직임이 없었던 것은 아니지만, 압도적인 전통과 왕조의 힘 앞에서 유의미한 세력을 형성하지는 못했다.

18세기 일본의 미인 스즈키 하루노부의 우키요에인 「우야궁예미인(雨夜宮詣美人)」. 우키요에는 14~19세기에 서민 생활을 소재로 제작된 목판화이며, 프랑스 인상주의에 영향을 주었다. 사랑을 기원하러 신사에 가는 소녀를 신비롭게 그렸다. 일본 도쿄국립박물관 소장. 가로 20.6센티미터, 세로 27.3센티미터.

최후의 왕조들이 전통문화를 정리하는 데 엄청난 힘을 기울이던 모습은 묘한 느낌을 자아낸다. 청과 조선은 마치 자신들이 그 지역의 마지막 왕조가 되리라는 사실을 알고 있었던 것처럼 과거의 찬란한 유산을 망라해 정리하는 데 심혈을 기울이고 있었다.

1792년^{정조 16}, 떠오르는 대영제국의 매카트니 대사가 북경을 방문했다. 건륭제는 당연히 모든 번국의 사절에게 그랬던 것처럼 매카트니에게도 세 번 무릎을 꿇고 아홉 번 머리를 조아리는 삼궤구고두三跪九叩頭의 예를 갖추도록 명했다. 매카트니는 이를 거부하고 청과 교역을 넓힐 기회를 다음으로 미루었다. 건륭제는 물론 영국이 중국 밖에서 무슨 일을 하고 있는지 몰랐을 것이다. 청에 연중 내내 사절단을 보내 사대의 예를 표하던 조선의 정조는 더욱 그러했을 것이다. 중국 중심의 '천하'가 서유럽의 '세계'에 무릎 꿇는 천하대란은 아직 멀리 있었다. 18세기의 동아시아는 찬란한 전통 위에서 당대의 다른 어느 곳도 흉내내기 어려운 번영을 누리고 있었다.

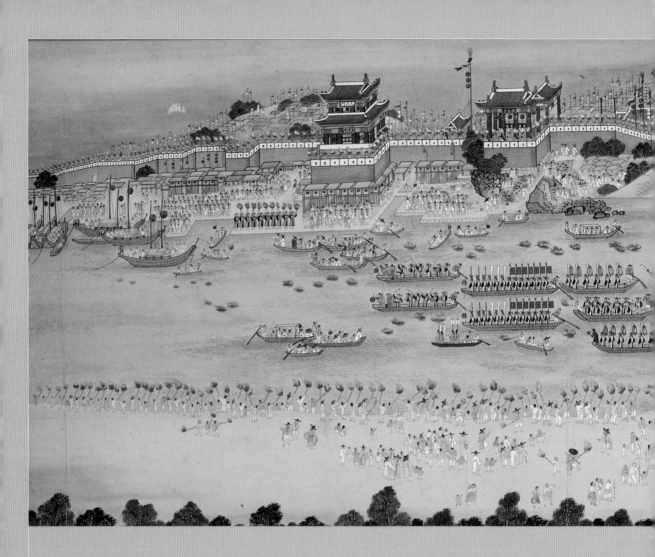

18세기 조선의 성대한 연회 평안도에 부임한 감사를 환영하기 위해 베풀어진 연회의 모습을 담은 「평양감사향연도」 중 「월야선유도」(부분). 감사는 지방 관직 중 가장 높은 자리로, 감사가 부임하면 민(民), 관(官), 군(軍)이 모두 참석하는 성대한 잔치가 열렸다. 연회는 평양 대동강변에서 열렸으 며, 향연도는 이 그림을 비롯해 「연광정연회도」, 「부벽루연회도」로 구성되어 있다. 김홍도가 그렸다 고 전해진다. 국립중앙박물관 소장. 종이에 채색. 가로 196.6센티미터, 세로 71.2센티미터.

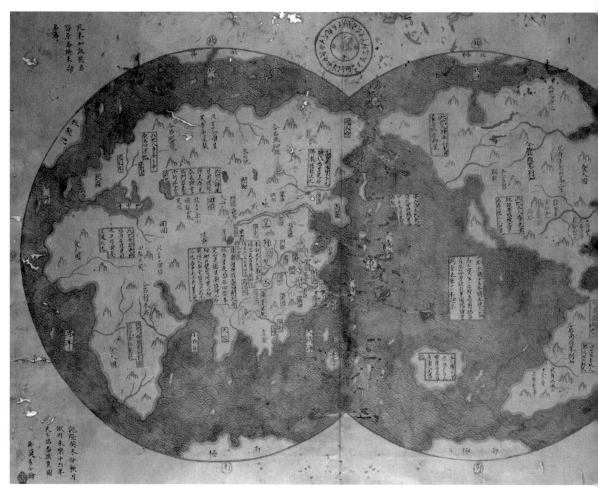

1703
양역이정청 설치

1709
영국, 최초의
저작권법 제정

1712
백두산정계비
건립

1744
아라비아,
와하브운동 시작

1755
나주괘서사건

1701
에스파냐
왕위계승전쟁
발발

1721
영국,
내각책임제
확립

1728
이인좌의 난

1734
정선,
「금강전도」완성

1751
이중환,
『택리지』간행

1711
뉴커먼,
증기기관 발명

1733
금주령 실시

1733
케이, '나는 북'
(flying shuttle)
발명

1740
오스트리아
왕위계승전쟁
발발

1750
균역법
실시

자부의 시대

18세기를 일컬어 동서를 막론한 '자부의 시대'라고 한다. 여기서 동양과 서양이란 물론 동아시아와 서유럽이다. 그 밖의 지역은 대부분 서세동점의 물결에 휩쓸려 아비규환의 생지옥을 겪고 있었으니까.

18세기를 자부의 시대라고 할 때 동아시아의 숙제는 이러하다. 그 시대에 동서양이 똑같이 문화적 역량이 꽃피는 모습을 보여 주었는데, 어찌하여 다음 세기에 두 지역이 걸어간 길은 완전히 달랐는가 하는 것이다. 앞뒤 맥락 없이 18세기만 놓고 보면 국력의 크기나 문화의 성숙도에서 동아시아는 서유럽을 능가한다. 그러나 19세기에 서유럽은 시민사회와 자본주의 경제체제를 완성하고 절정의 문학예술을 꽃피우며 전 세계의 지배자로 우뚝 선 반면, 동아시아는 이전 세기에 세계의 다른 지역이 겪었던 식민지의 길을 더 비참한 모습으로 답습한다.

18세기 후반의 서유럽과 동아시아는 서로 다른 미래를 꿈꾸고 있었던 것일까? 자본주의를 향해 주저 없이 달리는 서유럽의 심장은 1764년 제임스 와트가 개량에 나선 증기기관이었다. 거침없이 벌떡거리는 이 인공심장은 생산과 유통과 서비스에 동원되는 모든 기계에 장착되어 그때까지 인류가 알지 못했던 생산력의 폭발을 보여 줄 것이었다. 18세기 서유럽은 바로 이러한 증기기관과 함께 폭발적으로 전진하고 있었다. 서유럽 못지않은 에너지를 내장하고 있던 조선은 과연 어떤 미래의 꿈을 꾸고 있었을까?

18세기 중국이 만든 세계지도
1763년(영조 39, 청 건륭 28) 청에서 만든 서구식 세계지도. 이름은 「천하전여총도」이며, 1418년(태종 18, 명 영락 16)에 만든 「천하제번직공도」를 참고해 막역동(莫易仝)이 그렸다. 한국은 '고려', 일본은 '왜노(倭奴)'라 표기했다.

1757 영국, 인도 벵골 지방 장악

1758 린네, 이명법 제시

1751 프랑스, '백과전서파' 활동 개시

1762 사도세자 사망 – 김수장, 『해동가요』 편찬

1762 루소, 『사회계약론』 저술

1778 박제가, 『북학의』 저술

1776 정조 즉위

1770 『동국문헌비고』 발간

1776 미국, 독립 선언 – 스미스, 『국부론』 저술

1789 프랑스대혁명

1782 청, 『사고전서』 완성

1783 박지원, 『열하일기』 간행

1796 수원 화성 완공

1791 신해통공

1796 제너, 종두법 발명

조선왕조 최대의 의리 논쟁을 낳은 사도세자의 서거 장소
특정한 개인이나 조직이 옳다고 생각하는 것이 하늘의 이치
에도 합당할 때 그것을 의리라고 한다. 18세기 영·정조 때
처럼 여러 정치 세력이 의리를 놓고 대결을 벌인 적도 드물
다. 사도세자의 죽음을 초래한 임오화변은 영·정조 대를 관
통하는 이른바 임오의리 논쟁을 촉발했다. 사도세자가 뒤
주 속에서 죽음을 맞이한 창경궁 문정전(구 휘령전) 앞뜰.

탕평蕩平의 시대

1722년

청의 제4대 황제 강희제가 서거했다. 1661년^{현종 2}부터 시작된 그의 치세는 61년간이나 지속되어 청뿐 아니라 중국 역대 황제 가운데 가장 길었다. 그와 비슷한 시기에 프랑스에는 '태양왕' 루이 14세^{재위 1643~1715}가 있었고 조선에는 '환국의 달인' 숙종^{재위 1674~1720}이 있었다. 강희제, 루이 14세, 숙종은 17세기부터 18세기에 걸쳐 자국의 전제 왕권을 확고한 위치에 올려놓았다는 공통점을 가진다.

강희제는 재위 기간 동안 삼번의 난을 진압하고 명의 잔존 세력을 일소해 중국 대륙에서 청의 지배권을 확고히 다졌다. 그것은 복명 세력과 힘을 합쳐 오랑캐인 청을 축출하고 중국 대륙을 중화의 본고장으로 되돌려 놓겠다는 조선의 북벌 의지를 확실히 꺾어 놓았다. 18세기 조선은 중국에서 청의 패권을 돌이킬 수 없게 된 현실에서 출발했다. 동아시아의 중화 문명을 무력으로 회복하겠다는 생각을 접고 조선만이라도 중화의 맥을 잇는 유교 문명국가로 다져 미구에 다가올 중화 문명의 부흥에 대비하겠다는 것이 조선 엘리트들의 다짐이었다.

청에서 강희제가 서거하고 그의 아들 옹정제가 즉위한 지 2년 만에 조선에서는 숙종의 아들 영조가 즉위했다. 영조 앞에 놓인 과제는 나라 안팎에서 몰아닥친 변화를 유학, 그것도 성리학의 원칙 아래 조율해 '홀로 남은 유교 왕국' 조선의 입지를 확고히 다지는 것이었다. 그러기 위해 영조는 우선 자신의 국왕 지위부터 다져야 했다. 17세기 후반기에 휘몰아쳤던 붕당정치의 풍파는 숙종 대의 '환국 정치'를 거치면서 국왕을 붕당의 심판자로 삼는 단계로 나아갔다.

영조는 주기적으로 특정 붕당을 국정의 파트너로 삼는 환국을 넘어 붕당 간의 경계를 허물고 여러 정치 세력이 국왕을 중심으로 국정에 동참하는 탕평 정치의 그림을 그리고자 했다. 그러기 위해서는 이복 형인 경종과 자신을 둘러싸고 벌어진 피비린내 나는 소론과 노론의 대결을 극복하고, 모두가 승복하는 의리를 확정할 필요가 있었다. 영조가 그러한 과제를 어느 정도 이루고 사회적, 경제적 과제의 해결로 나아갈 수 있었던 것은 즉위 후 약 20년을 소모하고 난 뒤였다.

흔히 영조의 3대 치적을 탕평책, 균역법, 준천이라고 한다. 파탄에 이른 붕당정치를 극복하고 국왕 중심의 정치를 펼치는 것이 탕평책이라고 한다면, 균역법은 붕당의 위기를 낳은 사림 정치와 연결된 경제적 위기를 극복하는 개혁의 일환이었다.

16세기 이래 확대된 시장경제 속에서 과전법 체제는 붕괴하고 사대부 계층이 토지 소유를 넓혀 가면서 지주 전호제의 모순은 날로 커져 갔다. 유교 국가 조선이 이상적으로 생각한 세제는 양반 사대부와 평민을 아우른 양인良人이 고루 전세, 신역, 공납을 부담하는 조용조 체제였다. 그러나 토지 사유제의 승리자로 떠오른 양반은 점점 스스로를 특권 신분으로 만들어 세금 부담을 회피해 나갔다. 그 결과 '양인'은 양반을 제외한 힘없는 평민을 가리키는 말로 굳어져 갔다.

그러나 잇따른 전쟁을 거치면서 파탄에 이른 조선 경제는 더 이상 협의의 양인들이 부담하는 세금과 신역만으로는 국가를 지탱할 수 없는 지경에 이르렀다. 이 문제를 해결하기 위해 가장 먼저 손을 댄 것은 전세였고 그 다음이 17세기를 관통한 논쟁 끝에 실시된 대동법이었다. 대동법이 공납의 부과 기준을 가호家戶에서 토지로 바꾸어 토지를 많이 소유한 양반 계층에게 더 많은 부담을 안겼다는 것은 앞선 17세기 편에서 이미 살펴본 바와 같다. 이제 남은 것은 신역의 개혁으로, 당시에 이 과제를 가리키는 말이 '양역 변통'이었다. 평민들만의 신역이 되어 버린 양역을 개혁해 대동법이 그랬던 것처럼 백성의 부담을 덜어 주는 것이 그 핵심 방향이었다. 영조는 붕당정치의 폐단을 극복하고 양반 관료 세력을 국왕 아래 '헤쳐 모여' 시킬 수 있었기에 확고한 의지를 가지고 양역 변통의 과제를 해결해 나갈 수 있었다. 그리하여 성립한 것이 신역에 대한 부담을 고르게 한 균역법이었다.

그리고 영조는 서울의 하수 역할을 하던 개천開川, 청계천 바닥을 긁어 내고 강물의 흐름을 바로잡은 준천을 시행해 개천 주변에 모여들었던 빈민의 삶을 보듬었다. 준천은 18세기 서울이 왕도王都로 건재하다는 것을 보여 준 상징적 사업이었다.

영조의 개혁 정치는 사림 정치의 한계를 넘어 조선이라는 나라가 아직도 유교의 기치 아래 존립할 수 있다는 것을 보여 주었다. 청에서 강희제가 시작한 전성기를 손자인 건륭제가 이어 나갔던 것처럼 영조가 시작한 조선 후기의 부흥은 손자인 정조에게 이어져 18세기를 지탱할 수 있었다.

1.
무편무당 無偏無黨
왕도탕탕 王道蕩蕩

탕평 군주 영조 조선 제21대 왕. 숙종의 둘째 아들이고, 어머니는 화경숙빈 최씨이다. 조선 역사상 가장 오랜 재위 기간을 기록한 국왕이다. 탕평책을 시행해 붕당의 대립을 완화하고, 균역법을 시행해 민의 부담을 덜어 주고, 청계천을 준설해 빈민을 품는 등 많은 업적을 남겼다. 대한제국 황제인 고종과 순종을 제외하면 조선 왕조 역대 국왕 스물다섯 명 가운데 어진이 남아 있는 국왕은 시조인 태조와 영조 둘뿐이다. 이 어진은 영조의 51세 때 모습을 그리고 있다. 국립고궁박물관 소장. 비단에 채색. 가로 68센티미터, 세로 110센티미터. 보물 제932호.

영조 대의 정치를 이해하려면 그가 즉위한 18세기 초의 붕당 상황을 잘 알아야 한다. 영조의 아버지인 숙종 대 말은 붕당정치의 한 정점이었다. 서인에서 갈라진 노론과 소론은 당시 숙종의 후계 문제를 놓고 대립하고 있었다. 소론은 희빈 장씨의 아들인 경종^{당시 세자}을 지원하고, 노론은 숙빈 최씨의 아들로 세자의 이복동생이 되는 영조^{당시 연잉}^군를 지원했다. 치열한 물밑 경쟁이 진행되던 중 숙종이 죽고 세자이던 경종이 즉위했다. 그러나 경종은 불행히도 국정 수행에 장애가 되는 질병이 있었고 후사도 기대할 수 없었다.

당시 노론과 소론은 모두 자기 당파의 의리를 기준으로 온건파와 강경파로 나뉘어 있었다.[1] 노론 다수는 소론 온건파와 협력해 영조가 경종을 승계하도록 하는 방안을 추진했다. 그러나 소론 강경파는 경종이 시퍼렇게 살아 있는데 동생인 영조의 승계를 거론하는 것은 불충이라며 저지하고 나섰다. 소론 강경파가 영조 자체를 반대한 것은 아니었으나, 그들 내에서도 특히 과격한 일파인 '급소^{急少}'는 선의왕후[2] 세력을 끌어들여 노론에 맞서는 강력한 세력으로 떠오르고 있었다.

노론은 숙종의 국상이 끝나지도 않은 시점에 영조를 세제^{世弟}로 책봉할 것을 재촉했다. 경종에게 후사를 기대할 수 없으니 미리 영조를 후계자로 정해 뒤탈이 없도록 하자는 것이었다. 경종은 이를 받아들였다. 노론은 여기서 더 나아가 얼마 후에는 영조가 대리청정^{代理聽政}[3]을 하는 방안까지 추진했다. 그러자 소론은 노론의 요청이 너무 성급할 뿐 아니라 정당한 절차를 거치지도 않았다고 비판했다. 나아가 노론이 전부터 경종에게 불충한 마음을 가졌기 때문에 이런 짓을 한다고 몰아붙였다.

경종은 처음에는 노론의 대리청정 요구을 받아들였다가

1 강경파와 온건파 각 붕당의 강경파를 준론(峻論)이라 하고 온건파를 완론(緩論)이라 한다. 소론 강경파를 준소, 온건파를 완소로 불렀다.
2 선의왕후 경종의 계비. 노론 출신이면서도 영조 승계에 반대하고 경종에게 양자를 들여 그에게 승계시킬 것을 주장했다.
3 대리청정 왕이 병이 들거나 나이가 들어 정사를 제대로 돌볼 수 없게 되었을 때 세자나 세제가 대신 정사를 돌보는 일.

소론의 영수 이광좌의 필적 이광좌는 영조의 대리청정을 취소하게 하고 김일경 등과 1722년 임인옥사를 주도하는 등 소론 강경파에 속하는 인물이었다. 그러나 임인옥사 때 영조를 역모에 연루시키려 한 김일경과 달리 영조를 보호했다. 성균관대학교박물관 소장.

소론이 강력히 반발하자 명을 거두어들였다. 그리고 주요 대신과 대간을 모두 소론으로 바꾸고 4대신_{김창집, 이이명, 이건명, 조태채}을 비롯한 노론 신료를 대거 유배 보냈다. 신축년[1721]에 일어난 이 사건을 신축옥사라 한다.

질환으로 통치 능력을 상실한 경종의 무력함은 당쟁을 격화시켰다. 권력을 잡은 소론은 노론에 대한 공세를 강화했다. 그 선봉을 맡은 김일경은 노론의 내부 사정을 잘 알던 목호룡을 꾀어 노론이 반역을 꾀한다고 고변하도록 했다. 노론이 칼을 동원한 대급수, 독약을 쓰는 소급수, 경종을 폐출하는 평지수 등 '삼급수三急手'를 동원해 경종을 몰아내고 영조를 추대하려 했다는 것이다. 조정에는 다시 한 번 피바람이 불어 유배 중이던 노론 인사들을 대거 사형에 처한 임인옥사[1722]가 발생했다.

노론에 결정적인 타격을 안겨 준 신축옥사와 임인옥사를 합쳐 '신임옥사'라 부른다. 바로 이때 어떻게 처신했는지를 둘러싸고 노론과 소론이 충과 역을 따져 시비를 가리는 것을 '신임의리'라 한다. 신임의리를 둘러싼 노·소론의 치열한 공방은 18세기 정국의 향배를 좌우하게 되었다.

김일경은 소론 강경파인 이광좌, 최석항 등과 함께 임인옥사를 주관했다. 그는 노론 명문가 자제들이 4대신과 긴밀히 연계해 경종을 제거하고 영조를 추대하려 했다는 혐의를 입증하려 했다. 김일경의 궁극적인 목표는 영조를 역모에 연루시켜 제거하는 것이었다. 이 옥사로 인해 영조의 궁인宮人과 노론 60여 명이 죽고 수백 명이 처벌되었다. 그러나 이광좌와 최석항은 공초4에서 영조와 관련된 내용을 빼는 등 김일경과 달리 영조를 보호하려고 했다.

그 후에도 영조는 김일경 세력에 의해 여러 차례 위기를 겪었다. 그러나 그로서는 다행스럽게도 인원왕후5와 조현명, 송인명 등 소론 궁료宮僚6의 도움을 받아 세제의 지위를 유지

4 **공초** 죄인이 범죄 사실을 진술하던 일 또는 그 진술의 기록.
5 **인원왕후** 숙종의 제2계비. 소론 출신이면서도 연잉군의 승계에 찬성했다.

노론의 영수 민진원이 비문을 새긴 부친 민유중의 신도비 민유중은 딸이 숙종의 계비인 인현왕후로 간택된 후 여양부원군에 봉해졌고, 노론의 중심 인물로 활동했다. 비문은 큰아들인 민진후가 짓고 둘째 아들 민진원이 전액(篆額)했다. 민유중은 숙종의 장인이었으므로 왕실의 공장(工匠)들이 신도비 조성에 참여했을 것으로 여겨진다. 경기도 여주시 능현동 소재. 여주향토유적 제5호.

할 수 있었다. 그러던 1724년^{경종 4}, 일찍부터 각종 질환에 시달리던 경종이 게장과 생감을 먹고 난 후 복통을 심하게 앓다가 죽었다. 숙종이 죽었을 때 당쟁의 와중에서도 세자이던 경종이 왕위에 올랐던 것처럼 경종이 죽자 세제인 영조는 모든 논란을 잠재우고 제21대 국왕의 자리에 오를 수 있었다.

위기 끝에 즉위한 영조는 노론이 자신을 지지했다고 해서 일거에 소론을 내치고 노론을 등용하지는 않았다. 그는 일단 경종 대 말의 흐름대로 이광좌, 유봉휘, 조태구 등을 정승으로 하는 소론 정권을 구성해 정국을 안정시켰다. 그런 다음 자신을 제거하려 한 김일경과 목호룡을 처형하고 그들에 동조한 '급소', 즉 소론 과격파를 쫓아냈다. 그리고 난 뒤 어느 정도 시간이 흐르자 신임옥사 때 파직되었거나 유배 중이던 노론 세력을 대거 불러들여 정승, 판서, 대간에 전면 배치했다.

권력에 복귀한 노론의 영수 민진원은 영조에게 신임의리의 핵심을 밝히고 그에 따른 처분을 내리라고 요구했다. 그 요구는 다음과 같았다. 경종에게 질병이 있었기 때문에 영조의 대리청정은 정당했다고 명시할 것. 김일경만이 아니라 대리청정을 저지하고 세제를 해치려 한 조태구, 유봉휘 등 소론 강경파 영수들까지 처단할 것. 만약 영조 본인이 경종을 해치려 한 역모에 관련되었다는 혐의를 꺼려 신하들의 충과 역을 분명히 하지 않고 넘어가려 한다면, 이는 향후 정국 운영에 큰 장애가 된다는 으름장까지 놓았다.

영조는 이를 일부 수용했다. 신임옥사를 김일경·목호룡이 조작한 사건으로 판정하고, 그때 화를 당한 노론 인사의 벼슬과 작위를 모두 회복하고 억울함을 풀어 주었다. 이에 따라 노론 4대신에게 '충忠'자가 들어간 시호를 내리기로 하고 그들을 모시는 사충사四忠祠를 건립했다. 영조에 대한 노론

6 **궁료** 세자나 세제가 기거하는 동궁에는 대신과 산림 등이 겸임하는 사부(師父)·빈객·찬선(讚善) 이외에 신진 관료가 임명되는 보덕(輔德)·문학(文學)·설서(說書) 등이 있는데, 이들을 가리키는 말. 통상 궁료들 가운데 차기 국왕의 핵심 인사가 배출되곤 한다.

젊은 영조 영조 즉위 10년 전인 1714년(숙종 40) 연잉군 시절의 초상. 이때 영조의 나이는 21세였다. 그림의 왼편 위쪽에 "처음 연잉군으로 봉작되고 옛 호는 양성헌이다."라고 쓰여 있다. 화원 진재해 그림. 국립고궁박물관 소장. 비단에 채색. 가로 77.7센티미터, 세로 150.1센티미터. 보물 제1491호.

의 충성을 인정한 것이다.

그러나 노론은 이에 만족하지 않고, 김일경에 협력한 소론 주요 신료를 역적으로 다스릴 것을 집요하게 요구했다. 그들은 영조를 세운 공을 자부했기에 이처럼 당당할 수 있었다. 그래도 영조는 김일경 이외의 소론 신료들은 유배를 보내거나 벼슬을 빼앗아 도성 밖으로 쫓아내는 선에서 수습하려 했다.

하지만 신임옥사에 대한 노론의 피해 의식은 영조도 통제할 수 없을 만큼 컸다. 소론 온건파인 송인명은 노론이 조정 관료들의 인사에서 거리낌 없이 정치 보복을 자행한다고 개탄했다. 그는 영조에게 붕당을 타파하겠다던 세제 시절의 초심을 회복하라고 호소했다. 영조는 이 호소에 호응했다. 노론이 정국을 주도하도록 내버려 두면 계속 노론의 요구를 들어줄 수밖에 없기 때문이었다.

영조는 탕평책을 추진하려면 소론 정권에 기반해 다시 출발하는 것이 좋겠다는 판단을 내렸다. 1727년^{영조 3} 영조는 노론 가운데 탕평에 긍정적이던 온건 세력은 그대로 두고 다수의 강경론자를 쫓아냈다. 3년 전 복권시켜 준 노론 4대신 가운데 자식이나 조카가 임인옥사에 연루된 이이명, 김창집, 이건명은 관작과 시호를 빼앗았다. 조태채는 관작만 놔두고 시호를 회수했다. 반면 소론의 유봉휘, 조태구, 최석항은 벼슬과 작위를 회복했다. 그리고 소론 인사들을 다시 불러들여 요직에 임명해 정국을 주도하게 했다^{정미환국}. 소론을 권력 핵심에 배치해 탕평 정국을 떠받치게 한 뒤, 그들의 인사권을 통해 노론을 정국에 참여시키려 한 것이다.

이처럼 탕평 정국을 주도한 것은 소론이었다. 노론은 소론 탕평파가 술책을 부려 정국 변동과 의리의 번복이 일어나고 있다고 생각했다. 따라서 노론은 '탕평'이라는 말을 매우 싫어했다. 영조의 탕평 정치는 불안하게 출발하고 있었던 것이다.

영조를 국왕으로 책봉한 「조선국왕책봉고명」 청 옹정제가 영조를 조선 국왕으로 책봉한다
는 두루마리 문서. 1724년 이직이 주청사로 파견되어 영조의 즉위를 알리고 고명을 청하자,
1725년(영조 1, 청 옹정 3)에 청 태감이 고명과 유서(諭書), 예물을 가져왔다. 한자와 만주어
로 쓰여 있다. 한국학중앙연구원 소장. 가로 450센티미터, 세로 31센티미터.

무신란을 넘어
탕평으로
나아가다

1728년^{영조4} 영조와 소론이 시도하는 탕평에 중대한 시련이 닥쳤다. 소론과 남인의 급진 세력이 인조 대 이후 최대의 반란을 일으킨 것이다. 영조의 정통성을 인정하지 않는 심유현[7] 등 소론 과격파가 주도하고, 영남과 기호 지역에 살고 있던 남인과 소론 명문의 후손이 적극 가담했다. 이 사건을 당시 충청도 청주에서 반란을 이끈 이인좌의 이름을 따 '이인좌의 난'이라고도 하고, 무신년에 일어났다고 해서 '무신란'이라고도 한다.

반란의 조짐을 고변한 것은 소론의 동정에 밝은 소론 강경파 계열 원로대신 최규서였다. 영조는 소론 강경파인 이광좌, 오명항 등에게 반란 진압의 지휘권을 주고 조현명, 박문수 등을 종사관으로 보내 작전을 돕고 전황을 파악하게 했다. 노론은 소론이 반란 세력과 연결되어 있다며 우려의 눈길을 보냈지만 영조는 꿈쩍도 하지 않았다. 대체로 소론 강경파는 인적 관계망을 통해 과격파 진영의 정보를 얻어 반란 진압에 앞장선 것으로 보인다. 또 소론 탕평파는 혹시 강경파와 과격파가 연결되는지 감시하면서 노론과 남인을 설득해 국가적 위기 상황에 협력하도록 한 것 같다. 그 덕분에 무신란은 규모에 비해 단기간에 진압되었다.

무신란이 진압되자 정국의 변동이 뒤따랐다. 아무래도 노론이 명분을 쥘 수밖에 없었다. 반란 세력과 가장 가까운 소론 강경파는 이광좌 등이 공을 세웠다 하더라도 수세를 면치 못했다. 남인도 노론 눈밖에 나지 않은 자들만 '청남^{淸南}[8]'이라는 명색으로 보존될 수 있었다. 그러나 영조는 흔들림 없이 소론 주도의 탕평을 견지했다. 한쪽 세력을 일방적으로 배제하는 바람에 무신란이 일어난 측면도 있다면서 더욱 더 소론 탕평파의 주장에 힘을 실어 주었다.

영조는 세제 시절 이래 극심한 당쟁을 몸소 겪어 붕당 자

7 **심유현** 경종 비 단의왕후의 아우. 김일경과 결탁했던 자로, 영조 즉위 후에도 경종의 죽음에 의혹을 제기하며 반란을 선동했다.

8 **청남** 1680년(숙종 6) 숙종이 희빈 장씨 소생을 원자로 정하는 데 반대한 송시열 등 서인이 대거 축출될 때 서인에 관용적인 태도를 보였던 남인들.

무신란을 진압한 직후 군신의 모임을 기록한 『무신친정계첩』에 실린 그림(부분) 영조가 1728년 창덕궁 어수당에서 이조와 병조 관원에 대한 정기 인사를 직접 거행한 장면을 묘사했다. 당시는 무신란을 진압한 직후였기 때문에 영조는 관리들에게 붕당에 편들지 말고 사사롭게 인사를 하지 말라고 강조했다. 국립중앙박물관 소장. 가로 33센티미터, 세로 51센티미터.

체에 부정적이었다. 따라서 붕당 타파를 탕평의 목표로 정하고, 이를 위해서는 주요 관직에 노론과 소론을 고루 등용해 원망하는 무리가 생기지 않게 해야 한다고 생각했다. 이 같은 문제의식에 따라 영조 대 인사 정책의 주된 기조는 같은 관직군의 정·부 관원에 노·소론을 등용해 서로 대응시키는 것이었다. 예컨대 이조판서에 노론을 임명하면 이조참판은 소론을 시키는 식이다. 이를 '쌍거호대雙擧互對'라 한다.

그런데 소론이 주도하는 탕평 정국에 노론 인사를 끌어들이려면 그들의 불만을 다독이는 새로운 의리론이 필요했다. 그것은 결국 신임옥사의 성격을 노론이 납득할 수 있게 재규정하는 일이었다. 그래서 영조는 1729년영조 5 다음과 같은 '기유처분'을 내렸다. '신축년1721에 노론이 영조의 세제 책봉과 대리청정을 추진한 것은 역逆이 아니지만 충이라 할 수도 없다. 그러나 임인년1722의 삼급수 사건은 역이다.'

그러나 이 정도 규정으로 노론이 만족할 리가 없다. 노론의 시각에서 보면 이것은 아직 소론의 의리일 뿐이었다. 기유처분에 호응한 노론은 홍치중·김재로 등 일부 온건 탕평파뿐으로, 그들은 강경파가 대부분인 노론을 이끌 수 없었다. 소론 강경파는 노론만큼 반발하지는 않았지만, 역시 탕평파와 좋은 관계를 가질 수 없었다. 이처럼 노·소론 강경파는 반발했으나, 영조는 그들까지 탕평에 참여시키려 노력했다.

그러는 사이 영조는 노론 편으로 한 걸음 더 나아갔다. 그는 임인옥사 때 국문을 받다가 이른바 노론의 삼급수 역모를 인정하고 죽은 서덕수란 자의 혐의를 벗겨 주었다. 이는 서덕수가 고문에 못 이겨 거짓 자백을 한 것일 뿐 삼급수 역모 따위는 없었다고 규정한 셈이 된다. 그렇게 되면 영조도 혐의를 벗고 삼급수 역모에 연루되어 벼슬과 작위를 빼앗긴 노론 대신 김창집, 이이명의 명예도 회복될 수 있었다. 둘은 실제로 1년여 뒤 복관되었다.

이렇게 되자 삼급수 역모를 다룬 임인옥사의 기록이 사실상 의미가 없어지므로

소론 탕평파의 영수 조현명 사도세자 대리청정기에 좌의정과 영의정을 역임했으며, 영조가 연잉군 시절 세제로 책봉되자 세제를 보호하는데 힘썼다. 『양역실총』을 간행하게 하는 등 균역법의 제정을 총괄하고 감필(군역의 대가로 걷던 면포 2필을 1필로 줄임)에 따른 대책을 마련하는데 부심했다. 어염세의 국고 환수, 결포제 실시 등을 대책으로 제시했다. 저서에 『귀록집』이 있다. 영정은 국립중앙박물관 소장. 가로 19.7센티미터, 세로 31센티미터.

기록 자체를 불태워 버리자는 주장까지 나왔다. 이처럼 임인옥사 전체를 조작으로 규정하면 노론이 경종에 불충했다고 할 근거는 없어진다. 그러면 노·소론 사이에서 균형을 잡는 탕평의 근간이 무너지고 대세가 노론으로 기울 것이다. 따라서 소론 측은 강경파와 탕평파를 막론하고 임인옥사 자체를 조작으로 결론짓는 데 반대했다.

바로 이때 소론 탕평파 조현명은 임인옥사 중에 나온 시 한 편을 영조에게 보여 주었다. 그것은 숙종이 영조를 보호해 달라고 부탁하는 내용의 시로, 숙종이 몸소 짓고 영조에게 곁에서 받아쓰게 한 것으로 알려졌다. 숙종은 이 시를 영조의 궁관宮官 백망을 통해 노론 김용택에게 전해 주었다고 한다. 그러자 김용택은 이 시를 보고 감격해 이희지 등 네 명의 노론 인사와 함께 경종에 대한 반역을 결행했고, 임인옥사 때 화를 입었다는 것이다. 영조는 이 시를 숙종이 짓고 자신이 받아썼다는 사실 자체를 부인하고 누군가가 지어 낸 '가짜 시僞詩'로 단정했다.

임인옥사 기록의 파기를 막기 힘들었던 소론 탕평파는 '가짜 시'를 근거로 김용택을 비롯한 노론 역적 5인의 단죄를 주장했고 영조도 동의했다. '임인옥사에서 거론된 노론들의 죄는 대부분 혹심한 고문에 의한 것이라 믿을 수 없지만, 김용택 등이 '가짜 시'를 조작하고 모의해 경종-영조의 정당한 계승에 누를 끼친 것만은 사실이다!'

노론 쪽으로 기울던 정국이 '가짜 시 사건'으로 인해 균형을 되찾는 모양새였다.

이처럼 노·소론 간의 치열한 논리적, 정치적 대결 끝에 1741년영조 17 영조 대 국시의 근간이 되었다고 평가받는 『대훈大訓』이 확정되었다. 그 핵심은 다음과 같다. '신축년의 세제 건의와 대리청정은 왕실의 정당한 수수授受이다. 임인옥사의 기록은 세제를 제거하기 위해 조작한 것이므로 불태우고 당시 죄를 받은 자는 사면한다. 다만 김용택 등 노론 5인의 패역한 행위는 역逆으로 단정한다.'

『대훈』은 노론, 소론 어느 한쪽을 편들거나 어느 한쪽의 승리를 선언하는 문서가

영조 대의 국시를 정한『대훈』 영조가 직접 지어 내린 훈유문(訓諭文)이다. 영조는 임인옥사를 일부 세력에 의한 무고로 판정해 이와 관련된 국안(鞫案, 신문 기록)을 불태우고, 그 대신『신유대훈』을 지어서 반포했다. 1741년. 한국학중앙연구원 소장. 1책.

아니었다. 그 초점은 어디까지나 경종에 대한 영조의 혐의를 완전히 벗기는 데 있었다. 『대훈』은 노론과 소론 대신의 충·역은 전혀 언급하지 않고 김용택 등 노론 5인의 역逆을 소론 김일경의 대역大逆과 거의 동등한 비중으로 대비하고 있다. 그리고『대훈』이후에도 노·소론을 병용한다는 소론 탕평의 기조는 그대로 이어졌다.

노론은『대훈』에 국시가 '대략 정해졌다'는 정도의 의미는 부여했지만, 여전히 만족하지 않았다. 그래도 임인옥사의 기록 자체를 없애 버려 더 이상 경종에 대한 노론의 불충을 따질 근거가 없어진 것은 그들에게 커다란 진전이었다. 이제 노·소론을 막론하고 신하들의 행위는 당대 임금인 영조에 대한 충·역만을 기준으로 따지게 되었다. 경종을 지지했던 소론의 의리는 더욱 위축될 수 있는 반면, 영조를 지지해 온 노론의 의리는 더욱 당당해질 여지가 마련된 것이다. 이제 노론 강경파는 탕평 정국에 활발하게 참여해 더욱 강경하게 자신들의 의리론을 주장할 수 있었다.

어쨌든 노·소론 탕평파는『대훈』의 합의를 근거로 정국 주도권을 재확인할 수 있었다. 그들은 이를 바탕으로 영조 대를 특징짓는 주요 개혁 사업을 추진해 나갔다. 먼저 인사권 개혁이 주목된다. 16세기 이래 관행이던 이조전랑의 특권을 폐지해 각 부서 당상관들의 권한을 강화한 것이다. 이로써 탕평 세력은 개혁 사업을 안정적으로 이끌 수 있는 기반을 갖추게 되었다.

1740년대 이래 영조가 심혈을 기울인 개혁 사업과 그 의미에 관해 우리는 2장^{58~77쪽}에서 자세히 알아보게 될 것이다.

탕평의 위기와
사도세자의
죽음

1740년대 들어 탕평 정치가 기능을 발휘하고 일련의 개혁이 이루어졌지만, 신임옥사에 대해 사실상 면죄부를 받은 노론은 소론에 대한 공세의 고삐를 늦추지 않았다. 18세기 조선 최대의 정치적 비극으로 일컬어지는 사도세자의 죽음은 바로 이러한 정국의 흐름 속에서 터져 나왔다.

탕평 정국에서 정치적 입지를 강화한 노·소론 탕평파는 각각 자기 정파의 주류인 강경파를 흡수해 세력을 키우고자 했다. 그런데 노론 탕평파는 강경파의 협력을 얻을 수 있었지만[9], 소론 탕평파는 그렇지 못했다. 소론 강경파는 탕평파의 행태가 노론과 다를 것 없다며 강한 반감을 가졌다. 그러나 임인옥사의 기록이 파기된 뒤 신임의리의 충역은 온전히 영조를 기준으로 했으므로, 경종에 대한 충역도 함께 강조하던 소론 강경파의 입지는 점점 좁아졌다.

노론은 강온파를 막론하고 자신들의 의리를 완전히 관철하기 위해 적극적으로 소론을 역적으로 몰았다. 노론 산림인 박필주는 경종이 질병에 시달렸다는 사실을 『대훈』에 추가로 명시하라고 요구했다. 그리고 소론이 경종의 질병을 숨겨 결과적으로 영조를 모함했다면서 그 죄를 다스릴 것도 요구했다. 영조 역시 이러한 주장에 힘을 실어 주었다.

이후 언관들은 노론 강경파의 주도 아래 잇따라 소론 5대신조태구·유봉휘·최석항·이광좌·조태억을 반역죄로 처벌하라고 주장했다. 노·소론 탕평파도 여기에 동조했다. 이를 일부 수용한 영조는 김일경과 협력해 임인옥사를 조작한 혐의로 조태구, 유봉휘, 최석항의 벼슬과 작위를 빼앗았다. 노론은 여기서 만족하지 않고 이광좌까지 처벌하라고 강력히 요구했다. 그런데 이것은 소론 5대신의 자손과 문인들로 구성된 소론 강경파의 정체성이 걸린 중대 사안이었다.

9 **노론 탕평파와 강경파** 탕평파의 주류는 사도세자의 장인인 홍봉한이 속한 북당이고, 강경파인 준론은 김상로의 남당과 이천보의 동당으로 나뉘어 있었다.

영조에 도전하는 괘서가 내걸렸던 나주 객사 소론 윤지는 유배지인 전라도 나주에서 노론에 대한 원한을 품고, 소론과 벼슬에 나아가지 못한 불평분자들을 끌어들여 나주 객사에 나라를 비방하는 괘서를 붙였고 푸닥거리로 민심을 현혹시켰다. 괘서가 발각되어 윤지는 서울로 압송되었고, 영조의 친국을 받은 뒤 처형당했다. 사진은 조선 후기 나주 객사.

이때 소론 탕평파의 노선은 분열했다. 노론에 호응해 소론 강경파를 숙청하자는 세력과 반대로 탕평의 범위를 넓혀 그들도 포용하자는 세력으로 나뉜 것이다. 후자의 대표 송인명은 탕평파가 정국을 주도하는 바람에 강경파의 정계 진출이 막혀 인재의 폭이 좁아졌다고 보았다. 그러므로 이제는 강경파 세력도 등용해야 한다고 주장했다.

송인명은 이종성 등 소론 강경파의 실력자들을 적극 후원했다. 이종성은 이광좌를 의리상 사표師表로 받들면서 그의 숙청에 반대한 인물이다. 이종성 등 소론 강경파는 송인명의 도움을 받아 사도세자의 궁료로 포진했다.

이처럼 소론 강경파 숙청을 둘러싼 대립 구도가 커져 가던 1749년영조 25 세자의 대리청정이 시작되었다. 조선왕조의 정치 체제에서 대리청정은 대개 차기 군주인 세자의 정치력을 훈련시키는 과정인 동시에 그의 정치적 이상, 능력 따위를 검증하는 기회였다. 세자에게 주어진 과제는 영조가 직접 해결하지 못하고 남겨 둔 문제를 자식의 처지에서 해결하는 것이었다. 영조가 남겨 둔 문제란 무엇인가? 노론 강경파가 볼 때, 부친의 즉위를 방해한 소론 5대신을 숙청하고 그들을 비호하는 이종성 등 소론 강경파까지 단호히 처벌해 아들의 도리를 다하는 것이었다. 세자는 그러한 요구를 받을 때마다 자신의 궁료로 포진해 있는 소론 강경파를 옹호하거나 영조에게 판단을 미루는 모습을 보이곤 했다.

바로 이때 탕평 정국을 근본적으로 뒤흔드는 사건이 발생했다. 1755년영조 31 1월 전라도 나주 객사에 조정을 비방하는 괘서掛書가 내걸린 것이다. 이 사건을 주도한 인물은 나주에 유배 중이던 소론 윤지였다. 그는 나주 목사 이하징을 비롯한 경향 각지의 소론을 결집시키며 자신의 기반을 구축해 나가고 있었다.

괘서가 적발되고 윤지가 반란을 모의한 혐의로 처단된 뒤에도 여파는 이어졌다. 나주괘서사건을 진압한 뒤 이를 축하하는 과거를 보았는데, 여기서도 조정을 비방한

노론의 승리를 확정한 『천의소감』 영조가 세제 책봉의 정당성을 천명한 책이며, 모두 4권으로 이루어져 있다. 권1에는 왕의 답변과 신임사화의 전말이, 권2에는 영조 즉위 이후 소론이 실각하는 과정이, 권3에는 정미환국과 무신란의 전말이, 권4에는 나주괘서사건이 실려 있다. 1755년. 한국학중앙연구원 소장. 4권 3책.

괴시권 ^{怪試卷} 이 제출된 것이다. 시권을 제출한 자들을 국문하자 죄인들은 소론 과격파와 김일경을 옹호하고 이광좌 등 소론 강경파 영수의 충절을 칭송했다. 심지어 영조의 면전에서 인원왕후와 영조가 올린 계장 때문에 경종이 죽었다는 말까지 했다. 격분한 영조는 그들을 대역률로 참형에 처했다. 이광좌도 무사할 수 없었다. 500여 명에 이르는 소론 과격파와 강경파 관련자가 죽거나 유배되었다. 을해년인 1755년에 일어난 이 사건을 '을해옥사'라 한다.

영조는 을해옥사를 마무리하면서 『대훈』을 수정했다. 소론 5대신의 죄를 논한 교서를 첨가해 『첨간대훈』을 간행하고, 신임옥사부터 을해옥사에 이르는 전 과정을 정리한 『천의소감 ^{闡義昭鑑} 』을 편찬했다. 이 책은 경종에게 치명적인 질병이 있었고, 숙종의 유지대로 영조가 대통을 이은 것은 공정했으며, 영조의 세제 책봉과 대리청정을 요청한 노론 4대신은 충신이었다고 명시했다. 더불어 김일경, 이광좌, 조태억 등 소론 대신의 죄와 죄의 등급에 따른 처벌 내용도 낱낱이 밝혔다. 이로써 노론 대신은 충이고 소론 대신은 역이라는 국시가 확정되었다.

이는 분명 노론 의리의 승리이고 노론 탕평의 실현이라 할 수 있다. 그러나 『천의소감』을 편찬하는 데는 조재호·정휘량·서명응 등 소론 탕평파도 적극 참여했다. 따라서 소론 중에서 탕평파의 의리와 입지는 강화되었다. 또 『첨간대훈』은 '가짜 시' 사건에 연루된 김용택 등 노론 5인의 죄를 전혀 수정하지 않았다. 따라서 노론의 의리가 완전히 수용되었다고 할 수도 없었다. 소론의 대역 사건인 을해옥사 뒤에도 영조는 탕평의 근거를 남겨 두어 이를 지속하겠다는 의지를 표명한 것이다.

이에 대해 노론은 소론 강경파의 근원을 숙종 때까지 파고들어가 뿌리를 뽑으려 들었다. 그러자 영조는 노론이 없어져야 나라가 편안하겠다고 짜증을 냈다. 그리고는 노론에게 향후 당쟁을 하지 않겠다는 다짐의 글을 대거 받아 내기까지 했다.

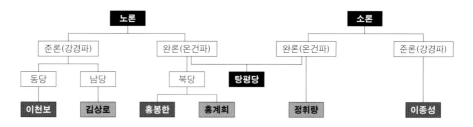

사도세자를 둘러싼 구도 노·소론의 주요 정파는 사도세자를 둘러싸고 재편되었다.

■ 친 사도세자
■ 반 사도세자

```
         노론                                    소론
    ┌─────┴─────┐                        ┌────────┴────────┐
준론(강경파)   완론(온건파)              완론(온건파)    준론(강경파)
 ┌───┴───┐      ┌───┴───┐                    │              │
동당    남당   북당    탕평당                │              │
 │       │    ┌─┴─┐                          │              │
이천보  김상로 홍봉한 홍계희              정휘량         이종성
```

　　어쨌든 을해옥사로 소론 강경파는 결정적인 타격을 받았다. 이는 소론 강경파와 우호적 관계를 맺고 있던 세자에게 매우 부정적으로 작용했다. 특히 세자는 소론 강경파 숙청을 요구하는 노론 신하들에게 일관되게 거부 반응을 보이거나 부왕에게 결정을 미루곤 했다. 국정 현안에 대해 자신의 의리를 밝히거나 정치력을 발휘하는 모습을 보이지 못한 것이다.

　　정국이 저 지경에 이르렀으면 세자는 어떤 형태로든 자신의 의리를 기준으로 정치력을 발휘해야 하지 않았을까? 영조는 어떤 처분을 내릴 때 이는 세자를 위해 하는 것이라고 밝히거나 역적을 처벌할 때 세자를 곁에 있도록 해 훈육시키곤 했다. 여기에는 세자에 대한 불신이 깔려 있었다. 노론은 세자의 신임의리관과 자질에 대한 회의론을 계속 부채질했다.

　　세자는 노론의 압박을 받는 가운데 소론 강경파와 관계를 설정하고 신임의리를 정리하는 과정에서 자신의 역할이 무엇인가 등의 문제로 상당한 정신적 압박에 시달렸다. 1757년영조33에는 그동안 세자를 보호해 주던 숙종비 인원왕후, 영조비 정성왕후 등이 잇달아 사망했다. 왕실 내 보호 세력이 일거에 사라진 것이다. 이러한 상황에서 노·소론 주요 정파는 세자에 대한 태도를 기준으로 다시 나뉘고 재편되었다.[10]

　　그러던 1759년영조35 세자 외에 대안이 없던 후계 구도에 중대한 변화가 생겼다. 영조가 김상로와 연결된 경주 김씨 정순왕후를 새 왕비로 들인 것이다. 젊은 왕비의 등장은 그 자체로 후계 구도를 흔들었다. 게다가 이 무렵 영조는 경희궁으로 거처를 옮겨 세자와 더욱 소원해졌다. 세자의 아들인 세손훗날의 정조도 강학에서 뛰어난 자질을 보이며 영조의 기대에

10 **노론 내 동당, 남당, 북당** 강경파 가운데 동당은 노론 의리에 투철했지만 신임의리의 연원을 숙종 대까지 소급하지는 않았다. 그래서 을해옥사 이후 노론 의리가 구현된 상황에서는 탕평에 적극적이었다. 반면 한미한 서울 남촌 지역 사대부들을 기반으로 한 남당은 신임의리의 연원을 숙종 때까지 소급하려다가 영조의 제지를 받을 만큼 노론 의리에 투철했다. 남당의 영수 김상로는 1757년 이후 영조에게 세자 폐위를 건의하기도 했다. 한편 탕평당을 이룬 북당은 누대의 명벌가로 구성된 궁궐 인근의 고관 집단이었다. 북당은 영조가 사도세자에게 등을 돌릴 때 함께 돌아섰지만, 사도세자의 장인인 홍봉한은 사위 편을 들었다.

정순왕후를 왕비로 책봉하는 「왕비책봉교명」 국혼의 필요성과 정당성, 왕비의 자질, 축원과 권면 등이 적혀 있고, 마지막에 조선왕보가 찍혀 있다. 오방색 비단 위에 해서로 교명문을 쓰고 다시 비단을 여러 겹 포개어 붙여 두루마리로 꾸몄다. 1759년. 국립고궁박물관 소장. 가로 300센티미터, 세로 33.7센티미터.

흡족하게 성장하고 있었다. 후계 구도에 다양한 대안이 생겼으므로 세자의 위상은 더욱 위태로워졌다.

왕실과 조정에서 빚어진 복잡한 갈등과 잇따른 도전에 시달리던 세자는 결국 정신 질환을 앓게 되었다. 긴장 국면이 증폭되자 질환은 더욱 악화되어 급기야 통제할 수 없는 울화증으로 번졌다. 이 증세는 나인, 환관 등 주변인들에게 제멋대로 표출되곤 했다. 세자는 각종 유희에 빠져들었고, 환관을 죽이는가 하면 자신의 비행을 간언하는 후궁 경빈 박씨를 죽이기까지 했다. 부왕의 허락 없이 도성을 벗어나 몰래 평양을 다녀오기도 했다. 여기에 세자를 사칭한 부녀자 강간, 시전 침탈 등 조작된 사건들도 터져 나왔다. 신하들은 세자를 반대하거나 보호할 서로 다른 목적에서 세자에게 비행을 반성하라거나 세자를 사칭하는 세력을 엄히 다스려 난국을 타개하라고 요구하곤 했다.

영조도 여러 계통의 보고를 통해 세자의 비행을 잘 알고 있었다. 문제는 세자가 자신의 병을 통제하지 못하는 처지였고, 각종 세자 사칭 사건도 배후를 조사해 주모자를 처단할 수 없는 상황이라는 점이었다. 이제 영조는 세자를 믿지 못하는 차원을 넘어 주도면밀하게 대안을 강구했다. 이를 감지한 반 세자 세력은 홍계희 등의 하수인으로 알려진 나경언을 시켜 세자의 비행을 폭로하도록 했다.나경언의 상변 영조는 세자를 문책하려 했으나, 홍봉한 등이 세자를 보호하고 나서 도리어 나경언이 세자를 모함한 죄로 처단되었다.

그러나 이 사건으로 인해 그동안 조정에서 거론되지 못하던 세자의 비행이 공론화되었다. 세자는 연일 석고대죄했다. 그 무렵 세자의 생모인 영빈은 세자를 만났다가 죽을 뻔했다면서 그대로 놔두면 언제 변란이 닥칠지 모르는 위급한 상황이라고 영조에게 알렸다. 영조는 이를 근거로 세자의 죄를 추궁하고는 결국 세자를 뒤주에 가둔

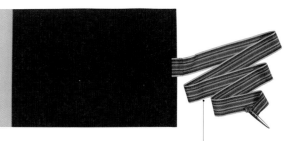

책봉 교명을 묶는 끈

채 폐세자의 전교를 내렸다. 『영조실록』에는 실려 있지 않고 개인 기록으로 남아 있는 이 전교에는 세자가 변란을 도모해서 부득이 폐세자 조치를 내린다고 되어 있다.

그 후 영조는 세자가 반역을 모의했다는 증거를 찾게 했으나 자질구레한 유희 도구 따위만 나왔을 뿐이다. 폐세자의 명분이던 변란도모죄는 공식적으로 성립할 수 없었다. 그런데도 영조는 세자를 8일간이나 내버려 두어 결국 죽게 만들었다. 1762년영조38 윤5월에 일어난 이 사건을 '임오화변'이라 한다.

왜 영조는 자식을 죽였다는 비난을 감수해 가며 세자를 뒤주에 가두고 방치했을까? 그것은 폐세자의 조치만 취하고 세자를 살려 두었을 때 생길 뒤탈까지 고려한 정치적 행위였다. 영조는 세자가 질병으로 인해 온전한 도리를 잃었고, 그 때문에 이미 많은 과실을 저지르고 변란의 기운까지 초래했다고 보았다. 따라서 이 상황을 방치했다가는 세손마저 보존하지 못할 것 같아 종사를 위해 사정私情을 끊고 미연에 조치를 취했다고 주장했다. 이것이 임오화변을 정당화하는 '영조의 임오의리'이다. 영조는 세자를 죄인으로 규정하지 않았기 때문에 '자신의 과오를 뉘우치고 젊은 나이에 죽었다'는 뜻에서 '사도思悼'라는 시호를 내려 세자의 지위를 회복해 주었다. 신하들에게도 세자에 대해 죄자罪字를 거론하지 못하게 했다.

영조는 세자 폐위 후 불안한 정세를 해소하기 위해 1764년영조40 세손으로 하여금 큰아버지인 효장세자[11]의 후사를 잇도록 하는 조치를 내려 새롭게 종통을 정했다갑신처분. 그리하여 세손이 동궁의 지위를 잇게 되었다.

11 **효장세자** 영조의 맏아들로 세자에 책봉되었으나 10세에 죽어 이복동생 사도세자가 세자가 되었다. 사도세자의 아들 정조가 그의 양자로 즉위한 뒤 진종으로 추존되었다.

왕권을 세우고
세손을 지켜라

왕권을 지키기 위해 사도세자를 희생시킨 영조의 다음 과제는 세손을 지키는 일이었다. 영조는 세손을 효장세자의 양자로 삼아 후계 구도를 새로 설정한 것이 이른바 '황극皇極 의리'를 확정하는 일이라고 생각했다. 황극은 군주皇의 통치 기준極을 바로 세우는 것을 뜻한다. 군주 중심의 황극 탕평이 흔들리는 것을 막고 종통을 바로잡았으니, 이젠 왕위 계승에 차질이 생기지 않도록 힘써야 했다.

영조에게 황극의 탕평에 힘쓰도록 영향을 끼친 인물은 소론 탕평파의 영수 박세채였다. 영조는 그런 박세채를 기리기 위해 특지特旨를 내려 그의 신주를 문묘에 모시도록 했다. 여기에는 신료들의 요청도 없고 공론에 붙여 합의를 이끌어 내는 절차도 없었다. 이처럼 군주가 독단으로 문묘 종사를 강행한 것은 유례가 없는 일이었다.

영조는 더 나아가 『대훈』의 내용을 개정해 '가짜 시' 부분을 빼 버렸다. '가짜 시 사건'에 연루된 김용택 등 노론 5인의 행위를 역적이 아닌 소인의 행위로 완화하고 군주의 은혜로 그들을 사면해 주었다. 이것은 분명 영조 자신이 경종의 죽음에 관여되었다거나 노론에 의해 추대된 임금이라는 혐의를 말끔히 없애기 위한 조치였다.

영조는 왕권을 확립하기 위해 박세채의 문묘 종사를 강행하고, 황극 의리의 주도자로서 신임의리 문제를 깨끗이 해결한 것이다. 사실 이 문제는 영조가 사도세자에게 대리청정을 시키면서 해결해 주기 바랐던 것이라 할 수 있다.

사림의 공론에 의거하지 않고 문묘 종사를 강행한 데서 알 수 있듯이 이제 영조는 사대부의 대표 격인 산림12의 권위까지 장악했다. 많은 노론 사대부는 이를 강하게 비판했지만 홍봉한의 북당은 적극 찬동했다. 청론淸論13을 표방하는 동당, 남당 등은 유학의 중대사에 대해 군주에게 영합했다는 이유로 북당을 호되게 비판했다. 그러나 영조는 박세채에 대한 비판을 황극에 대한 도

12 **산림** 향촌 사회에서 학식과 덕망으로 이름이 높아 중앙 정계에 발탁된 인물.
13 **청론** 권력자에 구애받지 않는 고결한 원칙론을 가리키며, 현실 권력을 감안해 타협적인 논의를 주장하는 탁론(濁論)과 대비된다. 준론과 연결되는 일이 많아 '청준'으로 쓰이기도 한다.

북당의 영수 홍봉한 사도세자의 장인이자 혜경궁 홍씨의 아버지이다. 영조의 탕평 정책을 따르던 탕평파의 영수로, 정순왕후의 아버지인 김한구와 대립했다. 영조 말기에 공납 제도를 개선하고 부패한 관리를 척결하는 등 백성의 부담을 줄이는 데 힘썼다. 초상은 경기도박물관 소장. 종이에 채색. 가로 46.5센티미터, 세로 61.9센티미터.

전으로 간주해 청론의 이념적 지주인 노론 산림을 대거 처벌했다. 영조의 황극 탕평은 공론을 중시하는 노론 사대부의 지향과는 거리가 멀었던 것이다.

영조가 독단적 황극 탕평을 추진하자 이에 반감을 가진 청론 세력은 영조에 영합하는 북당의 영수 홍봉한을 공격하기 시작했다. 이처럼 홍봉한을 공격하는 세력의 배후에는 노론 남당과 긴밀하게 교류하던 외척 김한구와 그 아들 김귀주가 있었다. 그들은 남당을 더욱 결집시켜 홍봉한에 대한 공세를 선도했다.

홍봉한은 사도세자의 부인 혜경궁 홍씨^{당시 혜빈}의 아버지이므로 세손의 외할아버지이다. 그를 공격하는 김한구는 정순왕후의 아버지이니 영조의 장인이다. 노론 동당계 인사들은 이들 외척을 모두 배척하고 있었다. 그러자 김한구는 그들마저 홍봉한에 빌붙는 세력이라고 몰아붙이며 홍봉한을 고립시키는 전략을 구사했다.

두 외척 사이의 대립과 갈등이 최고조에 이른 1770년대 초, 일련의 사건으로 홍봉한의 지위는 추락한다. 먼저 충청도 유생 한유가 도끼를 들고 궐문 앞에 엎드려 홍봉한의 비리와 권력 남용을 거론하고 홍봉한-을 참수하라는 상소를 올렸다. 영조는 한유를 엄히 처벌하는 동시에 홍봉한에게도 책임을 물어 재상에서 물러나게 했다.

몇 달 후 김한구의 동생인 김한기가 홍봉한을 고발했다. 홍봉한이 세손의 이복동생인 은언군·은신군을 추대하려고 모의했다는 것이다. 그러자 영조는 홍봉한이 두왕자를 방자하게 만들었다면서 김한기에게 궁궐을 호위해 변란에 대비하도록 하고 홍봉한의 벼슬을 박탈했다. 은언군·은신군이 유배되고 홍봉한이 서인으로 강등되자 조만간 변란이 있을 것이라는 말까지 떠돌았다. 홍봉한의 딸인 혜경궁 홍씨가 투신을 기도하고 세손이 김한기의 조카인 정순왕후에게 도움을 요청하고 나서야 사태는 겨우 진정되었다.

홍봉한에 대한 영조의 신임이 사라진 것이 확인되자 공격은 더욱 거세졌다. 홍봉

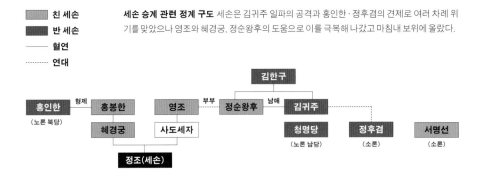

세손 승계 관련 정계 구도 세손은 김귀주 일파의 공격과 홍인한·정후겸의 견제로 여러 차례 위기를 맞았으나 영조와 혜경궁, 정순왕후의 도움으로 이를 극복해 나갔고 마침내 보위에 올랐다.

한을 참하라는 목소리가 공공연하게 터져 나왔다. 홍봉한의 아우인 홍인한마저 그에게 등을 돌렸다. 홍인한은 형과 달리 사도세자에 반대하던 자였지만, 이때는 세손을 보호하겠다고 표방해 영조의 총애를 받았다. 영조는 홍인한을 통해 북당 위주의 탕평을 계속해 나가려 했다. 홍인한은 이러한 영조의 기대에 부응해 정후겸을 비롯한 노·소론 탕평 인사들을 두루 끌어들였다. 그 덕분에 북당은 홍봉한의 실각에도 불구하고 다시 정국을 주도할 수 있었다.

영조는 홍봉한을 고리로 황극 탕평을 공격하던 청론 세력을 예의주시하다가 1772년영조 48 그들을 '청명당淸名黨'으로 규정하고 대거 숙청했다.[14] 그러자 청론 세력과 가깝던 김귀주 형제가 나서서 홍봉한과 세손을 공격했다. 홍봉한이 임오의리를 뒤집고자 세손에게 사도세자를 추숭해 종묘에 들이자는 건의를 했다고 폭로한 것이다. 그들은 홍봉한을 '역신'으로 처단할 것을 주장했다. 세손까지 거론되었으니 여간 심각한 사태가 아니었다.

세손은 직접 나서서 김귀주의 폭로에 대해 해명해야 했다. 그는 평소 오빠인 김귀주를 잘 제어하던 정순왕후와 깊숙이 대책을 상의했다. 그리고 영조에게 나아가 해명했다. 자신이 사도세자를 추숭하려 한 것이 아니라 장차 제기될 수 있는 추숭 문제에 어떻게 대응할 것인지 미리 논의한 것이라고. 영조가 이 해명에 대한 확인에 나서자 정순왕후는 세손 편에서 적절한 답변을 해 주었다. 덕분에 사태는 봉합되고 세손과 정순왕후의 신뢰도 공고해졌다.

훗날 정조는 자신을 위험에 빠뜨린 김귀주를 용서할 수 없었다고 회고했다. 영조 역시 세손을 흔드는 김귀주의 행동에 분개했다. 그는 김귀주 형제를 처벌하고 나아가 그들과 결탁한 청명당 세력까지 추가로 손을 보았다. 이들이 홍봉한을

14 **청명당 사건** 대사성 후보자 3인이 모두 청론으로 채워지는 일이 일어나자, 영조는 이조판서를 파직하고 이미 제수된 대사성 김종수를 해임한 후 영의정 김치인에게도 책임을 물어 쫓아냈다. 언관들이 김치인을 옹호하자 영조는 그들을 모두 '청명당'이라 규정하고 대거 유배 보냈다.

절체절명의 구원 투수 서명선 세손과 탕평 정국의 운명이 걸린 시기에 극적으로 등판해 세손을 구한 신하이다. 홍인한을 탄핵해 세손의 대리청정이 결정되었고, 세손이 보위에 오르는 데도 큰 역할을 했다. 영조 대에는 유배와 체직 등을 겪으며 이름을 드러내지 못했고 정조에 의해 중용되었다. 초상은 일본 덴리대학교 소장. 비단에 채색. 가로 33.9센티미터, 세로 43.6센티미터.

공격하는 것은 궁극적으로 세손 교체까지 노린 음모의 일환으로 해석될 수 있었기에 결국 영조에게 강한 제지를 받은 것이다.

그리하여 1773년^{영조 49} 이후 탕평당을 비판하며 청론을 표방하는 주장은 조정에서 힘을 쓸 수 없었다. 반면 북당 위주의 탕평 구도를 계속하려는 영조의 뜻에 따라 홍인한, 정후겸의 위상은 더욱 높아졌다. 그러나 사도세자에게 등을 돌렸던 두 사람에 대한 세손의 반감은 뿌리 깊었다. 그들이 세손 보호를 표방한 것도 세손 주변에 자기 세력을 심어 세손을 장악하려는 수단쯤으로 여겼다. 실제로 두 사람은 세손의 궁료가 잘못 선발되었다면서 자기네 도당인 홍상간을 추천하는 등 노골적으로 세손에게 간섭하는 모습을 보였다. 그들은 세손을 때로는 보호론으로 유인하다가 뜻대로 되지 않으면 협박하기도 했다. 이 과정에서 적대적인 관계는 더욱 깊어졌다.

그러던 1775년^{영조 51} 무렵 영조는 정신이 극도로 혼미해져 정상적인 판단이 어려워졌다. 세손은 외척들과 두루 사이가 좋지 않았으므로 세손이라는 지위와 이를 보호하는 영조, 정순왕후 등 공적 계통에 의지하고 있었다. 그런데 영조의 판단력이 극도로 흐려졌으니 정국은 한 치 앞을 내다볼 수 없었다. 영조는 통치의 한계를 절감하며 세손의 대리청정을 지시하는 전교를 내렸다. 세손도 이를 반포할 것을 청했다. 그러나 홍인한이 대리청정을 반대하고 조정에 이 사안이 알려지는 것을 막는 바람에 세손의 대리청정은 거론조차 되지 못했다. 신하가 대리청정을 저지하고 있었던 것이다.

세손은 정순왕후에게 도움을 요청하고, 충성스런 신하를 물색해 홍인한을 탄핵하는 상소를 올리게 했다. 소론의 서명선이 그 역할을 맡았다. 홍인한과 정후겸이 역공세를 펴기도 했으나, 영조의 단호한 의지에 따라 대리청정이 결정되었다. 석 달 후 영조가 승하하고 세손이 보위에 오르면서 숨 가빴던 정치 드라마는 막을 내렸다.

붕당과 탕평의 역사

중국에서 탕평론薄平論이 제기된 것은 북송 대 성리학이 대두하면서였다. 탕평론이란 군주가 주도하는 정치론으로, 신하가 주도하는 정치 이론인 붕당론보다 연원이 더 깊다.

16세기에도 살펴보았지만 붕당을 군자당과 소인당으로 구분해 붕당론을 최초로 체계화한 사람은 북송 대 성리학자 구양수歐陽修였다. 주자는 이 같은 구양수의 붕당론을 이어받아 정리한 사람이다.

그런데 탕평론을 제기한 사람은 구양수의 선배 성리학자인 소옹邵雍이었다. 그는 『황극경세서皇極經世書』라는 책에서 4단계 정치론을 제시하고 있는데, 그중 첫 번째가 '황도정치론'이었다. 이것은 군주가 도덕, 공덕, 물리력보다 더 높은 도리道理를 기준으로 신하를 고르고 백성을 교화해야 한다는 논리였다.

여기서 '탕평'이라는 말은 중국 고전인 『서경書經』 홍범조洪範條에 나오는 '왕도탕탕王道蕩蕩 왕도평평王道平平'을 합성한 것이다. 항상 치우침 없이 공평무사한 것이 군주의 도리라는 뜻이다. 개인적으로 좋아하는 사람이라고 해서 감싸 주어서도 안 되고, 마음에 들지 않는 사람이라고 해서 마음대로 내쳐도 안 된다.

따라서 '탕평'은 군주가 지켜야 할 법도이자 군자가 행해야 할 정치의 기본 규칙을 일컫는 말로 읽힌다.

'탕평 군주'는 '매우 중립적이고 지극히 바른大中至正', '정직한' 정치를 해야 한다. 그는 이를 위해 신료들 사이에 나타나는 편가르기, 일관성 없이 이쪽저쪽으로 뒤집히는 현상 등 사회 혼란의 원인이 되는 관행과 풍속을 없애야 했다. 그러려면 사회 일반에 퍼져 있는 나쁜 무리를 없애고, 아첨이 통하는 사회 기풍을 바꿔야 한다.

그런데 이러한 '탕평'의 정치 이념이 실제 정치에서 적용된 것은 조선이 유일하다. 정작 그 말이 나온 중국에서는 이상적인 정치 원칙론으로 제시될 뿐 현실의 위정자가 통치 이념으로 오랫동안 사용한 예가 없다. 그러니 18세기를 관통하는 '탕평 정치'는 조선의 독자적인 정치 노선이었다고 할 수 있다.

주자 중심의 성리학을 받아들인 조선 사회에서는 중국과는 반대로 탕평론보다 붕당론이 먼저 제기되었다. 탕평론에 관한 언급은 단종 대 사대부 양성지, 연산군 대 사대부 김일손의 상소문 등에

소옹 송의 학자이자 시인. 시호가 강절(康節)이라 소강절로도 불린다. 장작감주부(將作監主簿)로 추대받았으나 사양하고, 일생을 낙양에서 숨어 살았다. 음(陰)·양(陽)·강(剛)·유(柔)를 근본으로 하고, 4의 배수로서 모든 것을 설명하는 특이한 수리철학을 만들었다.

서 언급되기 시작한다. 그러나 탕평론이 본격적으로 연구된 것은 조광조 등이 붕당을 결성해 국왕인 중종을 협박했다는 이유로 숙청당한 1519년중종 14의 기묘사화 이후로 알려져 있다.

기묘사화를 겪은 중종은 붕당론에 문제가 있다고 보고, 그것을 대체할 정치론을 찾도록 신하들에게 지시했다. 그러자 유여림 등 홍문관원들이 1528년중종 23 중종에게 '탕평 정치'를 하라고 건의했다. 그들이 건의한 내용의 핵심은 군주가 공정한 기준을 가지고 사람을 선택해야 한다는 것이었다. 이것은 결국 북송 대 학자 소옹이 폈던 '황도정치론'의 영향을 받은 것이다.

영조의 탕평의 뜻을 새긴 비 영조가 세운 탕평비의 탁본. "두루 사귀되 치우치지 않음은 군자의 공평한 마음이요, 치우치되 두루 사귀지 않음은 소인의 사사로운 마음이다."라고 적혀 있다. 1742년에 써서 성균관 입구 반수교 옆에 세웠다. 수원박물관 소장. 앞뒷면 각 가로 62센티미터, 세로 155센티미터.

그러나 우리가 알고 있는 것처럼 그 후 선조 대에 사림이 정권을 장악하면서 사림의 붕당정치가 오랫동안 조선을 이끌어 갔다. 구양수는 붕당을 군자당과 소인당으로 분류했고, 각 붕당은 자신이 군자당이고 상대방이 소인당임을 증명하기 위해 경쟁을 펼쳤다. 그러나 개인들을 군자와 소인으로 분명히 나눌 수 없는 것처럼 붕당 역시 군자 일색의 당과 소인 일색의 당으로 규정하는 것은 불가능하다. 따라서 현실의 붕당들에는 군자와 소인이 섞여 있으므로 이를 판별하고 조정해야 한다는 주장도 나왔다.

그러한 붕당 조정론의 선구자가 동서 붕당 간 화합을 주창한 이이였고, 한 세기 후 '황극탕평론皇極蕩平論'을 제기하며 이이의 조정론을 계승한 이가 박세채였다. 박세채는 붕당의 구성원은 모두 선비士이므로 그들을 옳고 그름이 아닌 우열로 판단하자고 했다. 우열의 판단은 누가 내리는가? 바로 국왕이 무편무당의 자리에서 서서 내려야 한다. 이처럼 무편무당한 국왕의 조정권이 '황극'으로서, 그것은 의리를 상징하는 절대적 권위로 중시되었다. 영조와 정조는 바로 이 같은 박세채의 황극탕평론을 중시해 자신들이 펼친 탕평 정치의 이론적 바탕으로 삼았던 것이다.

2.
역役을 고르게 하라

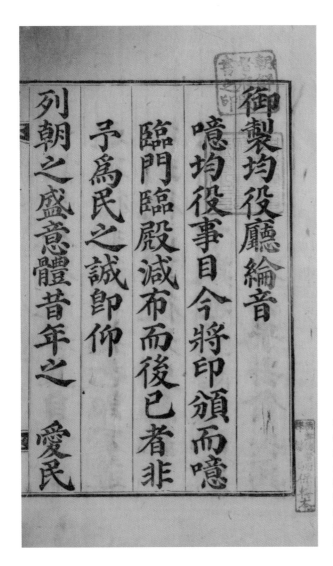

御製均役廳綸音

噫均役事目今將印頒而噫

臨門臨殿減布而後已者非

予爲民之誠即仰

列朝之盛意體昔年之 愛民

『균역청사목』에 실린 영조의 윤음 균역이란 평민의 양역 부담을 사회 각 계층이 분담하도록 한 개혁 입법이다. 『균역청사목』은 1752년(영조 28)에 발간되었으며, 균역법 시행 세칙을 적은 책이다. 사진은 『균역청사목』에 실린 영조의 윤음으로 일종의 서문에 해당한다. 영조는 균역법 시행의 전환점이 된 감필을 선언하고, 이 조치가 열성조의 성의를 우러러보아 예로부터 내려온 애민 정책을 본받은 것이라고 천명했다. 국립중앙도서관 소장.

영조가 혼신의 힘을 다해 탕평을 추진하고 당론으로 갈라진 정치력을 한데 모으려고
한 것이 단지 권력욕 때문이었을까? 그의 앞에는 17세기로부터 물려받은 국가적 과제
가 감당키 어려운 크기로 쌓여 있었다. 왕조를 유지하면서 이 과제를 해결하려면 여
간한 지도력이 없으면 안 되었고, 그러한 지도력을 발휘하려면 지배층의 힘을 모아야
했다. 탕평이 지배 계급 내의 단순한 권력투쟁에 그치지 않는 이유가 여기 있다.

앞서 밝혔듯이 영조가 필생의 과업으로 인식한 것은 '양역 변통'이었다. 양역 변통
이란 국가의 안위에 영향을 미칠 만큼 심각한 수준에 이른 양민의 신역을 개혁하는
것을 말한다. 영조의 최대 치적 중 하나로 꼽히는 양역의 개혁은 왜 필요했고 어떻게
가능했을까? 그 배경을 이해하기 위해 우리는 조선왕조가 어떤 사회경제적 변화를 겪
어 왔는지 간략하게나마 훑어볼 필요가 있다.

조선은 농본주의 이상 국가를 지향하는 토지개혁과 함께 출발했다. 조선의 엘리
트들은 원元 말엽 유라시아 대륙에 걸친 첨단 상업 유통경제에서 발생한 각종 폐단을
비판적으로 바라보았다. 그래서 그들은 중앙집권적 관료 국가 체제 아래 논밭을 복구
하고 사무역을 통제해 대외 변수의 영향을 받지 않는 자생적이고 독립적인 농업경제
를 재건해 나갔다. 국가가 필요한 자원을 직접 거둬들이는 조·용·조[1] 체계도 재건되
었다. 그러나 시장을 원천적으로 봉쇄할 수는 없었다. 16세기 들어 안으로 장시가 발
달하고 밖으로는 조선 경제가 은 본위의 세계경제 체제에 편입되었다. 이 같은 사회경
제적 변동에 따라 세제도 변할 수밖에 없었다.

가장 먼저 조租에 해당하는 전세가 변했다. 조선 초에는 토지의 비옥한 정도에 따
라, 그리고 한 해의 풍흉 정도에 따라 전세를 차등 징수했다.
그러나 이 제도는 복잡한 데다 한 해의 작황을 일일이 파악
해야 했으므로 현실적인 어려움이 많았다. 그리하여 조선 후

[1] **조·용·조** 전세에 해당하는 조(租), 국가에 필
요한 병력과 노동력을 징발하는 용(庸), 국가에
필요한 물품을 걷는 조(調)로 이루어진다.

양반을 나타내는 품계석 창경궁 명정전 앞의 품계석. 문무백관은 벼슬의 높고 낮음에 따라 정1품에서 종9품까지 품계를 나눴고, 돌에 품계를 새겨 궁궐의 정전 앞마당에 품계의 순서에 따라 나열했다. 정전을 바라보며 문관인 동반과 무관인 서반이 양쪽으로 도열했는데, 동반과 서반을 합쳐 양반이라고 부른 것이다.

기 들어 전세는 점차 일정한 액수의 세금을 내는 정액화의 길을 걸었다. 처음에는 풍흉을 따지지 않고 비옥도에 따라 전세를 매겼지만, 점차 모든 논밭에 가장 낮은 세율을 적용했다. 모든 논밭에서 가장 비옥도가 낮은 전답에 부과하는 4두만 걷게 된 것이다[2]. 이처럼 토지의 질에 관계없이 절대 면적에 따라 일정한 세금을 부과하게 되자 토지의 상품성은 크게 높아졌다.

군역과 요역으로 이루어진 용庸은 노동력을 제공하는 방식에서 현물 화폐를 납부하는 형태로 바뀌어 갔다. 본래 양천제에서 양인은 광의의 개념으로 양반 사대부를 포함한다. 따라서 16~60세의 양인 장정은 양반과 평민을 막론하고 군역의 의무를 졌다. 그러나 오랫동안 평화가 지속되자 군역을 가지 않고 사람을 대신 사서 보내는 일이 만연했다. 성종 대에 이르면 지방에서 군역을 지러 온 사람을 놓아 주고 대신 면포를 받는 일도 늘어났다[3]. 이처럼 군역을 면제해 주고 받는 면포를 '군포軍布'라 한다.

현물 화폐인 면포를 내고 군역을 면제받는 것을 '군역의 금납화'라 할 수 있다. 이 같은 현상은 16, 17세기에 걸쳐 서서히 진행되고 정부에 의해 추인되었다. 상당수의 군사는 명부에만 존재하고 그들이 대신 내는 면포는 재정수입으로 인식되었다.

또 오랜 평화가 이어지자 양반이 군역에서 이탈하는 일이 점점 더 많아졌다. 15세기 문무 양반은 전·현직 관료를 뜻할 뿐 특권적 신분은 아니었다. 그러나 양반은 점차 사회적 신분이 되어 갔다. 지방에서는 불법으로 군역을 회피하는 행위가 만연했다. 그런가 하면 임진왜란 때 의병 활동에 나선 양반은 전란의 공을 내세워 합법적인 면역 혜택을 받았다.

이제 군역은 양반을 뺀 협의의 양인층만 부담하는 역이라는 뜻에서 '양역良役'으로 불리게 되었다. 이미 금납화가 진

2 **영정법** 한 해의 풍흉을 재는 연분9등은 16세기 후반 들어 최저 세율화 경향을 띠다가, 17세기 전반부터 점차 4두 내외로 영구 고정되어 갔다. 이를 영정법이라 한다.
3 **대립(代立)과 방군수포(放軍收布)** 중앙의 오위(五衛)에 군역을 가지고 않고 사람을 대신 사서 보내는 것을 '대립'이라 하고, 외방의 영(營)·진(鎭)에서 군사를 놓아 주고 대신 면포를 받는 것을 '방군수포'라 한다.

세제 금납화의 주역 면포 군역 대신 납부했던 현물 화폐이다. 면포는 춘하추동의 의복 재료 및 침구, 생활용품 재료로 가장 많이 이용된 실용적인 직물이다. 한국학중앙연구원 소장.

행된 양역은 중앙 재정에서 막대한 비중을 차지하고 있었다. 그런데 양반이 군역을 부담하지 않는 바람에 중앙 재정은 만성적인 부족 현상에 시달릴 수밖에 없었다. 바로 이것이 영조 대에 양역의 개혁을 최대의 과제로 올려 놓은 이유이다.

군역의 금납화 현상은 요역에도 영향을 미쳤다. 16세기 말 17세기 초에는 요역도 징집되는 대신 면포를 내는 방식으로 바뀌었다. 이처럼 현물 화폐인 면포를 납부하는 것으로 군역과 요역을 대신하게 되자 세제의 금납화 현상은 촉진되었다. 이는 16세기 들어 임노동자를 손쉽게 고용할 수 있게 된 상황과도 무관하지 않았다.

한편 17세기에 집중적으로 살펴본 것처럼 조(租)에 해당하는 공납은 방납의 폐단을 시정하는 것이 초미의 과제였다. 방납은 박리다매의 효과와 물류비 절감을 내세우며 세종 대에 등장했다. 그러나 그때부터 이미 폭리를 취하는 폐단이 적발되고, 방납 과정에서 발생하는 운반비 등 공무 비용과 각종 수수료가 거품처럼 부풀어 올랐다. 명종 대에는 방납의 폐단으로 물가가 열 배나 오르고, 선조 대에는 방납 비용이 본래 납부해야 할 물품의 열 배에 달했다.

본래 조·용·조 체제의 중심은 전세와 군역이고 요역과 공납은 부수적인 세제에 지나지 않았다. 그런데 조선 후기 들어 전세는 점차 낮아진 반면 공납은 방납의 등장으로 부담이 큰 세제로 떠올랐다. 게다가 방납 상인은 공납을 대행하면서 대가를 받았으니 금납화에 준하는 현상이 나타난 셈이다.

그리하여 방납으로 고통받는 백성을 구제하는 문제가 대두했다. 방납 이권에 가담한 훈척이 원성의 대상이 되곤 했으니, 훈척을 비판하며 정계에 진출한 사람이 최우선 개혁 과제로 공납을 거론한 것은 당연했다. 이에 따라 16세기 말부터 공납을 토지의 다과에 따라 쌀로 대신 납부하는 개혁안이 점진적으로 추진되었다. 그것이 바로 조선 최대의 개혁으로 일컬어지는 '대동법'이다.

대동법은 조선을
어떻게 바꿨나

화폐경제의 흐름을 따라 가며 민의 부담도 덜고 재정도 확보하기 위한 세제 개혁은 대동법 시행으로 거대한 시동이 걸렸다. 대동법이 실제로 완성되는 데는 숙종 후반의 정국 변화가 큰 역할을 했다. 숙종 대에 환국이 일어날 때마다 집권 붕당이 바뀌면서 각종 법제가 번복되기 일쑤여서 법의 안정성을 담보할 수 없었다. 그러나 갑술환국[1674] 이후 초기 탕평 정국에 진입하자 각종 세제의 개혁과 법제 정비가 추진되었다. 이처럼 정국이 안정된 덕에 대동법도 전국 단위에서 확대 실시될 수 있었다.

대동법은 다양한 분야에 영향을 미치고 경제 체계의 근간을 바꾸어 놓았다. 이전의 공납은 고을 단위로 현물을 공동 납부하는 것이었으나, 대동법에서는 토지의 많고 적음에 따라 쌀이나 면포를 납부하게 되었다. 또 양역을 회피하던 양반 계층을 토지 소유자라는 잣대로 다시 세금 체계 내로 끌어들였다. 토지를 기준으로 하는 세금 체계는 땅 없는 백성에게 감면 혜택을 주고, 지주의 상당수를 차지하는 양반층에게 부족한 세수를 추징해 균등 세정을 실현하는 밑거름이 되었다.

또 대동법을 실시하면서 중앙에 새로운 재정 수입이 생겨났다. 방납을 통해 사적으로 금납화되었던 공납을 국가 체계 내로 끌어들여 별도의 수입원을 창출한 것이다. 백성이 현물 화폐인 쌀이나 면포를 방납 상인에게 지불해도 정작 조정에 들어오는 공납은 방납 상인이 사서 바치는 특산물이었다. 그러나 백성이 국가에 대동미를 직접 납부하게 되자 그것이 고스란히 정부의 수입으로 잡혔다. 전세가 1결당 4두인 데 비해 대동미는 12두 내외로 정해져 그 비중이 세 배 이상 높았다. 정부가 대규모 자금을 운영할 기회가 생긴 것이다.

광해군 대에 실시한 경기선혜법은 전후 복구 사업, 사신 접대 등 비상시에 쓸 재원을 마련하는 데 쓸모가 있었다. 그래서 선혜청이라는 독자적 재정 기구를 설치해 호조와 더불어 중앙 재정 전반을 관할하게 했다. 선혜청은 대동미를 거둬들이는 수세 기

막대한 재정이 들어가는 청 사신 접대 「봉사도(奉使圖)」
중국 국왕 영조(왼쪽)가 청 사신(오른쪽)을 직접 접대하는 모습을 그린 그림. 「봉사도」는 1725년(영조 1)에 조선에 온 청의 사신 아극돈(阿克敦)이 조선 사행의 견문을 묘사한 그림과 그림에 대한 시와 발문을 모은 화첩이다. 중국 중앙민족대학교 소장. 가로 1181센티미터, 세로 984센티미터.

관으로 출범했으나, 공인貢人에게 지불하는 공가貢價를 결정해 각종 물품의 시장가격에도 영향을 미쳤다. 공인이란 정부에 필요한 물품을 납품하는 상인으로, 그 대가로 공가를 받았다. 또 선혜청은 각종 중앙관청이 필요한 물품을 조달할 수 있도록 대동미를 지급해 막대한 재정지출 권한을 행사했다.

한편 대동미 중 절반 가량은 '저치미'라는 이름으로 현지에 비축해 두었다. 따라서 진휼賑恤4에 대비하는 환곡還穀5의 비중도 늘릴 수 있었다. 진휼 제도는 조선 초부터 의창과 사창이라는 이름으로 운영되었다. 그러나 진휼 사업에서 회수하지 못하는 비율이 증가해 원곡이 점차 소멸했다. 그런데 대동법이 확대 실시되자 위축되었던 환곡이 점차 증가해 진휼에도 대비하고 재정도 충당할 수 있었다.

경기선혜법을 실시한 주요인은 물론 방납의 폭리가 가장 컸던 경기도 백성의 원성이었다. 게다가 앞에서 본 것처럼 전란 직후 필요한 비상 재원을 확보하는 데 효과적이기 때문이기도 했다. 정부로서는 백성도 구제하고 재원도 확보할 수 있는 일거양득의 정책이었다. 전란과 대기근으로 중앙 재정이 파탄 난 상황에서 각 관아는 스스로 살길을 찾아야 했다. 그리하여 환곡을 통한 적극적인 재정 운영에 나섰다. 하지만 국가가 백성들과 이익을 다툰다는 따가운 시선이 적지 않아서 재정 충당을 전면적으로 추진하는 데는 상당한 세월이 걸렸다.

대동법의 실시는 화폐유통의 전환점도 마련했다. 대동법은 공물을 쌀로 대신 내는 법이지만 산간 고을은 쌀이 귀해서 면포나 동전을 대신 내도록 했다. 이를 계기로 동전납이 점차 확대되었다.

조선 전기에는 저화, 조선통보, 팔방통보 등의 화폐를 발행했으나 한시적으로 유통되는 데 그쳤다. 민간이 화폐를 사용하도록 장려하려면 국가가 공공 수요를 만들어야 했으나,

4 **진휼** 흉년이 들었을 때 빈민을 구제하는 제도.
5 **환곡** 흉년이나 춘궁기에 빈민에게 곡식을 대여했다가 추수기에 돌려받는 제도 또는 그 곡식.

조·용·조 체제에서 국가의 화폐 수요는 매우 낮았기 때문이다. 태종은 제용감濟用監[6], 사섬시司贍寺[7] 따위의 관청을 동원해 저화의 통용을 촉진하려 했으나 시장의 환영을 받지는 못했다. 결국 저화와 동전은 돈으로 죗값을 대신 치르는 속전贖錢에만 주로 이용되었다.

16세기 들어서는 전국 시장이 출현하고 교환경제가 형성되어 점차 조세의 금납화가 촉진되었다. 그러나 쌀, 면포 따위 현물 화폐만으로는 국가의 재정 체계와 충분히 연동될 수 없었다.

그러다가 상평통보가 출현한 것은 대동법이 경기·충청·전라 3도까지 확대된 직후인 1633년인조 11이다. 그러나 인조 초반 대동법이 후퇴해 실시 지역이 축소되는 바람에 상평통보도 얼마 못 가 폐지되고 말았다. 그런 상평통보가 부활하는 것은 대동법이 한동안의 정체기를 극복하고 다시 점진적으로 확대되는 것과 궤를 같이 한다. 1677년숙종 3 경상도와 강원도에 대동법이 실시됨으로써 시행 지역이 6개 도로 확대되었다. 그러자 그 다음 해에 상평통보가 조선의 법정 통화인 법화法貨로 공포되었다. 이 것은 대동법의 실시와 동전 유통이 서로 밀접하게 연동되어 있었음을 의미한다.

1794년정조 18에 편찬된 『부역실총』을 보면, 강원도와 함경도를 제외한 전국 재정의 총액은 약 886만 냥이고 그중 동전납이 약 300만 냥에 이른다. 국가의 1년 예산은 약 1000만 냥 내외로 추정되고 그 가운데 동전 유통의 규모는 30~40퍼센트의 비중을 차지한다. 17세기부터 정부가 전후 복구 사업과 진휼 정책에 앞장서면서 국가 주도의 유통경제가 진척되고, 18세기에는 전란으로 붕괴되었던 장시가 전국적으로 되살아나고 수도권이 상업 도시로 성장해 화폐경제가 진전되었기 때문이다.

이로 말미암아 대규모 화폐교환 체계도 출현했다. 대동

6 **제용감** 왕실에 필요한 의복이나 식품 등을 관장한 관서.
7 **사섬시** 저화의 주조 따위를 관장하던 관서.

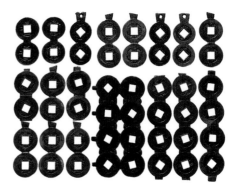

대동법과 함께 돌고 돈 동전, 상평통보 1678년(숙종 4)에 법화로 공포되고 조선 말기까지 사용되었다. 1785년(정조 9)부터 호조에서 주조 발행 업무를 전담했다. 대동법이 3도에 확대된 직후 출현했고, 대동법 시행 지역이 6개 도로 확대되자 그 다음 해에 법화로 공포되었다. 상평통보의 유통은 대동법의 실시와 밀접하게 연동되어 있다. 사진은 상평통보 당일전. 국립중앙박물관 소장. 지름 각 2.6센티미터.

법은 기본적으로는 쌀인 대동미로 받는 것을 원칙으로 했으나, 지역에 따라 면포인 대동목大同木이나 동전인 대동전으로 받기도 했다. 그런데 현물 화폐인 쌀과 면포, 명목화폐인 상평통보 등 세 가지 이상의 화폐가 활용되자 화폐 간 교환 비율에 따른 일종의 환전 이익이 발생했다. 각 군현의 수령들은 이를 이용해 점차 다양한 재정 운영 방안을 모색했다.

세금을 쌀로 환산해 내도록 하는 작미, 동전으로 환산해 내도록 하는 작전, 면포로 환산해 납부토록 하는 작목 중에서는 그때그때 가장 유리한 방법을 사용했다. 또지역 간 가격차를 이용해 시세가 좋은 자기 고을의 환곡을 내다 팔고 대신 값이 싼 다른 고을의 곡식을 사서 채우는 이무移貿, 환곡으로 대여한 쌀이 흉작일 때 다른 곡식으로 대신 상환하게 해 주는 대봉代捧 등의 방법도 있었다. 그 밖에 계절 간 가격차를 이용하는 입본立本, 동전으로 분급하는 전환錢還 등 실로 다양한 재정 운용 방식이 동원되었다. 다만 이 같은 방법들은 국왕의 엄밀한 재가를 받아야만 용인되었고, 그렇지 않으면 명백한 불법으로 간주되었다.

국가가 책정한 대동미, 대동목, 대동전 등의 명목상 세금 액수가 같다는 전제하에, 실제 지방에서 나타나는 가격의 차이는 지방관의 능력에 따라 지방 재원을 마련하는데 요긴하게 이용되었다. 이는 또 백성의 세금 부담을 줄여 주는 데도 활용되었다. 이제 각 고을의 수령이 얼마나 재정을 효과적으로 운영하느냐에 따라서 지방 재정이 얼마나 비축되느냐, 민심이 어느 쪽으로 쏠리느냐 하는 것이 갈렸다. 조선 전기에 목민관은 행정·사법·군정 3권을 장악했거니와, 조선 후기에는 재정 운영에도 관심을 갖고 일종의 자산 운영가 역할까지 겸했다.

양역을 어떻게
개혁할 것인가

17세기는 고난의 시대였다. 전란과 대기근으로 인구가 짧은 시간에 급격히 줄어드는 현상이 자주 나타났다. 게다가 불안정한 안팎의 정세로 5군영을 차례로 창설해 필요한 군비는 오히려 늘어났다. 이처럼 인력 자원이 부족한 상황에서 설상가상으로 양반들은 합법적으로 군역을 면제받았다. 군비의 확보는 절체절명의 과제로 다가왔다.

위정자들은 양반이 빠져 버린 양역의 폐단을 잘 알고 있었다. 그러나 공납을 개혁하는 데도 여력이 충분하지 않았던 데다 개혁의 대상이 사대부 자신이었기 때문에 양역의 개혁은 쉽게 추진할 수 있는 과제가 아니었다. 약 1세기 동안 열일곱 가지가 넘는 개혁 방안이 난립했으나 어느 하나도 뚜렷이 추진되지 못했다.

특히 양역이 금납화되자 이는 군비의 문제에 그치지 않고 국가 재정의 문제로 귀결되었다. 짧은 기간에 양인 장정의 숫자가 급격히 변화하자 조정은 재정 절벽까지 우려해야 했다. 『호구총수』에 따르면 1670년^{현종 11} 510만 명이던 양인 장정이 2년 뒤 470만 명으로 40만 명이나 급감했으며, 1693년^{숙종 19}에는 700만 명으로 늘어나더니 다시 3년만에 560만 명으로 줄었다. 이것은 당시 대기근이 얼마나 심각했는지를 여실히 보여 준다.

앞에서 살펴본 것처럼 전세는 17세기 초반부터 최저 세율이 적용되었고, 그 뒤 공납마저 대동법으로 바뀌어 세금이 경감되었다. 이런 상황에서 경제력을 반영하는 토지에 직접 연동되지 않는 세제는 오직 양역뿐이었다. 양역이 백성에게 큰 부담으로 남은 것은 당연한 노릇이다. 더욱이 양반뿐 아니라 부유한 양민까지도 양반을 사칭해 역을 회피하곤 했다. 이 때문에 지방 관아에서는 재정을 충당하기 위해 군포를 이웃에게 부담시키는 인징^{隣徵}, 친척에게 전가하는 족징^{族徵} 등을 자행했다. 이를 견디지 못하고 떠돌아다니는 백성이 적지 않았으니, 남아 있는 백성만으로 양역을 감당케 하는 것은 무리였다.

유포론 "양인 중 역에서 빠진 사람에게 면포를 걷자." **구포론** "신분 관계없이 장정마다 면포를 걷자."

 호포론 "신분 관계없이 가호(家戶)마다 면포를 걷자." **결포론** "토지이 많고 적음에 따라 면포를 걷자."

양역4조 영조 연간 양역 변통의 방법으로 논의된 네 가지 개혁안.

숙종 후반 정국이 안정되자 대동법을 확대 실시하는 한편 양역의 대가로 3~4필의 면포를 받던 것을 2필로 조정하는 1차 균역 사업을 시행했다. 하지만 본격적인 양역의 개혁은 다음 세대인 영조 때를 기다려야 했다.

영조 연간에 논의된 개혁안은 '양역4조'로 불린다. 먼저 세금을 내지 않는 양인 장정을 찾아내 추징하자는 '유포론游布論'이 있었다. 유포론이 확대되어 아예 신분 장벽을 허물고 양역을 면제받던 양반에게까지 세금을 물리자는 주장들이 등장했다. 이것은 조선 중기 이래 굳어져 가던 신분제를 전면적으로 건드리는 일이었다.

이후 신분에 관계없이 가호家戶마다 면포를 내게 하자는 '호포론戶布論'이 등장했다. 더 나아가 가호 단위가 아니라 아예 개별 장정마다 면포를 내게 하자는 급진론도 제기되었는데, 이를 '구포론口布論'이라 한다. 그리고 대동법처럼 토지의 많고 적음에 따라 세금을 부과하자는 '결포론結布論'이 마지막으로 제기되었다.

유포론을 제외하면 모두 양반을 징세 대상에 포함시키자는 논의이다. 이것은 개혁을 논하는 자들이 양반 자신이었으므로 결코 쉽지 않은 일이었다. 그럼에도 당시 조선에는 정부와 민간을 막론하고 더 이상 열악한 소민小民에게만 과중한 부담을 떠안겼다가는 나라의 존망이 위태로울 수 있다는 위기의식이 팽배해 있었다. 따라서 양반도 세금을 부담해야 한다는 목소리는 점점 더 커져 갔다. 이것은 백성의 범주가 광의의 개념으로 재정립되고 있었음을 의미한다.

18세기 전반까지도 자연재해는 끝나지 않았다. 그래서 영조 초반에는 양역의 개혁을 본격적으로 추진하는 것보다는 진휼 재원을 마련하는 것이 더 급했다. 당시 진휼을 위해 추진된 방식으로는 우선 무곡貿穀을 꼽을 수 있다. 이는 조정에서 긴급한 재원 마련을 위해 시행한 것으로, 각 도가 서로 다른 지역적 특성과 물가를 이용해 곡식을 교환해 진휼곡을 조달하는 방식이다. 무곡 방식을 택할 수 있었던 것은 대동법을

18세기 청 은화 건륭제 때 발행된 은화이다. 맨 왼쪽은 소형 은화이고, 그 옆은 1793년(건륭 58)에 맨 오른쪽 은화는 1794년(건륭 59년)에 발행되었다.

실시한 덕에 각 도에 저치미가 진휼을 위한 환곡으로 남아 있었기 때문이다. 효과적인 진휼을 위해 중앙의 비변사에는 지방 팔도에 대해 한 도마다 한 명의 당상관을 전담 배치했다. 더욱이 지방에는 현지의 사정에 따라 여러 도를 통합해 관장할 수 있는 진휼사를 파견했다.

또 다른 진휼 방책으로 정부는 바닷물을 고아 소금을 만드는 큰 가마, 즉 염분^{鹽盆}을 설치해 새로운 재원을 확보했다. 조선 시대에는 오늘날과 같은 염전은 없었고 이 같은 염분으로 소금을 만들었다. 이전에는 소금을 팔아 얻는 이익을 각 군현에 맡겨 두었으나 실제로 궁방, 토호, 외방 아문 등이 수세를 행했다. 그러나 이제 중앙에서 직접 그 이익을 활용하기 시작한 것이다. 염분으로 비축한 재원은 기아에 허덕이는 백성을 구휼하는 데 효과적이었다. 더욱이 이것은 균역법의 근간을 이루는 어염선세^{魚鹽船稅8}를 마련하는 주요 배경이 되었다.

그 밖에도 동전을 주조하는 주전^{鑄錢} 정책이 추진되었다. 이는 막대한 비용이 들기 때문에 진휼책 가운데 가장 늦게 추진되었다. 정부는 대동법을 실시한 이후 동전을 주조해 유포하는 것이 가져다 주는 경제적 효과에 눈을 떴다. 그리하여 주전을 재원 확보의 주요 시책으로 인식했다. 영조 초반에는 기근 못지않게 돈이 돌지 않는 전황^{錢荒}도 심각했다. 18세기 전반 대청 무역이 활발해지면서 은화가 1년에 30만~40만 냥이나 유출되자 국내에서는 은이 줄어든 만큼 동전이 유통될 공간이 생겨났다. 더욱이 이 무렵 서울을 중심으로 광역 단위의 대도시화가 진행되고 지방에는 장시가 폭발적으로 늘어나 전국적인 시장망이 확대되었다. 그러면서 농업 생산물과 수공업 제품이 상품화되어 시장에서 폭넓게 팔려 나갔다. 이 같은 변화에 따라 교환을 매개하는 동전의 수요가 날로 늘어나고 그 가치가 널리 인정되었다. 이제 동전은

8 **어염선세** 균역법을 실시하면서 세금이 줄어들자 대안으로 어전세(漁箭稅)·염분세(鹽盆稅)·선세 등을 국고로 돌려 균역청 수입으로 삼게 한 것. 해세(海稅)라고도 한다.

5군영 개혁의 상징 『속병장도설』 1742년에 간행된 『병장도설』의 체제를 본떠서 1749년에 편찬한 병서이다. 『병장도설』은 1492년(성종 23)에 간행된 『진법』을 책명을 바꿔 복간한 책이다. 중앙군의 진법·조련·편성·기구 등을 설명했다. 영조는 균역법의 선행 작업으로 군 통수 체제의 개편과 군문 재정을 개혁했는데, 이 책에는 그동안 각개 약진하던 5군영의 통합 진법을 명시했다. 수어사 조관빈, 어영대장 박문수, 총융사 구성임, 훈련대장 김성응, 금위대장 김상로 등 5군영 대장이 함께 왕명을 받아 편찬했다. 규장각한국학연구원 소장. 1책.

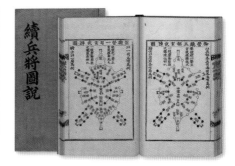

부의 축적 수단으로도 활용되었다.

그러자 양역의 개혁 논의에서도 면포 대신 동전을 활용하는 방안이 적극적으로 검토되었다. 그러려면 동전을 본격적으로 찍어 내야 한다. 그동안 영조는 주전에 반대한 인물로 알려져 왔으나, 실제로는 막대한 규모의 주전을 실현시켰다. 영조 초반까지는 기근이 연이어 일어나는 바람에 화폐를 주조할 여력이 없었으나, 안정기에 접어들자 재원을 비축해 주전에 돌입할 수 있었다. 진휼을 위해 마련했던 다양한 비상 재원이 자연재해가 감소하면서 안정적 개혁을 추진하는 데 재정적인 뒷받침 노릇을 톡톡히 했다.

이후 양역 개혁의 기반을 확보하는 구체적인 실천이 이루어졌다. 우선 양역의 총액을 점검하고 다시 정했다. 이 시기에는 전세에도 비총제北摠制가 정착되었다. 이전에는 정부가 세금을 걷는 만큼 지출하는 재정 운영 방식을 썼으나, 이제는 국가의 일년 예산을 미리 편성하고 그에 맞추어 재정을 집행하는 형태로 전환하고 있었던 것이다. 이로써 총액제 운영의 틀을 갖추었다. 또 군제를 정비하고[9], 중앙 재정도 일원적 회계 원칙에 따라 운영하면서 왕실 관련 예산을 절감했다.

이처럼 국가의 총예산을 파악한 바탕에서 새로운 재원을 확보하고 중앙 재정을 성공적으로 개혁하자 양역 개혁의 사전 작업은 거의 마무리되었다. 특히 군영을 재편하고 왕실 재정을 절감해 마련한 재원은 이후 균역법의 재원으로도 활용되었다.

9 **군제 정비** 『속병장도설(續兵將圖說)』, 「수성절목(守城節目)」, 『수성윤음(守城綸音)』 등을 편찬해 5군영의 편제와 수도 방위 전략을 재정비했다.

나라가 망할지언정
균역법은 실시하지
않을 수 없다

이제 여건은 무르익었다. 양역의 개혁 논의가 본격적인 단계에 접어들었다. 면포 대신 동전을 세금으로 걷을 수 있게 됨에 따라 앞서 살펴본 양역4조 가운데 호포론·구포론·결포론은 이제 호전론·구전론·결전론으로도 불렸다. 면포를 뜻하는 '포' 자리에 동전을 뜻하는 '전'이 들어간 것이다.

논의가 분분한 가운데 영조는 신분에 관계없이 가호마다 세금을 걷는 호전론을 전면적으로 지지했다. 그가 처음에 기대한 것은 아예 양역을 폐하고 새로운 세제로 바꾸는 것이었다. 그러나 이는 현실적으로 어려움이 많았다. 그렇다면 양반과 양인을 막론하고 장정 한 사람당 세금을 걷는 구전론이 구미가 당기는 방안이었지만, 이것은 부담이 많아 반발이 클 것으로 우려되었다. 그래서 중간 정도에 해당하는 호전론을 지지한 것이다.

이전의 양역은 양인 장정 한 사람 한 사람에게 부과되고 양반에는 물리지 않았다. 그런데 호전제를 실시하면 양인은 가호 단위로 징수하게 되니 세금이 줄어들고, 양반은 아예 내지 않던 세금을 가호마다 내게 되니 균형을 이룰 수 있다고 영조는 보았다. 하지만 관료들의 반발은 적지 않았다. 개혁을 주도하던 탕평 관료들조차 "나라의 절반에 해당하는 사대부를 저버려서는 안 된다."라고 주장했다.

관료들이 꼭 양반 사족의 이해를 대변해서 그런 주장을 한 것은 아니었다. 양반에게도 일괄적으로 세금을 받으면 공평해 보이는 것은 사실이다. 그런데 당시 양인이나 양반이나 사정이 그렇게 단순하지 않았다. 양인은 부유한 백성과 궁핍한 소민으로 계층 분화가 이루어져 있었다. 양반들 역시 벼슬 길에 나가거나 향촌에서 농장 따위 사업 경영에 성공해 경제력이 있는 계층과 몰락한 잔반殘班으로 나뉘었다. 따라서 양인과 양반 모두 경제력에 따른 재분류를 선행하지 않는다면 국가에서 세금을 안정적으로 걷기 어려웠다. 관료들은 바로 이 점을 우려했다.

순문이 열렸던 창경궁의 정문 홍화문 영조는 대리청정을 명한 후 세자를 데리고 홍화문 누대(樓臺)에 나가 백성에게 쌀을 나누어주며 위로했다. 균역법 입안 과정에도 백성의 의견을 직접 묻는 순문을 이곳에서 열었다. 서울시 종로구 와룡동 소재. 보물 제384호.

그러나 영조는 거센 반대를 극복하고 호전론을 관철시키기 위해 순문詢問을 단행했다. 순문은 본래 국왕이 대신에게 구하는 자문 행위를 의미했다. 하지만 영조는 즉위하자마자 하급 관료는 물론이거니와 농민들을 대상으로도 순문을 시행했다. 그의 재위 기간 동안 200번이 넘는 순문이 열렸다. 영조 전반기에는 대부분의 주제가 농정과 각종 폐단에 대한 것이었다. 초기 순문은 대체로 백성의 어려움을 살피는 시혜적 조치에 그쳤다. 그런데 영조는 재위 중반 세 차례나 '균역 순문'을 열어 국가의 개혁 방안에 대한 찬반을 물었다. 여기에는 양인과 양반이 각기 절반씩 포함되었다.

1차 균역 순문은 1750년영조 26 5월 19일 창경궁 홍화문에서 열렸다. 여기서 영조는 개혁 방안을 놓고 논의를 벌인 끝에 호전제에 대한 지지를 얻어 냈다. 이를 바탕으로 개혁은 급속히 진행되었다. 그러나 경제력이 취약한 잔반과 소민에 대한 대책을 요구하는 주장은 끊이지 않았다. 그래서 가호를 대·중·소로 나누어 호전을 부과하는 경우를 상정해 계산해 보니, 기존 양역으로 받아들이던 면포의 총액보다 훨씬 낮은 금액이 나왔다. 양역을 폐지하고 호전을 시행한다면 중앙 재정이 적자 상태를 면치 못할 것은 불 보듯 뻔했다. 또 경제력을 단위로 호를 3등분하는 것도 쉽지 않은 일이었다.

7월 3일 영조는 대안 마련을 위해 다시 홍화문에서 2차 순문에 나섰다. 1차 순문에서는 별반 다른 의견을 개진하지 못하던 양반 사족이 이번에는 명백히 반대 의사를 밝혔다. 이전에는 국가정책에 대해 국왕이 직접 일반 백성에게 의견을 묻는 일이 없었다. 그래서 1차 순문 때는 감히 제대로 의견을 내놓지 못했으나, 그 후 호전론이 전격 추진되는 것을 본 유생들이 적극적인 반론을 펼친 것이다. 그들의 반대가 워낙 거세 호전론은 더 이상 추진하기 어려웠다.

영조는 다른 선택이 필요했다. 순문에서 백성의 지지를 얻어 개혁의 동력으로 삼으려던 의도는 완전히 물거품이 되었다. 영조는 그대로 주저앉지 않고 개혁을 다시 추

소론의 개혁 기수 박문수 영조의 궁료 출신으로 조현명, 송인명 등과 함께 즉위 전부터 영조와 친했다. 영남별견어사로 내려가 목민관을 대거 파직시켜 백성들에게 전설적인 어사로 기억되었다. 무신란 당시 공을 세워 공신에 책봉되었다. 뛰어난 경세 관료로서 지방에서는 진휼 재정을 확보해 백성을 구휼했으며, 중앙에서는 군영을 정비하고 중앙 재정을 개혁해 균역법의 토대를 마련했다. 초상은 천안박물관 소장. 가로 45.3센티미터, 세로 59.9센티미터. 보물 제1189호.

진하기 위해 새 방안을 내놓았다. 양역 개혁은 백성과 약속한 사안이니 양역을 전부 폐지할 수 없다면 양역의 대가로 내던 면포 2필을 1필로 감면하겠다고 선언한 것이다.

영조가 이 같은 양역 감면 방안을 확고하게 밀어붙이자 양역의 개혁은 지금까지 와는 다른 방향으로 급진전되었다. 면포의 감면은 단순히 군비가 축소되는 문제가 아니었다. 이미 전세와 공납을 개혁한 터라 양역은 중앙 재정에서 가장 큰 비중을 차지했다. 그런데 국왕의 감면 선언으로 재정의 절반이 일시에 사라져 버렸다. 감면한 세금 만큼 세원을 확보하지 못하면 곧 재정 절벽이 닥칠 것은 자명했다. 영조는 자신의 역할이 대개혁의 방향을 결정짓는 것이고, 그에 따라 구체적 해법을 모색하는 것은 탕평 관료의 몫이라고 규정했다. 이에 따라 각 붕당의 경제 전문가들이 사태의 수습에 나서야 했다.

먼저 소론 박문수는 대안으로 어염세魚鹽稅를 제시했다. 영조 초반 진휼 재원을 마련하기 위해 도입한 염분을 비롯해 바다에서 나는 모든 이익을 조세체계 내로 재편하자는 것이다. 그에 따라 양식업과 유사한 어전漁箭10에 매기는 세금이나 미역을 따는 사람에게 받는 곽세藿稅, 선박에 부치는 선세船稅 등을 모두 중앙 재정에 귀속시켰다. 조선 전기까지 어염세는 각 고을이 걷었으나 17세기 이래 궁방, 토호, 통영 따위 거대 아문이 장악하고 있었다. 바로 이들이 폭리를 취해 온 과중한 세금을 낮은 과세로 바꾼다는 명목으로 수세권을 중앙정부로 가져온 것이다.

노론 홍계희는 양반을 사칭해 양역을 기피하던 부유한 양인을 찾아내 세금을 추징하자고 했다. 이러한 양인들에게 선무군관11을 뽑는 임용 시험取才을 치르게 하고, 시험에 통과해 군관이 되면 자연히 하급 관리에 해당하는 중서층中庶層으로 인정해 주고 면세 혜택도 주었다. 시험에 떨어지면 선무군

10 **어전** 물고기를 잡기 위해 물 속에 둘러 꽂는 나무 울. 함정 어구류에 속하는 어구의 일종으로 처음에는 어량(漁梁, 魚梁)으로 일컬었다.
11 **선무군관** 지방의 부유한 양민으로 조직되어 평상시에는 무예를 익히다가 유사시에는 소집되어 군졸을 지휘한 군관.

노론의 개혁 기수 홍계희의 묘 홍계희는 본래 노론의 당론을 강력히 주장하는 인물로서 소론 박문수와 자주 충돌했다. 그러나 양역 개혁시에는 노론 내의 비판에도 불구하고 박문수와 협력해 개혁의 선두에 나섰다. 세자에게 「균역사실」을 올려서 균역법의 의의를 간곡히 설명해 후대에도 계승되기를 염원했다. 묘는 경기도 용인시 처인구 소재. 용인시향토유적 제37호.

관포라는 세금을 물렸지만, 이는 일반 양인이 부담하는 수준에 불과했기 때문에 부자들에게 큰 부담은 아니었다. 또 시험에 붙든 떨어지든 그들을 양인에 다시 편입시키지 않고 새로이 성장한 사회적 신분으로 인정해 주었다.

지방의 재원을 활용하는 방법도 제시되었다. 부족한 재원을 지방에 부담시키는 것이었다. 그러나 지방 재정을 중앙의 재원으로 편입시키는 바람에 경상비를 지출하는 것조차 어려워진 고을이 속출했다. 따라서 이 방법은 지속되기 어려웠다. 불법적으로 과세 대상에서 제외된 전답^{은여결} 따위를 찾아내 부족한 재정을 보충하려 했으나 이것 역시 쉬운 일이 아니었다.

어염세든 선무군관포든 지방 분담이든 양역 감면으로 부족해진 재정을 채우기에는 모자랐다. 그리하여 1751년^{영조 27} 대안을 찾기 위한 3차 순문이 이루어졌다. 과세 대상을 넓히자는 유포론은 선무군관포라는 변형된 형태로 흡수되었고, 영조가 지지한 호전론이 좌절한 마당에 더 급진적인 구전론을 시행하는 것은 더더욱 어려웠다. 따라서 남은 대안은 토지에 부과하는 결전론뿐이었다.

이미 전세와 대동미를 토지에 근거해 거두고 있는데 양역까지 토지에 부과하면 3중 과세의 혐의가 짙을 터였다. 그래서 결전론은 마지막까지도 고려 대상에서 비켜나 있었다. 하지만 현실적으로 다른 대안이 마땅치 않았다. 이미 화폐경제가 급진전된 상황에서 가호나 장정을 기준으로 세금을 부과해 봤자 가난한 자들로부터는 세금을 받을 수 있다는 보장이 없었다.

빈부 격차가 커지던 조선 후기에 경제력의 척도인 토지에 과세하는 것이 현실적 대안으로 떠오르는 것은 어찌 보면 필연이었다. 토지 소유자인 양반은 당연히 반대했지만, 탕평 관료들은 우리가 자발적으로 시행하지 못하면 국왕이 고강도 개혁안으로 결단할 가능성이 높다며 으름장을 놓았다. 결국 결전의 시행은 피할 수 없었다.

양역 통계 자료 『양역실총』 서울과 각 도의 양역 실태를 조사해 기록한 책으로, 1748년(영조 24)에 편찬했다. 1743년 조현명의 「양역사정안」을 토대로, 1741년 기준 전국 57만 7508명을 대상으로 했다. 지역별 양인과 천민의 장정 수, 양역의 종류와 관청별 차출 수 등을 조사해 군역 조정을 위한 자료로 삼았다. 규장각한국학연구원 소장. 7책.

그러나 개혁을 추진한다면서 오히려 새로운 세금 항목이 하나 더 생기는 것은 정부에게도 여간 부담스러운 일이 아니었다. 그래서 이미 각 도에서 토지에 부과하고 있던 잡세를 바로잡는다는 명분 아래 그런 잡세들을 결전으로 전환했다. 이때 정해진 결전은 양반이든 양인이든 소유 토지를 기준으로 1결당 5전錢, 부담이 적은 액수였다. 이렇게 하면 일종의 지방세를 중앙세에 편입시키는 것이 되어 백성은 추가 세금을 부담하지 않아도 되었고, 중앙정부는 재원을 추가로 마련할 수 있었다.

양역 감면에서 결전에 이르는 이 개혁 입법들을 균역법이라 한다. 이로써 오랜 논의를 거친 양역 개혁의 과제는 일단락되었다. 그 지난했던 과정을 통해 토지를 소유한 양반, 부유한 양인, 지방 아문 할 것 없이 모두 수세 대상으로 편입되었다. 백성들이 국가에 지는 역을 고르게 한다는 균역법은 이렇게 탄생했다.

균역법은 다양한 사회 신분 계층이 양역을 나누어 부담하는 형태로 성립했다. 우선 면포 2필의 부담을 1필로 줄임으로써 경제적으로 힘없는 소민에게 절반의 감면 혜택을 주었다.

농업경제로부터 탈피해 가던 시기에 새롭게 나타난 경제적 이익에 주목해 어염선세라는 과세 대상을 발굴한 것도 눈에 띄는 일이었다. 이를 통해 그동안 수세를 해 온 궁방, 외방 아문, 토호 등의 이익을 국가로 환수하고 백성의 과세 부담은 줄였다. 과거에 어염선세는 궁방의 몫이 상당히 컸으므로 이를 환수한 것은 사실상 왕실의 부를 희생시키는 방식이었다.

한편 선무군관포는 양반 행세하던 부유한 양인에게 실질적인 신분 상승을 보장해 주면서 그들을 수세 대상에 끌어들였다. 또 각 도의 잡세를 결전으로 전환한 것은 지방 재정을 중앙으로 편입시켜 국가 예산의 일정 부분에 대한 손실을 감수하면서까지 백성의 부담을 줄인 결단이었다. 결전은 또 경제적 기준에 따라 세금을 부과하는

형태이므로 결국 양역에서 이탈한 양반과 부유한 양민을 모두 수세 대상에 끌어들이는 결과를 낳았다. 이는 대동법의 과세 정신을 계승한 쾌거였다.

균역법의 성립으로 소민·왕실·부유한 양인·양반·국가 등이 모두 하나의 세금 체계 내에 들어오게 되었고, 역의 형평성은 눈에 띄게 개선되었다. 이에 대해 정약용은 영조가 균역에 반대하는 신하들을 향해 "나라가 비록 없어질지언정 이 법은 고치지 않을 수 없다."라고 한 발언을 소개하며 극찬을 아끼지 않았다『경세유표』.

균역법은 세금 부담의 형평성만 높인 것이 아니었다. 몇몇 부수적인 효과가 따랐다. 우선 국가 재정을 한층 더 일원적으로 통합 운영할 수 있게 되었다. 앞서 대동법을 실시함에 따라 중앙 재원이 확보되면서 선혜청이라는 새로운 중앙 재정 기구가 만들어졌다는 것은 살펴본 바 있다. 선혜청에서 비축한 재원은 균역법을 시행하면서 감면하게 된 세금 수입을 대신하는 데 활용되었다. 균역법을 시행하기 위해 균역청을 두었는데 이 기관은 곧 선혜청에 통폐합되었다. 거대한 재정 기구로 등장한 선혜청이 대동법과 균역법의 세금 수입을 통합 운영하면서 세금 체계의 통합성은 현저히 높아졌다.

균역법 실시를 전후해 경제정책의 기조도 상당히 바뀌었다. 영조는 순문의 주요 주제를 농업에서 시장으로 바꾸었다. 농사에 대해 묻는 일이 없어지지는 않았지만, 공인과 시전 상인을 만나 문제점을 묻는 일이 더 많아졌다. 시전과 물품 조달을 전담하는 공시당상이라는 관직을 두고 1품 대신급이 이 직책을 맡도록 했다. 영조는 공인과 시전 상인에 대한 순문을 정기적으로 열어 그들의 어려운 점을 하나하나 조사해 개선하도록 했다. 숙종 대 이래 흉년이 들면 농민과 공노비의 세금을 탕감해 왔는데, 영조 대에는 새로이 공인과 시전 상인의 각종 채권과 공과금도 탕감해 주었다. 『증보문헌비고』에 따르면 1회 탕감 규모가 수천에서 수만 석을 헤아린다. 양역의 개혁으로 농민의 삶이 안정되자 정책 대상이 공인과 시전 상인까지 확대된 것이다.

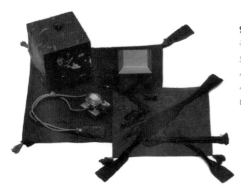

영조 금보 1776년 영조에게 시호를 올리면서 만든 금동 어보. 국립고궁박물관 소장. 높이 9.4센티미터. 무게 4.75킬로그램. 보신(寶身, 글자가 새겨져 있는 몸통 부분) 가로 10센티미터, 세로 10센티미터, 높이 3.4센티미터. 보뉴(寶鈕, 거북으로 장식된 부분) 가로 7.1센티미터, 세로 13.2센티미터, 높이 6센티미터.

　사실 대동법과 균역법이 실시될 때는 이미 서울이 상업 도시화되어 농사를 짓는 백성이 드물었다. 선혜청이라는 통합 중앙 재정 기구가 새롭게 출범하는 데는 공인과 시전 상인의 역할이 큰 비중을 차지했다. 공인은 대동법으로 국가의 인정을 받았고, 균역법에서 각 관아의 재정을 개혁할 때에도 공인에게 지급하는 공가 문제가 주요한 요소였다. 세제 개혁이 뿌리내리려면 공인과 시전 상인의 안정이 필요했다. 영조 후반에 자주 공시 순문을 연 것은 그 때문이다. 그 모습을 보고 성장한 관료들과 정조가 훗날 서울의 상업 문화를 바꾸는 신해통공을 기획한 것은 자연스러운 일이다.

　균역으로 양인의 문제가 해결되자 지방에 살면서 농사짓는 공노비가 매년 관청에 바치는 신공身貢12을 감면하는 정책도 추진되었다. 영조는 공노비도 국가에서 돌보아야 할 백성이라고 주장했다. 그래서 균역법 실시 후 신공의 세율을 낮췄고, 만년에는 남녀 노비가 모두 종신토록 신공을 바치던 제도를 양인처럼 남자에 한해 일정한 나이까지만 내도록 바꿨다.

　이처럼 영조 대에 공노비의 신공을 감면해 준 정책은 정조 대에 공노비를 없애자는 논의로 이어지고 결국 순조 대의 공노비 해방으로 귀결된다. 정치 분야의 탕평이 붕당을 막론한 사족의 정계 진출을 확대하고 서얼 차별을 해소하는 논의로 이어졌다면, 경제 분야의 균역은 양인의 세 부담을 감면시킨 데 이어 공인과 시전 상인, 나아가 공노비에게까지 혜택을 미치게 되었다.

　대동법과 균역법은 정치사상의 변화까지 이끌었다. 17세기 대동법이 점진적으로 확대되던 시기에 서인 논객 유계는 한 과거 시험에서 다음과 같은 시제試題를 내어 백성과 국가의 관계에 대한 근본적인 질문을 던졌다.

12 **신공** 중앙 각사에 소속된 공노비 중 상당수는 지방에 거주하면서 차례로 서울로 올라와서 역을 담당했다. 그러나 점차 면포로 신공을 바치는 방식으로 바뀌었고, 공노비의 신공은 군역과 요역의 금납화에도 영향을 미쳤다. 숙종 대부터 지방에서 농사를 짓는 공노비는 농민과 같은 범주에서 인식되어, 가뭄이 들면 공노비의 신공 감면 조치가 취해졌다. 영조는 균역법으로 양인의 부담을 절반으로 줄이고, 다시 균역청을 동원해 1755년(영조 31) 공노비 신공을 반으로 줄이는 데 2만 66냥, 1774년(영조 50) 여자 공노비의 신공을 폐지하는 데 1만 3074냥을 썼다(『만기요람』).

"백성은 나라에 의지하고 나라는 백성에 의지하니 진실로 둘로 나누어 볼 수 없다. 그런데 국가의 일을 먼저 생각하면 아랫백성을 돌보지 못하는 폐단이 있고, 민생의 고단함을 급히 여기면 공가公家, 조정의 수고로움을 면할 길이 없으니 그 까닭은 어째서인가?"

이 질문에 대해 양역 개혁 논의가 한창이던 18세기 조선은 '백성의 사업'과 '국가의 대계'를 하나로 이어 운명 공동체로 이해해야 한다는 답을 던졌다. 균역법이 타결되자 영조는 한 걸음 더 나아가 과격한 발언도 주저하지 않았다.

"백성을 위해 군주가 있는 것이지, 군주를 위해 백성이 있는 것이 아니다. 백성을 구제하지 못한다면 임금의 자리에 있어도 독부獨夫13에 지나지 않는다."

맹자의 혁명 사상으로 무장한 강력한 탕평 군주가 대개혁의 중심에 섰다. 그는 "군주는 백성에 의지하고 백성은 나라에 의지하니", "백성과 나라가 서로 의지하고", "군주와 백성도 서로 의지한다."라면서, 백성을 시혜의 대상이 아닌 왕정의 동반자로 설정했다. 그리고 자신은 "한평생 민국民國에 몸과 마음을 바쳐 왔다."라고 술회하기를 주저하지 않았다. 영조는 백성을 국정의 동반자로 간주했다. 18세기에 유행한 '민국'이라는 표현은 100여 년 이상 추진된 대개혁 속에서 점차 정치 개념으로 형성된 사례이다.

13 **독부** 모진 정치로 백성에게 배반당한 임금. 한 사람도 섬기는 사람이 없다는 뜻에서 하는 말. 『맹자』의 본래 표현은 '일부(一夫)'이다. 역성혁명의 대상으로 치부되었다.

18세기 세계와 동아시아 경제

동아시아가 강력한 중앙집권화 정책을 통해 인위적으로나마 세계 경제변동의 흐름을 가로막을 수 있었던 시간은 한 세대 정도에 불과했다. 명은 홍무제가 재상 제도를 폐지하고 10만 명 이상의 공신과 관리를 반역·부패 혐의로 처단함으로써 황제 독재 체재를 수립했다. 조선은 중앙 각 아문을 의정부·육조 산하에 집중시키고, 전국의 속현을 폐지해 지방의 행정력을 높이며 진관鎭管을 설치해 지방장관이 군정권까지 겸하도록 했다. 따라서 국왕은 삼정승, 육조판서, 팔도 관찰사만 장악하면 국가를 움직일 수 있었다.

명과 조선의 경제는 이처럼 강화된 중앙 권력을 바탕으로 철저히 국가 통제하에 기획되고 운영되었다. 그러나 양국이 지향한 계획경제와 제왕 중심 체제는 한 세기를 지탱하지 못하고 균열이 일어났다. 15세기 중엽 명의 정통제는 몽골 부족인 오이라트를 대상으로 출정했다가 오히려 포로가 되었다土木의 변. 불과 한 달만에 새 황제경태제가 즉위하자 정통제는 포로의 가치마저 위협받았다. 효용 가치가 떨어져 풀려난 정통제와 경태제 사이의 권력투쟁이 벌어지면서 환관 정치의 폐단은 절정에 달했다.

그러자 사대부 일반에서 이 같은 분위기에 대한 비판 여론이 일어나기 시작했다. 홍치제는 사대부 계층인 신사紳士의 정치 참여를 확대해 '홍치중흥'을 이끌었다. 이 같은 개혁 분위기 속에서 군주권의 제한과 군신공치君臣共治의 이념도 제기되었다.

이것은 마치 조선에서 성종 대 사림이 훈척을 견제하면서 정계에 진출하기 시작한 상황과 유사했다. 중종 대에는 조광조 등 기묘사림이 반정공신의 전횡을 비판하며 정계에 진출했고, 선조 대에는 명종 연간 척신 정치에 대한 반성에서 붕당을 공인하기에 이르렀다. 바야흐로 두 나라에 사대부 정치의 시대가 열린 것이다.

정치에서 공론을 중시하는 자유로운 분위기에 따라 사회경제적 변화도 받아들여졌다. 명 정부도 금은의 유통을 강력히 금지했지만, 종이 화폐의 가치가 폭락하자 더 이상은 사용을 금지할 수 없었다. 15세기 중엽 은 생산과 유통이 확산되자 명은 세금과 녹봉을 은으로 유통하며 '은 본위 경제'로 전환했다. 16세기에는 아메리카 은이 쏟아져 들어오면서 중국 경제는 세계경제에 직접 연결되었다. 그리고 전세와 요역의 대가를 은으로만 납부하는 일조편법一條便法이 출현했다.

조선 역시 평화기가 이어지자 산업이 회복되고 전국적인 장시가 만들어졌다. 더욱이 일본의 은이 조선을 통해 명에 들어가 조선은 거대한 은 유통망의 일원으로 자리했다. 그리하여 명과 조선은 모두 세제의 금납화 단계로 접어들었다.

이처럼 명과 조선은 몽골 세계 체제에서 벗어나고자 계획경제를 꿈꾸었지만, 불과 한 세기가 못 되어 유럽을 넘어 아메리카까지 연결된 세계경제망에 합류했다. 세금 제도의 붕괴는 인위적으로 유지해 온 농업 입국에 균열이 일어났음을 의미한다. 더욱이 명군이 임진왜란에 참전하면서 은이 조선 시장에서도 대량으로 유통되자 경제구조의 변동은 빨라졌다. 또 명청 교체기의 조선은 명-후금-일본의 삼각무역이 가능한 유일한 지역이었다. 이 때문에 조선은 전란에도 불구하고 후금이 중원을 장악할 때까지 독점적 교역권을 누렸다.

16세기 유럽에서는 중상주의 기치하에 아메리카 금은의 대량 유입으로 가격혁명이 일어났다. 그 여파로 화폐가치는 4분의 1로

영국의 젠트리를 그린 「존 호니우드 경의 초상」 젠트리는 작위를 가진 귀족보다는 지위가 낮으나 요먼보다는 상위에 있는 지주층을 가리킨다. 영국에서는 16세기 중엽부터 젠트리의 지위와 경제력이 현저하게 상승해 유력한 사회층이 되었다. 그림은 레이놀즈 경이 1784년에 그렸다.

폭락하고 물가는 세 배나 상승했다. 그보다 앞서 중세 장원에서는 경제 외적 강제가 사라지고 화폐로 정액 지대를 받는 순수 경제 관계가 나타났다. 마치 조선에서 직전법이 폐지되어 수조권적 지배 질서가 약화된 것과 비슷한 현상이었다. 여기에 가격혁명까지 일어나 화폐가치가 떨어지자 화폐를 지대로 받던 영주들은 심각한 타격을 입었다.

영국의 하급 영주인 젠트리gentry는 이 위기를 극복하려고 1차 인클로저 운동을 일으켰다. 그들은 공동체 속에 분산되어 있던 농민 보유지에 울타리를 쳐 사유화해 버렸다. 추방된 농민은 임노동자로 내몰렸다. 이것이 1차 농업혁명의 배경이 되고, 17세기에 농민을 포함한 급진 세력이 정계에 진출해 의회를 여는 출발점이 되었다.

한편 조선 건국에 반대한 사대부들은 낙향해 향촌 사회에서 신농법으로 토지를 개간함으로써 경제적 기반을 마련했다. 그들은 나아가 향약, 서원, 사우 등을 통해 향촌 사회의 윤리 질서까지 장악함으로써 사족 지배 질서를 구축했다. 이러한 힘을 바탕으로 중앙 정계에 사림이란 이름으로 재진출했으니, 이것은 영국 젠트리가 일으킨 사회경제적 변화 현상과 상당히 닮았다. 결국 동서의 경제 변화와 정치 세력의 교체 과정은 비슷한 경과를 거친 셈이다.

16세기 들어 세제의 금납화가 진행되자 세금의 총액은 중앙 재정 그 자체가 되었다.

명과 조선은 정치적으로는 제왕의 독점 구조를 깨고 사대부 계층의 정치 참여를 확대했으며, 경제적으로는 농업 중심 사회를 벗어나 상업 유통의 변화를 추인했다.

하지만 명에서 새로운 정치 세력인 신사층이 면세 혜택을 누리자 재정은 적자를 면치 못하고 민심은 돌아섰다. 조선에서 사림이 집권한 뒤 군역에서 이탈해 양역이라는 명칭을 탄생시킨 것과 별반 다르지 않았다. 두 나라 모두 사대부의 기득권을 훼손하지 않는 선에서만 재정 개혁을 추진한 것이다.

명 초기 이갑제里甲制에서는 호를 3등급으로 구분했으나, 후기에는 경제 변화를 반영해 경제력에 따라 10등급으로 세분화한 십단법十段法을 도입했다. 이후 강남에서는 전세와 요역을 좀 더 균일하게 분배하는 균전균역법을 시행해 성과를 거두었다. 같은 시기 조선은 전세에서 수조권을 폐지하고 연분을 최저세율로 고정했다. 신역에서는 군역과 요역 모두 금납화하는 변화를 추인했다. 17세기 초 광해군 대에는 경기 지역에 한정해 대동법을 시행했다.

명의 균전균역법과 조선의 대동법은 일정한 효과를 보았지만 전국적으로 확대 실시되지는 못했다. 그때 명에서는 이자성의 농민반란, 조선에서는 인조반정으로 정권이 무너졌다. 청은 이미 내부적으로 무너진 두 나라 정부를 군사력으로 압박했다. 이것은 정치 세력의 교체로 새로운 경제 흐름에 부응하는

세제 변화가 이루어졌지만, 균등한 세금 수취에는 이르지 못했기 때문이다.

16세기 말엽부터 약 1세기 동안 유럽 전역에서는 전쟁이 끊이지 않았다. 동아시아도 임진왜란, 병자호란 등 대전쟁기를 맞았다. 설상가상으로 전 지구적인 소빙기에 접어들어 기상이변이 속출하고 대기근이 창궐했다. 전란과 천재이변으로 인한 사회적 피해는 회복하기 어려운 지경에 이르렀다.

따라서 이 시기의 과제는 전란의 종식과 대재난의 극복이었다. 전란과 기후변화는 고스란히 농토의 황폐화로 이어져 떠도는 유민流民을 발생시켰다. 더욱이 명청 교체기에 도자기 등 고가 사치품의 유럽 수출이 막히면서 중국으로 들어오는 아메리카 은도 급격히 줄어들었다. 이것은 세 차례 이상 단기적인 경제 위기를 불러왔다. 따라서 이후 세제 개혁에서는 전후 복구, 농업 생산력 회복, 변화된 경제 흐름의 반영, 균등한 세금 수취 등이 주요 과제로 떠올랐다. 이것이 조선에서 17세기에 중농주의 실학파가 등장한 배경이다. 18세기 들어서야 중상주의 실학파가 나타난 것도 농업 생산성이 안정되고 시장이 회복되는 데 상당한 세월이 필요했기 때문이다.

청은 초기부터 명 대의 일조편법을 계승하되 신사의 면세 특권을 금지하고 균전균역법의 효과를 확대하고자 했다. 명청 교체로 지배 계층이 교체되어 면세 혜택은 비교적 손쉽게 폐지할 수 있었다. 하지만 중원을 완

전히 장악하는 데는 생각보다 많은 시간이 걸렸다. 17세기 후반 청은 위기를 맞았다. 중앙정부는 공신 오배鰲拜가 장악하고, 지방에는 오삼계 등 명의 잔존 세력이 독자 왕국을 건설했으며, 밖으로는 몽골 갈단·대만 정성공 세력·러시아 등이 제국을 위협했다. 수십 년간 안팎의 적과 전쟁을 치르려면 세제를 개혁해 민심을 얻고 군비를 마련해야 했다.

18세기 초반 강희제는 전쟁기의 재정 개혁을 밑거름 삼아 인구 통계를 재작성하고 총액제 운영의 기반을 마련했다. 1713년에는 지세와 정세丁稅를 결합해 토지의 다과에 따라서만 부과하는 지정은제地丁銀制가 시작되었다. 옹정제 때 이를 전국에 확대 시행하면서 세제 개혁은 종지부를 찍었다. 조선에서도 대동법은 더디지만 꾸준히 확대되었다. 숙종대 후반에 이르면 공납에 대해서는 대동법을 전국으로 확대 실시하고 국가 예산은 총액제를 시범 운용했다. 또한 전세에서 비총제를 확립하고 양역에서 균역법을 타결했다.

조선과 청은 약 1세기간 점진적인 세제 개혁을 추진했다. 국가는 중앙 회계를 정비하고 조세를 정액화해 합리성을 높였다. 세금 회피 대상을 줄이고 경제력을 단위로 세금을 거두어 형평성을 높였다. 이 같은 개혁으로 국고는 늘어나고 백성의 부담은 줄었으며 경제 전반의 부가 재창출되었다.

조선과 청이 세제 개편으로 국내의 자생적인 상업 유통망을 진작시켰다면, 대서양에

영국 런던에 있던 영국 동인도회사 본사 동인도회사는 동양 무역과 식민지 경영을 독점하기 위해 영국, 네덜란드, 프랑스 등이 설립한 회사이다. 향신료, 면포, 차 등 동양의 산물을 서양으로 가져갔고, 이는 유럽의 문화에 큰 영향을 끼쳤다.

인접한 네덜란드와 영국은 자원이 부족한 자국 상황을 타개하기 위해 동인도회사로 대변되는 주식회사와 각종 금융 제도를 발전시켜 해외 진출형 경제구조를 갖추었다. 동과 서는 자기 지역의 실정에 적합한 첨단 경제구조를 구축해 나갔다.

18세기 조선과 청은 중앙 재정의 안정을 바탕으로 문물제도의 정비를 추진해 융성한 문화의 시대를 열었다. 조선의 『여지도서』· 『동국문헌비고』, 청의 『고금도서집성』· 『사고전서』 등 방대한 서적이 편찬되었다. 이 같은 동아시아의 부흥은 계몽주의 시대 유럽에서 '중국풍'이나 '중국애호벽'이 절정에 이른 것과 무관하지 않다. 동시대 프랑스에서도 대규모 백과사전이 편찬되었는데, 백과전서파의 일원이던 경제학자 프랑수와 케네는 『중국의 계몽군주정』에서 중국을 새로운 근대 국가의 개혁 모델로 제시하기도 했다.

3.
개천開川을 열어
빈민을 품다

「준천시사열무도」 영조가 1760년 청계천 준설 공사(준천)를 완성하고 이를 기념하는 행사를 기록한 네 장의 그림 중 두 장. 준천은 홍수 피해를 방지하고 하천을 정비하는 사업의 일환으로 영조의 지대한 관심 속에서 이루어졌다. 왼쪽은 흥인지문 남쪽에 있는 오간수문에 행차해 준천 현장을 둘러본 영조의 자리, 관리와 인부들의 모습 등이 정밀하게 그려져 있다. 오른쪽은 준천에 앞서 의식을 치르는 장면으로, 차일 안에 군신들이 앉아 있다. 삼성미술관Leeum 소장. 비단에 채색. 각 가로 38.9센티미터, 세로 26.9센티미터.

개천이 막히면
서울이 막힌다

영조 대에 이루어진 개혁은 정치의 탕평, 경제의 균역으로 정리된다. 그러나 '민국'을 향한 영조의 의지가 가장 잘 드러난 치적은 따로 있었다. 흔히 영조의 세 번째이자 최대의 치적으로 꼽히는 준천瀋川이 그것이다. 18세기 서울의 한복판을 흐르던 개천開川, 곧 지금의 청계천 바닥을 긁어 내고 물길을 바로잡은 준천이 왜 그리 대단한 업적으로 꼽힐까?

이제부터 그 이유를 살펴보기 전에라도 한 가지는 분명히 말할 수 있다. 시장경제가 발전하던 18세기 조선에서 가장 많은 피해를 본 계층은 토지를 잃고 떠도는 빈민이었다. 그들은 돌고 돌다 서울로 흘러들어 개천가에 움막을 짓고 모여 살고 있었다. 준천은 바로 이들 빈민을 품고 그들에게 삶의 터전을 마련해 주기 위해 시행된 것으로, 노비까지 백성으로 끌어안으려는 영조의 민국 구상에서는 핵심에 자리한 사업이 아닐 수 없었다.

18세기 들어 서울은 나날이 대도시의 면모를 갖추어 나갔다. 거리 풍경도 갈수록 번화하고 복잡해졌다. 그러면 그럴수록 도시의 그늘도 짙어졌다. 서울은 정치도시이며 상업 도시였다. 어느 누구도 도성 안에서는 농사를 지을 수 없었다. 정치와 상업만이 허용되는 최고급 도시에서 상품을 사고파는 상인들의 삶 저 너머에, 그리고 관청에서 직무를 수행하는 관리들의 삶 저 멀리에 가난한 사람들이 모여들어 빈민촌을 형성하고 있었다. 그곳을 '천변川邊'이라 했다. 서울에는 하천이 많았지만 천변이라 하면 대개는 개천가를 말했다. 개천은 도성을 둘러싸고 있는 산에서 흘러내린 물들이 모여 한강을 향해 흘러가는 서울의 중심 하천이었다. 궁궐과 관청과 민가에서 나오는 하수들은 모두 개천으로 쏟아져 내렸다. 개천은 서울의 혈관이자 배설기관이었다.

그런데 서울이 커지고 화려해질수록 개천은 더러워지고 천변 풍경은 삭막해졌다. 개천이 막히고 더러워지자 서울도 막히고 더러워졌다. 영조 대에 이르러 개천의 인색湮

청계천 오간수문터에서 출토된 돌 거북 화강암질의 거북으로, 오간수문 홍예 기초석의 물가름석 위에 놓여 있었다. 오간수문은 개천을 흐르는 물이 도성 밖으로 빠져나갈 수 있게 설치한 수문이다. 청계천문화관, 중앙문화재연구원 소장. 가로 103센티미터, 세로 50센티미터.

漅은 더 이상 두고 볼 수 있는 수준을 넘어섰다. 1759년, 환갑을 넘긴 나이에 열다섯 살 꽃 같은 정순왕후를 맞이해 회춘한 영조는 이듬해 개천의 바닥을 훑고 꽉 막힌 서울을 뚫는 회심의 사업에 나섰다.

개천의 가장 중요한 기능은 도성 내에서 발생하는 생활하수를 처리하는 것이었다. 조선 시대에는 특별한 배수 시설이 없었기 때문에 도성 내의 각종 오물은 개천을 통해 오간수문 밖으로 빠져나갔다.

서울에는 중앙 관리, 군졸, 상인, 일반 양인 등 다양한 소비 계층이 살고 있었다. 이 많은 사람이 배출하는 하수를 처리하려면 자연 하천인 개천에 의지할 수만은 없었다. 그래서 조선을 건국하고 서울을 도성으로 정할 때부터 치밀한 도시계획을 세워야 했다. 조선 초기의 정치적 불안정이 걷힌 태종 대에 서울의 하수 수요에 맞추어 개천을 대대적으로 정비했다. 자연 하천인 개천이 인공 하천으로 탈바꿈한 것이다.

이후 개천은 서울 주민의 벗이 되었다. 생활하수를 처리하는 하수도였을 뿐 아니라, 양인 백성들의 빨래터였고, 아이들의 놀이터였다. 또한 큰물이 날 때 어느 정도까지는 여염의 민가가 물에 잠기는 것을 막아 주기도 했다.

그러나 장마철이 되면 개천이 제 역할을 하지 못하고 넘쳐흐르는 일이 종종 있었다. 개천 인근에 사는 주민은 개천이 넘칠 때 커다란 피해를 입었고, 또한 물을 통해 급속하게 전염되는 역병이 유행할 때 가장 먼저 피해를 입었다. 특히 개천이 넘쳐나 주민이 수해를 입는 일은 조선 후기 들어 더욱 빈번하게 일어났다. 하천 바닥이 높아지고 물길이 막히는 인색 현상 때문이었다. 이 같은 현상은 근본적으로 도성의 인구가 대폭 증가한 데 그 원인이 있었다.

17세기 후반 이래 도성에 인구가 집중되고 도시화가 진행되었다. 인구 집중은 크게 두 가지 사회적 요인에 의해 촉발되었다. 하나는 수도 방위 체제의 변화였다. 서울

『어전준천제명첩』의 어제어필 탑본 『어전준천제명첩』은 영조가 1760년에 청계천 준설 공사를 완성하고 이를 기념하는 행사를 기록한 서화첩이다. 「준천시사열무도」 외에 어제어필과 어제시가 실려 있다. 부산박물관 소장. 부산광역시유형문화재 제77호.

을 지키는 군대가 상비군 체제로 바뀌자 지방에서 징집되어 올라오는 군사들이 서울에 상주하게 되었고, 그들의 가족마저 덩달아 서울에 올라와 살게 된 것이다. 또 하나는 유민의 무작정 상경이었다. 농촌에서 부농과 빈농의 분리가 진행되면서 땅을 잃고 고향을 떠난 유민이 서울에서 일자리를 찾으려고 지속적으로 몰려들었다. 무작정 상경한 빈민들은 서울에서 이루어지던 진휼을 기대하기도 했다.

점차 늘어나는 인구를 한성부의 도시 공간이 수용할 수 없게 되어 서울은 포화 상태에 이르렀다. 그러자 도성 외곽 지역인 흥인지문^{동대문}, 돈의문^{서대문}, 숭례문^{남대문} 바깥의 성저십리가 주거 공간으로 개발되었다. '도성 밖 십리까지'를 의미하는 성저십리에는 도성에 진입할 수 없는 계층이 모여 살게 되었다.

이처럼 인구가 불어나자 이들이 살 집도 늘어나야 했고 그만큼 땔감도 더 많이 필요해졌다. 조선 후기는 온돌이 보편화된 시기였다. 온돌은 부엌의 아궁이에 한 번 불을 땔 때 취사와 난방을 동시에 하는 고효율 주거 시스템으로 많은 땔감을 필요로 한다. 그러자 목재 수요가 늘어났고, 지방에서 목재를 들여올 여유가 없는 사람들 중 일부는 금산^{禁山}으로 지정되어 개간이 금지된 사산^{四山1}에 경작지를 개간하기도 했다. 국가는 금령을 내려 사산의 소나무 등을 베지 못하게 했지만 막을 도리가 없었다. 사산이 점차 벌거숭이로 변해 속살을 드러내자 사산을 원천으로 하는 개천의 유량이 줄어들었다. 큰물이라도 나면 토사가 밀려 내려와 개천 바닥에 쌓이면서 바닥이 높아지고 물길이 막혔다. 그러나 늘어난 도성 인구는 이전보다 훨씬 더 많은 오물을 개천에 쏟아 버렸다. 이제 개천은 작은 비만 와도 범람해 도로로 넘쳐흐르곤 했다.

이러한 개천 사정은 점차 도성의 주거 안정에 심각한 위협을 가하는 요인이 되었다. 매년 여름 장마철이면 범람해 도로와 다리가 막히고 주변의 집들이 피해를 겪었다.

1 **사산** 동서남북에서 도성을 둘러싸고 있는 낙산·인왕산·남산·북악산.

1752년영조 28, 영조는 개천 문제를 놓고 한성부 방민坊民과 대화를 나누었다.

"개천 바닥이 얼마나 높아졌는고?"

"어렸을 때는 사람들이 말을 타고 다리 아래를 지나가는 것을 보았습니다. 그러나 지금은 다리와 강 바닥의 모래가 서로 맞붙어 있을 정도로 하상이 높아졌습니다."

이듬해에는 판윤 조영국과 내국제조 홍봉한이 잇따라 개천이 심하게 막혀 있어 준설이 절대적으로 요구된다고 주장했다. 영조의 결단이 호흡 사이에 있었다.

영조의 준설 사업이 한창이던 시기의 청계천을 그린 「도성도」 조선 후기 도성과 사산·북한산과 도성 안의 궁궐, 사대문 등을 선택적으로 그린 지도이다. 청계천이 잘 드러나 있다. 1760년경. 규장각한국학연구원 소장. 가로 67.5센티미터, 세로 42센티미터.

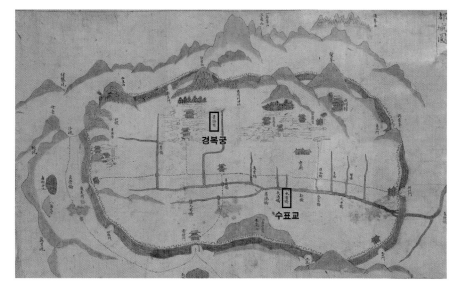

01. 탕평의 시대

천변 풍경

서울 인구가 폭발적으로 늘어나면서 재력을 쌓은 사람들은 북촌과 인왕산 일대로 몰려들었다. 반면 가난한 사람들은 언제 넘쳐날지 모르는 개천가에 움막을 짓고 살아야 했다. 앞에서 살펴본 것처럼 이러한 천변의 빈민은 대부분 농촌 지역에서 쫓겨나 먹고살 거리를 찾아 도시로 밀려든 사람들이었다.

18세기 농촌 사회는 커다란 변화를 겪고 있었다. 드넓은 토지가 몇몇 지주 손에 들어가면서 대다수 농민은 이들이 소유한 토지를 부쳐 먹는 소작농을 하는 것 말고는 달리 먹고살 방법이 없었다. 욕심 많고 부지런한 '놀부'는 드넓은 토지에서 광작廣作2을 하는 부농이 되지만, 착하되 게으른 '흥부'는 제 땅마저 잃고 손가락이나 빨아야 하는 빈농으로 굴러떨어지는 것이 당대의 현실이었다. 흥부 같은 가난뱅이들이 농촌에 계속 눌러 지내면서 품팔이나 머슴이나 마름으로 살아 나가는 방법이 있긴 했지만, 이 역시 많은 사람들이 목을 매기에는 한정되어 있었다.

결국 어쩔 수 없이 농촌을 떠난 농민들은 새로운 생계 거리를 찾아 도시로, 광산으로, 궁방宮房의 농장으로, 염전과 어장으로 흩어지지 않을 수 없었다. 타의로 타향살이를 하게 된 이들이 대개 서울로 모여드는 것은 너무나 당연한 일이었다. 서울의 인구는 급증했다. 조선 전기만 해도 10만 명 선에 묶여 있던 것이 어느 새 두 배로 늘어났다. 서울의 행정구역도 늘어나 성저십리를 넘어 한강 밖으로 퍼져 나갔다.

무작정 상경한 빈민들은 개천 주변으로 모여들었다. 개천을 가로지르던 다리들은 집 없는 사람들이 비를 피할 수 있는 잠자리를 제공했다. 이들 가운데 적당한 일자리를 구하지 못하고 결국 구걸을 하는 무리도 생겨났다. 광교, 수표교 따위 돌다리 아래에는 이러한 걸인乞人, 즉 거지들의 소굴이 있었다. 거지들은 날만 밝으면 다리 밑에서 나와 도성 내 구석구석으로 통하는 도로의 한편에 웅크린 채 빌어먹었다.

2 **광작** 벼농사에서 모내기(이앙법)의 보급으로 노동력이 절약됨에 따라 농지가 확대되어 간 현상. 광농(廣農)이라고도 한다.

조선 후기 그린벨트 「사산금표도」 사산을 중심으로 경계를 정해 그 안쪽에 묘지를 쓰거나 나무를 베는 것을 금지했는데, 이 사산금표를 표시한 지도이다. 산과 하천을 따라 경계의 범위가 실선으로 그려져 있다. 1765년. 규장각한국학연구원 소장. 가로 55센티미터, 세로 42센티미터.

서울 옛말로 거지를 '꺽정이'·'깍정이'로 불렀고, 그 우두머리를 '곡지'라 했다. 꼭지 가운데 다시 뽑은 총두목은 '꼭지딴'이라 일컬었다. 18세기 후반 도성 안의 거지들은 언제나 수백 명에 달했다. 성대중이 지은 『개수전^{丐帥傳}』은 거지 두목 꼭지딴의 위세를 잘 보여 주고 있다.

1760년^{영조36} 영조가 널리 왕명을 내려 잔치를 열고 즐기게 했다. 주금^{酒禁, 금주령}을 엄격하게 지키던 때라서 술을 마실 수는 없었지만 풍악을 벌이면서 잔치 음식을 차려 먹는 것은 가능했다. 당시 사람들이 용호영의 풍악이 제일이라고 했다. 용호영 풍악의 우두머리를 패두^{牌頭}라 불렀는데 이^李씨 성을 쓰는 인물이었다. 패두는 자신이 이끄는 용호영 풍악에 대한 자부심이 대단했다.

그때 거지가 나타나 패두에게 거지들이 모여서 벌이는 잔치에 와서 풍악을 울려 줄 것을 청했다. 패두는 거지 잔치 따위에는 갈 수 없다며 하인을 불러 거지를 내쫓았다. 그러자 얼마 안 있어 체구가 장대한 사나이가 문을 두드렸다. 그가 바로 꼭지딴이었다.

"몽둥이 하나, 햇불 하나면 패두 네놈을 혼쭐내고 네놈의 집을 살라 버릴 수 있어!"

하고 꼭지딴이 위협하자, 나름 세상 물정에 대해 진득하게 터득하고 있던 패두는 꼬리를 내리고 꼭지딴에게 거지들의 요청을 받아들이겠다고 했다. 다음날 거지들의 잔치는 용호영 풍악의 가무가 어우러지면서 흥겹게 진행되었다. 거지들은 용호영 풍악패에게 푸짐한 음식을 베풀었고, 가무가 끝나자 꼭지딴은 패두에게 정중하게 사례했다. 훗날 패두는 이 꼭지딴을 다시 한번 보고 싶어 했지만 끝내 만나지 못했다.

이 글에서 보는 것처럼 18세기 후반 도성의 거지들은 나름대로 조직을 구성하고 있었고, 그중에는 꽤 세력이 큰 집단도 있었다. 이러한 조직은 상하 위계질서가 뚜렷

정조의 구호 법령 『자휼전칙』 흉년을 당해 걸식하거나 버려진 아이들의 구호 방법을 규정한 법령집이다. 1783년(정조 7)에 윤음과 함께 시행 규칙을 정하고 전국에 반포해 영구히 시행하도록 했는데, 특히 국한문으로 인쇄한 것이 눈에 띈다. 국립중앙도서관 소장. 1책.

해 대장을 중심으로 규율을 지켜 가면서 구걸을 일삼고 있었다.

흉년이 들어 먹을거리가 눈앞에서 점점 사라지고 입에 풀칠할 것조차 없어지면 식구食ロ는 곧 가장의 근심거리가 되어 버렸다. 집안에 먹을 것을 쟁여 놓고 있는 부잣집이 아니라면 곳간은 비어 가고 새로운 곡물은 아직 여물지 않았을 때 모든 빈민의 마음은 하루하루 타들어 가는 것이었다. 이렇게 찾아오는 기근은 벼가 여물기 전 보리로 연명해야 하는 봄부터 초여름까지가 특히 심각했다. 마치 깔딱깔딱 힘겹게 고개를 넘는 것과 같다고 해서 '보릿고개麥嶺'라 불리기도 했다.

이처럼 기근이 찾아오면 도성 안에는 길거리에 버려진 아이들이 생겨났다. 이들 유기 아동은 거지가 되어 떠돌거나 굶주린 채 죽어 가야 했다. 개천에는 버려진 아이들의 시체가 온갖 오물과 함께 떠내려가곤 했다. 운 좋은 아이들은 입양하려는 사람을 만나 살길을 찾기도 했다. 도성 안에서 유기아를 수양하려는 사람은 한성부오늘날의 서울시청로부터 입안立案을 발급받아 아이를 양육할 수 있었다.

유기 아동 문제를 방치하면 커다란 사회문제로 확산될 수 있었다. 국가는 '휼민恤民'의 원칙에 따라 흉년이 들었을 때 구걸하거나 길에 버려지는 아이들을 구제하기 위한 방책을 내놓곤 했다. 6도에 흉년이 들었던 1783년정조 7에 간행된 『자휼전칙字恤典則』이 그러한 국가 시책을 잘 보여 준다. 정조는 이 책에서 버려진 1~3세 영아와 보호자 없이 빌어먹는 4~10세 아동을 구휼하라는 내용의 윤음을 내리고 있다. 책의 뒷부분에는 그러한 구호를 시행하기 위해 아이와 젖먹이는 사람에게 나누어 줄 쌀, 간장, 미역의 수량이 제시되어 있다. 또 구휼을 담당할 관청과 관리, 구휼에 필요한 재정을 조달하고 구휼이 제대로 이루어지는지 감찰할 방법 등에 관한 자세한 규정도 있다.

도시 빈민이 거지꼴을 모면하려면 자신의 노동력을 다른 사람에게 팔아야 했다. 그러한 품팔이 노동은 주로 경강 일대에서 이루어졌다. 용산, 마포, 서강 등 경강 나루에서 쌀, 땔나무, 각종 잡화를 배에서 내리거나 실어 나르는 노역이 가장 많았기 때문이다. 이처럼 노동력을 사고파는 행위를 '고립雇立'이라 하고, 대가를 받고 품을 파는 품팔이꾼을 '고정雇丁'이라 했다. 하역이나 운반 노동에 종사하는 고정들이야말로 서울에서 형성되기 시작한 도시 임금노동자이자 현대로 이어지는 도시 빈민의 효시라고 볼 수 있을 것이다.

앞서 살펴본 것처럼 조선 후기 들어 오늘날의 공공 근로 사업이라 할 수 있는 국가의 요역 체제에도 근본적인 변화가 왔다. 이전에는 국가에 필요한 공사가 있으면 병역 의무를 지고 있는 장정을 강제로 동원해 부려 먹었다. 그러나 이제는 국가가 벌이는 공사에도 품삯을 주고 도시 빈민을 고용하게 된 것이다. 농촌의 광작과 경강 나루의 부두 노동 등 민간 부분에 파고든 고립, 즉 임노동의 원리가 국가 부문인 요역에까지 적용되기 시작한 것이다. 조선 시대 최대의 공공 근로 사업인 영조의 준천은 이러한 배경 아래 때를 기다리고 있었다.

대대적인 공공 근로 사업이 벌어진 북한산성 사진은 북한산성의 윤곽, 문루, 장대, 창고 등이 그려진 「북한도」이다. 「북한도」는 『북한지』에 실려 있다. 『북한지』는 1711년(숙종 37) 북한산성을 쌓을 때 팔도도총섭(八道都摠攝)이었던 승려 성능이 도총섭의 직책을 서운에게 인계할 때 산성기사(山城記事)를 편집해 간행한 책이다. 북한산성을 쌓을 때 고용 노동이 이루어졌다. 서울역사박물관 소장. 1권 1책. 서울특별시유형문화재 제301호.

조선 시대 최대의
공공 근로 사업

1860년, 천변에 흩어져 비참한 삶을 살고 있는 빈민들에게 좋은 기회가 왔다. 거대한 공공 근로 사업이 벌어진 것이다. 한성부의 하수로 역할을 하던 개천의 유로를 바로잡고 하천 바닥을 긁어내는 준천 사업이 시작되었다.

준천은 기본적으로 큰비가 내려 개천이 범람할 때 주변 가옥에 피해를 주는 상황을 방지하려는 것이었다. 주된 작업 내용은 개천의 밑바닥을 긁어내는 준설 작업이었지만, 이와 더불어 개천의 양쪽 제방을 보수하고 물을 제대로 배수시키기 위해 수문을 정비하는 작업도 병행했다. 이 같은 배수 시설의 정비와 준천은 도시 하수를 처리하기 위해서도 필요했다.

물론 준천이 영조 때 들어와서야 처음 시행된 것은 아니었다. 개천이 서울의 배수로이자 하수도로 결정된 이상 이 하천이 잘 흐르도록 관리할 책임은 정부에 있었다. 개천을 본격적인 인공 하천으로 개발한 태종 이래 크고 작은 준천은 한성부와 공조의 책임 아래 여러 차례 이루어졌다. 그때마다 실제로 준설 사업에 동원되는 인부들은 개천 주변에 사는 주민이었다. 개천뿐 아니라 도성 안을 흐르는 하천 연변에 사는 주민들은 공조의 감독을 받으며 준설 공사와 다리 보수 등을 떠맡아야 했다. 이처럼 개천의 관리가 주민들에게 맡겨져 있다 보니 조선 중기까지도 개천은 자연 하천의 성격을 크게 벗어나지 못했다.

그러다가 17세기 후반 이래 한성부 인구가 급증하자 배수 시설의 정비는 시급히 해결해야 할 국가적 과제로 대두하게 되었다. 영조는 개천 관리를 더 이상 개별 주민에게 맡겨 놓을 수 없다는 판단 아래 1759년부터 도성 주민과 관료들의 의견을 수렴하기 위한 공청회를 수십 차례 열었다. 진지한 토론도 벌어졌다. 준천을 하려면 개천 주변에 들어선 민가를 헐어 내야 하고 개천 양쪽 기슭에 석축을 쌓기 위해 외부에서 엄청난 양의 모래를 가져와야 하는데, 여기에 따르는 부담이 엄청나다는 반론도 만만

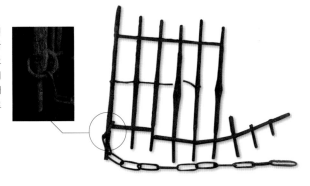

청계천의 물길에 설치한 철책문 흥인
지문 남쪽에 위치한 오간수문에서 발
견되었다. 외적이나 도적이 도성 안으
로 잠입하는 것을 방지하기 위해 설치
한 것이다. 왼쪽 사진은 원 부분을 확대
한 모습이다. 청계천문화관 소장. 가로
190센티미터, 세로 150센티미터.

치 않았다. 그러나 준천을 통해 배수 시설을 정비하고 민생을 해결하겠다는 영조의 의
지는 확고했다.

논쟁을 거치면서 준천이 갖게 될 도시공학적 성격뿐 아니라 사회경제적 의의도 명
확해졌다. 천변에 사는 백성은 바로 서울의 인구 증가와 밀접하게 관련된 주민들이었
다. 숙종 때 천변과 가까운 지역에서 도로를 침범한 여염집이 500호에 달한다는 조사
결과가 보고되었다. 천변 근처에 그렇게 많은 인가가 만들어졌다는 것은 도성 안에 집
지을 여유 공간이 부족해졌다는 것을 보여 준다. 새롭게 서울로 흘러들어 온 백성은
집을 지을 공간을 천변에서 찾을 수밖에 없었던 것이다. 천변은 도성 내 거주지로는
가장 나쁜 조건을 갖추고 있었다. 그러나 빈민에게는 선택의 여지가 없었다. 냄새나고
불결하고 때로는 목숨을 위협받더라도 천변으로 파고들 수밖에 없었다.

이런 문제를 해결하려면 천변 주민을 추방하기보다는 그들의 거주 공간을 안정시
켜야 했다. 또 대규모 준천 사업을 벌여 천변 빈민을 품팔이꾼으로 고용하면 오늘날의
공공 근로 사업처럼 그들에게 생활 대책도 마련해 주는 셈이 된다.

1760년 공사의 총감독 기관인 준천사濬川司가 설치되고 한성판윤 홍계희가 준천사
제조로 실무 책임을 맡았다. 공사가 시작된 것은 그해 2월 18일. 홍계희는 동분서주하
며 공사를 감독했고, 영조는 때때로 광통교·오간수문 등에 나가 공사 진척 상황을 살
펴보며 일꾼들을 독려했다. 준천은 개천을 주대상으로 삼되 개천만 준설하는 공사는
아니었다. 사산에서 흘러나와 개천으로 흘러들어 가는 모든 물길이 공사 대상이었다.
하천 바닥을 긁어내고 하천에 놓인 다리를 하나하나 점검해 보수하며 하천의 양안에
축대를 쌓아 천변 주민의 안전을 도모하는 작업이 계속되었다.

준비 과정에서도 찬반양론이 있었거니와 공사 과정에서도 잡음은 끊이지 않았
다. 공사를 위해서는 천변에 지은 집들을 헐 수밖에 없었고, 그러자니 집이 헐린 백성

수표교에 새겨진 경진지평 영조는 개천의 준설을 마친 후 수표교 아래에 높이 약 3미터의 수표석을 새로 만들어 세우고, 수표교 돌 기둥에 '庚辰地坪(경진지평)'이라고 새겨 경진년(1760) 당시 준설의 기준과 평지 수위를 기록했다. 서울시 중구 장충동 소재. 서울유형문화재제18호.

의 임시 주거 대책이 시급했다. 영조는 집이 헐린 이들에게 집값과 재목을 주어 다른 곳에 주택을 짓도록 배려했다. 그리고 빈민들에게는 왕실 소유의 궁실들을 개방해 임시 숙소로 사용하도록 했다. 그러는 한편 어사를 풀어 여론을 '감청'하는 임무를 맡기기도 했다. 천변에 큰 집을 지었다가 헐린 부자가 불평을 제기한다는 어사의 상주가 들어오자 영조는 대사헌을 불러 불편한 심기를 토로했다.

"저자가 이미 금령을 어기고 그렇게 천변에 바짝 대고 집을 지었으며, 조정에서 또 집값을 주고 재목을 주었는데도 감히 원망을 하는구나."

준천 공사 중에 특히 영조와 관료들의 마음을 아프게 한 것은 강바닥에서 나오는 무수한 해골들이었다. 영조는 가슴을 치면서 하교했다.

"굶주림 끝에 구렁텅이에 쓰러져 죽어서 거두어 묻지 못한 자들을 생각하면 나도 몰래 측은해지는구나. 노출된 해골이 있거든 즉시 베로 싸서 묻어 주도록 하라. 넓은 집에 살면서 쌀밥을 먹는 것은 곤궁한 백성의 생활에 비교할 때 하늘과 땅처럼 엄청난 차이가 있으니, 이제라도 각 도의 관찰사들은 진휼 정치를 더욱 착실히 거행하라."

영조는 준천을 진휼 사업으로 생각했기 때문에 일하러 나온 백성과 방민에게 많은 신경을 썼다. 준천을 담당하는 관리들이 공사를 구경하러 나온 백성을 잡아 가두었다는 보고를 듣고 크게 노하며 병조판서를 잡아 가둔 적도 있었다.

또한 노역에 동원된 역군들을 배불리 먹이는 데도 신경을 썼다. 57일간 벌어진 이 공사에는 모두 21만여 명의 인원이 참여했다. 청계천 일대에 사는 방민이 15만 명, 준천사로부터 임금을 받고 품을 파는 고정이 5만 명이었다. 도성 주민 1만여 명도 자발적으로 참여했다. 심지어는 멀리 제주도에서 배를 타고 와서 공사에 참여한 백성도 있었다. 공사 대금과 임금으로 전錢 3만 5000민緡이 들고, 공사 참여자들을 먹이기 위해 쌀 2300석이 투입되었다.

방산시장 서울시 중구 주교동에 있는 재래시장으로, 청계천 옆 을지로 4~5가 주변에 있다. 시장 이름은 개천에서 퍼낸 흙을 쌓아 둔 곳인 '방산'에서 유래했다.

"백 년 동안 하천 걱정을 하지 않게 해 주겠다."라며 시작한 대역사가 개천 양안에 돌로 축대를 쌓는 작업과 더불어 마무리되자 수표교 서쪽의 수표水標에 '경진지평庚辰地平'이라는 네 글자를 새겨 넣었다. 앞으로 벌어질 준천 작업에서 기준으로 삼기 위한 글자였다. 경진년에 새긴 이 '지평'보다 수위가 높아지면 개천이 위험하다는 뜻이며, 그에 따라 준천을 할 때에는 이 지평까지 강물이 올라오도록 준설 작업을 하라는 뜻이었다. 이에 따라 수표는 홍수를 방지하기 위한 역할 외에도 하상 준설의 기준점 노릇도 하게 되었다. 계사년인 1773년영조49에 다시 한 번 대대적인 준천을 행한 뒤에는 수표에 '계사갱준癸巳更濬'이라는 글자를 새겼다. 당시 개천에서 퍼낸 흙을 쌓아둔 곳을 가산假山이라고 불렀는데 여기에도 가난한 백성들이 몰려들어 살 곳을 마련했다. 가산을 조산造山, 방산芳山이라 부르기도 했는데, 오늘날 서울의 방산시장은 바로 여기에서 유래한 이름이다. 방산이란 '향기로운 산'을 뜻한다. 온갖 오물을 품고 가라앉았던 강바닥의 흙을 모아 두었으니 오죽 냄새가 났겠는가? 그것을 '악취가 나는 산'이라 하지 않고 '향기로운 산'이라고 한 위트가 오히려 처절하다. 그나마 천민들에게는 안정되게 살 곳이 마련되었으니 준천 이전에 비하면 천변이 천국이 된 셈이었다.

방산에 움집을 짓고 사는 사람들을 땅속에 산다 하여 '땅꾼'이라고 불렀다. 전하는 말에 따르면 앞서 영조는 이들의 생계 방도를 열어 주기 위해 뱀을 잡아 팔 수 있게 허락했다고 한다. 그리하여 오늘날에는 뱀을 잡아 파는 사람을 땅꾼이라 부르고 있다. 땅꾼들은 본래 잔칫집이나 상가에서 문을 지키며 조무래기 거지나 좀도둑을 막아 주고 그 대가로 생계를 꾸려 나갔다. 그러면서 부업 비슷하게 뱀·두더지·지네·땅강아지·고슴도치 등 약재에 쓰이는 생물들을 잡아서 팔기도 했는데, 이제 주객이 전도되다시피 한 것이다. 이러한 영조의 준천은 정조대 이후 하나의 전범이 되어 조선 왕조가 끝날 때까지 계승된다.

두 도시 이야기

18세기 서울은 부글부글 끓고 있었다. 밖에서는 서학과 근대 과학기술이 들어오고 안에서는 새로운 문예사조와 상업이 발달하면서 서울은 급격한 변화

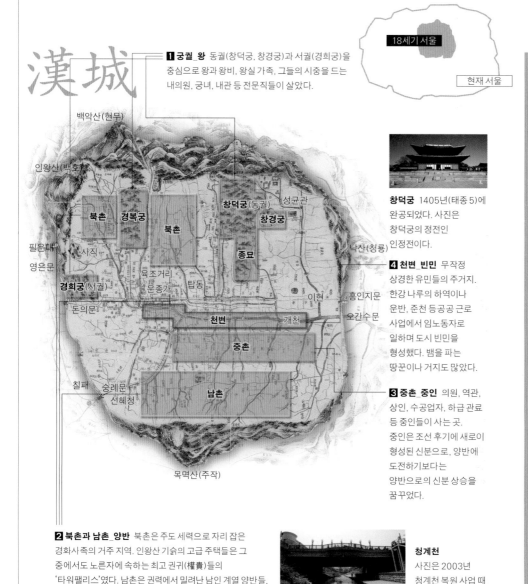

18세기 서울

현재 서울

漢城

백악산(현무)

인왕산(백호)

필운대
영은문

사직

경복궁

북촌

육조거리
운종가

경희궁(서궐)

돈의문

칠패

숭례문
선혜청

목멱산(주작)

성균관

창덕궁(동궐)

북촌

창경궁

종묘

탑동

낙산(청룡)

이현

흥인지문

오간수문

천변

개천

중촌

남촌

1 궁궐_왕 동궐(창덕궁, 창경궁)과 서궐(경희궁)을 중심으로 왕과 왕비, 왕실 가족, 그들의 시중을 드는 내의원, 궁녀, 내관 등 전문직들이 살았다.

창덕궁 1405년(태종 5)에 완공되었다. 사진은 창덕궁의 정전인 인정전이다.

4 천변_빈민 무작정 상경한 유민들의 주거지. 한강 나루의 하역이나 운반, 준천 등 공공 근로 사업에서 임노동자로 일하며 도시 빈민을 형성했다. 뱀을 파는 땅꾼이나 거지도 많았다.

3 중촌_중인 의원, 역관, 상인, 수공업자, 하급 관료 등 중인들이 사는 곳. 중인은 조선 후기에 새로이 형성된 신분으로, 양반에 도전하기보다는 양반으로의 신분 상승을 꿈꾸었다.

2 북촌과 남촌_양반 북촌은 주도 세력으로 자리 잡은 경화사족의 거주 지역. 인왕산 기슭의 고급 주택들은 그 중에서도 노른자에 속하는 최고 권귀(權貴)들의 '타워팰리스'였다. 남촌은 권력에서 밀려난 남인 계열 양반들, 노론 방계와 서얼 등 힘없고 연줄 없는 양반들의 거주 지역.

청계천 사진은 2003년 청계천 복원 사업 때 만든 영도교이다.

성격
조선의 왕도(王都)

위상
중앙집권 왕국의 심장부

외교
소중화를 자부하며 주변국과 친선 도모

역사
신석기 시대 주거지
백제 수도
(하남위례성, 서기전 1세기)
조선의 도읍(1395년)

인구
20만 명(전국 800만 명)

특징
사상과 문화, 신분 질서 등이 요동치는 가운데 탕평 군주가 개혁의 중심에 선 왕의 도시

구성
왕, 양반, 중인, 평민, 천민

종교
유교, 불교, 무속, 가톨릭

주요 사상
성리학, 북학, 서학

교육
성균관, 향교

18세기 통치자
숙종(1674~1720)
경종(~1724) 영조(~1776)
정조(~1800)

를 겪고 있었다. 주민 구성도 매우 다양해졌다. 이 시기 서울의 변화는 무엇을 향하고 있었을까? 동시대 프랑스의 수도 파리와 비교하면서 18세기 서울의 속살을 파고들어가 보자. 그리고 그러한 변화는 세계사의 흐름 속에서 어떤 위상을 갖는 것이었을까?

현재 파리

18세기 파리

PARIS

❸ **중부와 북부_부르주아지** 비교적 대규모의 기업가가 노동자층과 더불어 다수 거주했다. 상공업을 통해 돈을 많이 벌게 된 부르주아지 계급은 생루이 섬을 향해 서서히 불만을 드러내기 시작했다.

몽소
클리시 장벽
몽마라
사블롱
엘투알 장벽
플로르(보안 위원회)
생루이 북부 양로원
샹젤리제
루브르궁
인구밀도가 높은 지역
사이요 궁
혁명 광장
자코뱅 클럽
평등의 집
밀도매 시장
인구밀도가 낮은 지역
공화국 극장 (코메디 프랑세즈)
국민의회
시청
혁명의 집
연합 대학
초교재판소
페데레 광장
공원
상드마르스
조폐국
파리고등법원 부속감옥
샤론가
베르사유 궁
그르넬
앙발리드
프랑스극장
노르트담 성당
소르본 팡테옹
코르델리에 클럽
트론 광장
뤽상부르
센 강
앙페르 장벽
고블랭 직물공장
살페트리에
비세트르 방면

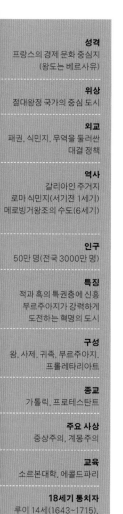

❶ **궁궐_왕** 센 강 서북변을 따라 튀일리 궁, 르와얄 궁, 루브르 궁, 오르세 궁 등이 도열해 국왕이 거주하는 베르사유 궁과 연계하는 왕족 주거 벨트를 이루었다.

아름 광장에서 바라본 베르사유 궁의 전경
1722년. 피에르 드니마르탱 그림. 루이 15세가 궁전의 증축 공사가 끝나고 베르사유 궁전으로 돌아온 것을 기념해 그린 것으로 추정된다.

❷ **생루이 섬_사제와 귀족** 제1신분인 사제, 제2신분인 귀족의 주거지. 17세기에 루이 13세와 재상 리슐리외는 이 섬을 정비해 고급 주택을 세우고, 마레·생제르맹·포부르 지구를 귀족들의 주택지로 만들었다.

센 강
파리의 아름다운 경관과 경제 발전에 큰 영향을 미쳤다.

❹ **동부와 남부 변두리_프롤레타리아트** 소규모 생산자, 직공 및 극빈층 등 복잡한 주민 구성을 보인 인구 밀집 지역. 파리는 28만 명의 노동자층이 거주하는 고밀도 도시로, 이것은 심각한 생계 문제의 원인이 되었다. 프랑스에서 가장 훌륭한 급수 체계를 갖추었다는 파리에서도 일반 시민의 연간 목욕 횟수는 채 2회가 되지 않았다.

백두산정계비와
북방 영토 인식

1712년숙종 38 청이 국경 조사를 위해 목극등穆克登을 파견하겠다고 통보하자 조선에서는 청의 의도를 놓고 한바탕 논란이 일었다. 청이 자신들의 연고지인 영고탑寧古塔, 지금의 헤이룽장성 닝안으로 퇴각할 때 조선의 서북 지방을 경유할 심산으로 사전 답사하는 것 아니냐는 추론도 나왔다. 이 같은 '영고탑 회귀설'은 뿌리 깊은 것이었다. 조선의 사대부들은 청이 100년 안에 중국에서 쫓겨나 영고탑으로 돌아가리라는 근거 없는 전망을 하고 있었다. 그렇게 되면 몽골의 저지를 받게 될 청이 조선 영토를 우회할지 모른다는 우려에서 북방 변경에 대한 지리적 관심이 증대되었다. 이러한 관심은 만주와 연해주가 우리와 연고 있는 지역이라는 고토故土 의식과 맞물려 증폭되었다. 백두산 정계비定界碑로 청의 의도에 대한 의심은 풀렸지만, 청과 조선의 동쪽 경계를 '토문강'으로 정한 정계비의 문구는 북방 강역에 대한 폭발적인 논쟁을 낳았다.

조선의
북방 고토 의식

중화 문명의 일원이라는 조선의 자부심은 지리적으로 볼 때 요동에 대한 연고 의식과 연결되어 있었다. 그곳에서 단군왕검이 배 조선을 얻고 중국의 현자인 기자가 분봉을 청바랬다는 믿음 때문이다. 이러한 고토 의식은 중화 종국국의 영이 '요상'에게 중국과 요동을 빼앗긴 뒤에 더욱 또렷해졌다. 병렬교체가 마무어진 뒤에 나온 한터도 제일의 지도들은 천리의 판도가 바뀐 뒤에도 변치지 않는 소중화의 자부심과 그 지리적 표현으로서 요동에 대한 역사적 영토 의식을 잘 보여 주고 있다.

「광여고금대축관람도」의 요동 부분 2544장이 만큼 기 중수를 돋보이기 외에 '옛 이크에 어린것 요선의 지도를 중화와 요선의 땅이다. 그러나 만만이 나서주 제우 요동의 중화 및 요동 상면에 바로잡고는 요도 지역은 24년의 지역이 아니를 땅으로써 마셨었다 하나도 조선과 중화의 세계 역사가 매장을 나타낸 것. 서울대박보관 소장

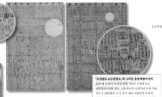
「조선황후고금강리총람지」의 고려성 음벼대장보다이비어 교화 세 음분이 후년지 부분장을 얻었다. 그림 왼쪽의 상면만을 대유 주숭 좌는 상면원도 후로 등후 세 음분이 지리내자 와 요리 정한 조선과 세계의 지리 왜 지역, 우그전에 시군호로 좋아보다도 다내이 주흥 지일부을 보려주는지요 있다. 음손세소방이박소관요방원 소장

조선 중기까지 백두산을 포함한 북만주 지역에 대한 관심은 요동 지역에 비해 크게 높지 않았다. 김수홍 따르면 이곳은 고주몽의 탄생지이나 오랜 세월 여진의 생거한 땅이었다. 그곳에 남겨진 우리 역사의 흔적으로는 두만강 너머 선춘령先春嶺과 윤관대첩에비비가 자목되는 정도였다. 이 지역에 대한 관심이 커진 것은 정벌 교체가 일어난 17세기 이후의 일이었다.

「영고탑총람도(寧古塔總覽圖)」 DKN일대의 17: 경광도, 북은 '영고탑, 의 장소리에 갈고 계속지로고 앞은 지도. '영고탑' 중국 야원 도리스 지금의 지림 성 연번 일대로써 '영고탑경비 주었다 등은 도 가느 지나 놋 포터만 공권, 북방감원도 자유 소장

영고...
회귀설...
백두산...

1712년 정계 때 이광지...한다.' 하고 주장했다. 이어벙춘 그러한 견해 앱이 생겼지도 무운 이 있습니다.'라고 반박했 있었다. 따라서 백두…

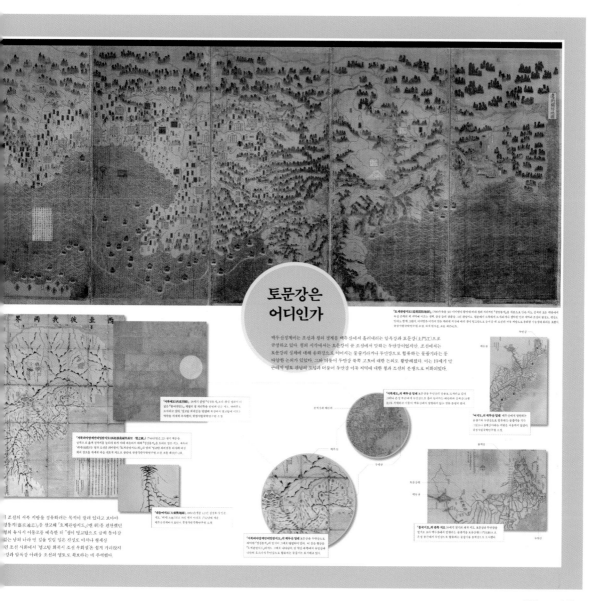

토문강은 어디인가

백두산정계비는 조선과 청의 경계를 백두산에서 흘러내리는 압록강과 토문강(土門江)으로 규정하고 있다. 청의 시각에서는 토문강이 곧 조선에서 말하는 두만강이었지만, 조선에서는 토문강의 실체에 대해 송화강으로 이어지는 물줄기라거나 두만강으로 합류하는 물줄기라는 등 다양한 논의가 있었다. 그와 더불어 두만강 북쪽 고토에 대한 논의도 활발해졌다. 이는 19세기 말 근대적 영토 관념의 도입과 더불어 두만강 이북 지역에 대한 청과 조선의 분쟁으로 비화되었다.

벌책 포스터 참조

안용복 독도 수호와 동해의 영토 인식

17세기

18세기

'울릉자산양도감세장' 안용복

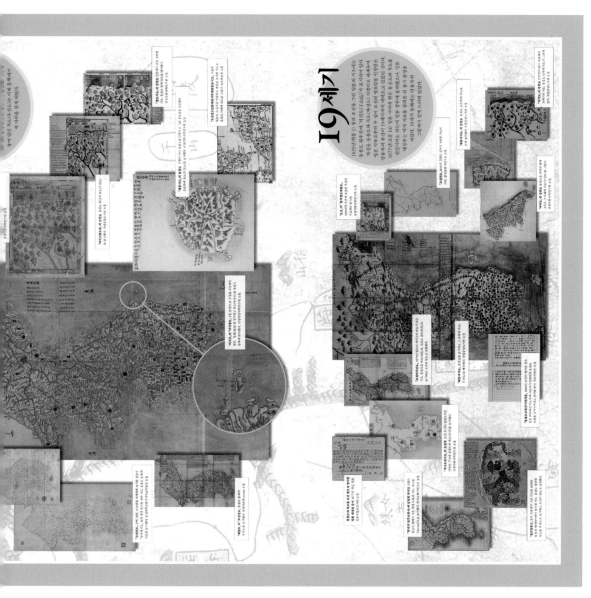

별책 포스터 참조

지도로 보는 조선 후기 영토 의식 |

산해관 잠긴 문을 한 손으로 밀치도다 중국 라오닝 성에 있
는, 산세가 험하고 아름다운 봉황산은 고대로부터 압록강
하구와 요동평야를 잇는 교통로였다. 18세기 조선인은 광
대한 세계로 나아가기 위해 험준한 장벽을 어떻게 넘을지 고
심하며 한 발 한 발 걸음을 옮겼다.

02
꿈을 꾸는 사람들

1778년

청의 수도 연경^{북경}을 다녀오는 연행사 행렬에 끼어 북경을 방문하고 돌아온 박제가가 『북학의^{北學議}』를 저술했다. 요동과 북경에서 발달한 문물을 목격한 그는 이 책에서 청의 문물을 받아들이자는 주장을 폈다. 책의 제목인 '북학'이 바로 북경의 문물을 배우자는 취지를 담은 말이었다. 청에 대한 반감이 여전해 청을 오랑캐로 여기던 당시로서는 대담한 주장이었다. 적어도 전통적인 주자학을 고수하고 있던 지식인들에게는 받아들여지기 힘든 것이었다. 그럼에도 불구하고 박제가는 저술을 통해 공공연하게 북학을 해야 한다고 강조했다. 이는 전통 주자학에 대해 일종의 반기를 든 행위이기도 했다.

전통 주자학자들은 의리와 명분을 절대적인 가치로 여기고 있었다. 두 차례 호란을 겪은 이후 조선 사회는 청에게 당한 치욕을 씻기 위해 의리론으로 의식을 재무장하고 있었다. 그러한 분위기는 18세기까지 계속되고 있었다. 이러한 움직임을 주도한 이들은 주로 집권 노론층이었다. 집권 노론층은 조선이 명을 계승한 유일한 중화 국가임을 내세우며 자부심을 고취시켰다. 이는 청에 항복하면서 짓밟힌 자존심을 회복하는 데 기여를 했지만 한편으로 부작용도 촉발했다. 조선이 유일한 문화국가라는 자부심이 점차 독선적이고 배타적인 의식으로 변질되었던 것이다. 북학론은 그러한 독선적이고 배타적인 경향에 대해 내부로부터 터져 나온 문제 제기였다.

북학론자들은 의리도 중요하지만 백성의 삶을 개선하고 국가의 부를 확충해야 한다고 주장했다. 의리를 기본으로 하면서도 실용을 함께 추구해야 한다고 본 것이다. 그런 점에서 북학론은 전통 주자학을 부정한 것이 아니라 문제점을 보완하려 한 시도라고 할 수 있다.

북학론이 제기되고 있던 시기에 다른 한편에서는 전통 주자학에 대해 전면적인 도전의 움직임이 나타났다. 서울 가까운 곳에 살고 있던 근기남인 일부가 서학, 즉 천주교를 신봉하기 시작한 것이다. 평생 벼슬길에 나가지 않고 경기도 안산에 칩거하면서 학문에 매진했던 이익의 문인들 가운데 천주교에 관심을 갖는 이들이 생겨났다. 그들은 처음에는 천주교를 학문적으로 연구했지만 점차 이를 신앙으로 받아들이게 되었다. 천주교와 주자 성리학은 탄생 배경으로 보나 교리로 보나 애초 화합하기 어려운 것이었다. 따라서 천주교를 신앙으로 받아들인다는 것은 사실상 주자 성리학과의 단절을 의미했다.

북학론과 천주교의 등장에서 나타나듯 18세기 후반 양반 사대부 계층 내부에서는 큰 변화가 일어나고 있었다. 그러한 변화의 움직임은 비非양반층 사이에서도 나타나고 있었다. 17세기 이후 사회경제적 변동이 심해지는 가운데 비양반층도 신분적으로 상승하고자 하는 욕구를 강하게 표출하고 있었다. 여기서 주목되는 것은 중인들이 주도했던 위항문학 운동이다. 중인과 그 이하의 하층민들은 시사를 결성해 양반들과도 교유하면서 활발한 문학 활동을 벌여 나갔다.

그런가 하면 상품화폐경제의 발달에 따라 농민층에서도 빈부 격차에 따른 계층분화가 나타나고, 전국의 주요 장터에는 국가의 통제로부터 풀려난 광대패들이 가설무대인 별산대別山臺를 갖고 나타나 손님을 끌고 양반 사회를 신랄하게 풍자했다. 18세기는 이처럼 위로는 양반부터 아래로는 천민에 이르기까지 이전과는 다른 새로운 세상에 대한 욕망이 꿈틀거리던 시대였다.

1.
북경으로 가는
사람들

북학의 선두 주자 연암 박지원 노론 집권층의 자제였으나 이용후생의 실학을 강조하며 호방한 북학론을 펼쳤고, 자유롭고 기발한 문체로 소설을 집필해 양반과 지식인들을 통렬하게 비판했다. 19세기 개화파의 선구자로 일컬어지는 박규수의 할아버지이기도 하다. 저서에 청의 문화를 소개하고 조선의 개혁을 논한 『열하일기』, 『연암집』, 『허생전』 등이 있다. 초상은 연암의 손자 박주수가 그렸다. 기록으로는 박주수가 연암을 보지 못했다고 하나, 연암의 행적을 보면 매서운 호랑이 상은 꼭 닮았을 것 같다. 실학박물관 소장.

북방의 여진족이 청 제국의 기치를 들고 쳐들어온 병자호란 이래 북쪽이라면 손사래를 치던 조선 사회에 '북학'이 등장했다. 이는 18세기 후반의 가장 중요한 흐름 가운데 하나로 꼽힌다. 북학은 본래 중국 남방의 초楚 사람 진량陳良이 주공과 공자의 도를 흠모해 북쪽으로 가서 배우고자 했다는 『맹자』의 구절에서 따온 말이다. 1778년정조 2 박제가는 이 고사를 인용해 자신의 저술을 『북학의』로 이름지었다. 『북학의』에서 말하는 북쪽은 청을 의미했다. 이때부터 북학은 청의 문물을 수용하자는 주장을 가리키는 용어가 되었다.

북학론을 주도한 이들은 연암 박지원을 비롯해 박제가, 이희경[1] 등 박지원의 문인들이 많았다. 그래서 연암 일파는 흔히 북학파로도 불린다. 하지만 연암의 문인들이 모두 북학파였던 것은 아니다. 박지원, 박제가, 이희경은 북학을 주장했지만 이덕무, 유득공은 북학파의 면모가 그리 두드러지지 않는다. 그들 사이에는 인식에 차이가 있어 이덕무는 박제가가 청을 지나치게 사모한다고 지적하기도 했다. 그런 점에서 볼 때 연암 일파를 곧 북학파로 규정하는 것은 타당하지 않다.

북학론은 성리학의 핵심 영역이라 할 수 있는 '의리지학'을 바탕으로 하면서 동시에 '경세經世[2]'를 추구해야 한다는 문제의식의 산물이라 할 수 있다. 성리학은 본래 근본 도리인 천도天道를 상정하고 이를 실천하는 것을 목표로 삼는다. 그리고 천도를 실천한다는 목표를 실현하기 위해 도덕적·의리적 실천을 지향한다. 조선의 지식인들이 명에 대한 의리를 중시하고 청에 대한 복수심을 불태운 것도 그렇게 하는 것이 도덕적으로 타당하다고 확신했기 때문이다.

도덕적·의리적 실천을 핵심으로 하는 성리학은 내면적·철학적 측면을 중시하는 반면 실용적·경제적 측면에는 큰 의미를 두지 않는다. 엄격하게 말해 성리학은 실용적인 활동

1 **이희경** 조선 후기의 학자. 1769년 박지원을 스승으로 섬기고 북학파 문인들의 결사인 백탑시사(白塔詩社)를 결성했다.
2 **경세** 국가나 사회를 올바르고 윤택하게 경영하기 위한 일정한 기준이나 원칙.

성리학의 공리공담을 비판한 지봉 이수광의 묘 이수광은 1585년(선조 18) 문과에 급제하고, 1623년 인조반정 뒤 도승지에 임명되었다. 1624년 이괄의 난이 일어나자 공주로 왕을 모셨고, 정묘호란 때에는 강화도로 왕을 모셨다. 우리나라 최초로 천주교와 서양 문물을 소개하고 실학의 선구자가 되었다. 묘는 경기도 양주시 장흥면 소재. 경기도기념물 제49호.

과는 별다른 관련이 없으며 그러한 이유로 공리공담으로 흐를 가능성이 늘 존재했다. 이 때문에 중국에서는 심성의 수양보다 국가정책, 민생 안정 따위 사회·정치적 문제를 중시하는 이른바 사공事功학파가 형성되기도 했다. 이러한 학풍은 남송 대에 이르러 진량陳亮, 섭적葉適 등이 계승해 주자와 갈등을 빚기도 했다. 주자는 사공학파가 의리보다 이익을 좇는다고 비난하기는 했지만, 그 역시 사공학파가 주장하는 사회·정치적 문제의식을 어느 정도 수용해 주자학의 약점을 보완하지 않을 수 없었다.

조선에서도 성리학이 공리공담으로 흐르는 문제가 일찍부터 나타나고 있었다. 이를 인식하고 있던 이수광은 다음과 같이 파격적인 주장을 펴기도 했다.

"도道는 백성이 이어가는 나날의 삶 속에 있다. 여름에 베옷을 입고 겨울에 가죽옷을 입으며, 배고프면 먹고 목마르면 마시는 것이 도다. 이런 문제를 빼놓고 도를 말하자는 자는 틀린 것이다."

도를 형이상학적인 천리가 아니라 의·식·주를 충족시키는 실용적 차원에서 이해한 것이다. 하지만 이수광과 같은 주장은 조선 사회에서 자리 잡기 어려웠다. 그것은 두 차례에 걸쳐 호란을 겪은 특수한 상황과 깊은 관련이 있다.

병자호란 때 인조가 오랑캐 국가 청의 황제 앞에 나아가 항복한 것은 치욕 그 자체였다. 조선의 지식인들은 병자호란이 가져다 준 정신적 충격에서 벗어나기 위해 의리론을 바탕으로 재무장했다. 군사력의 열세에도 불구하고 청에 대적한 것은 임진왜란 때 원군을 보내준 명에 대해 의리를 지키기 위한 당연한 행위로 평가했다. 병자호란 후에는 명을 멸망시키고 조선에 치욕을 안긴 청에 복수하는 것을 숭고한 의무로 여겼다. 청이 안정되면서 현실적으로 북벌의 가능성이 희박해진 1704년숙종 30에는 대보단大報壇을 세워 명 황실을 제사지냈다. 조선이 명을 계승한 진정한 문명국가라는 자부심을 드러내기 위한 것이었다.

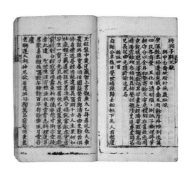

이러한 일련의 과정에서 주도적 역할을 한 붕당은 서인이다. 병자호란 후 김상헌 등 서인 척화론자들은 나라를 망친 주범으로 비난받기도 했다. 하지만 청에 항복한 뒤 정계에 친청파들이 준동하자 송시열 등이 등장해 그들을 비판하고 의리를 내세우면서 서인은 다시 명분을 얻었다. 이후 서인은 노론과 소론으로 나뉘었고, 그중 송시열 계열의 노론은 강경하게 주자주의적 의리론을 주장하며 당파의 결속을 다졌다.

의리를 중심에 두는 노론의 태도는 호란에 따른 정신적 상처를 치유하는 데 분명 효과가 있었다. 그러나 시간이 지나면서 부작용도 드러나기 시작했다. 조선이 유일한 문명국가라는 자부심은 어느 순간 조선의 문물만이 의미 있다는 독선주의, 다른 국가의 문물은 볼 것이 없다는 배타 의식으로 변질되었다. 조선의 지식인들은 청을 오랑캐 국가로 간주해 중국을 야만시하고 그들의 문물을 인정하려 하지 않았다. 예를 들어 1720년[숙종 46] 경종 즉위 후 동지정사로 북경을 방문한 노론 학자 이의현은 중국의 문물이 모두 오랑캐의 풍속으로 변해 버렸다며 탄식해 마지않았다. 이는 당시 노론의 일반적 인식이었다.

그런 가운데 이러한 태도에 대한 반성의 목소리가 남인, 소론, 노론 등 각 붕당 내부에서 나오기 시작했다. 노론에서 그런 목소리를 낸 대표적 인물이 홍대용과 박지원이다[3]. 두 사람의 공통 관심사는 풍요로운 경제생활을 강조하는 이용후생利用厚生이었다.

홍대용은 "성리性理란 것도 별것 아니라 곧 나날의 삶에 필요한 일용日用에 흩어져 있다."라며 성리를 일용의 차원으로 끌어내렸다. 박지원은 독서를 하고 학문을 하는 것은 실용에 쓰이느냐 실용에 쓰이지 않느냐의 구분이 있을 뿐이라며 공허한 이론만 내세우는 성리학자들의 태도를 비판했다.

3 홍대용과 박지원 홍대용은 박지원과 친했기 때문에 연암 일파로 분류되기도 한다. 그러나 최근에는 홍대용을 연암 일파에 소속시키는 것은 적당하지 않고 담헌과 연암을 함께 내세워 '담연(湛燕) 일파'로 불러야 한다는 주장이 나오기도 했다. 사실 홍대용은 박지원의 선배로 박지원의 문인을 함께 지도하는 위치에 있었기 때문에 그를 연암 일파로 분류하는 것은 적당하지 않은 점이 있다. 그런데 박지원의 문인이던 이덕무, 박제가, 유득공 등을 담연 일파로 부르는 것 역시 무리가 있다.

연암 일파의 수장 박지원의 『열하일기』 박지원이 청을 다녀온 연행 일기(燕行日記)이다. 1780년 (정조 4) 청 건륭제의 칠순연을 축하하기 위해 사행하는 삼종형 박명원을 수행해 건륭제의 피서 지인 열하를 여행하고 돌아와서 기록했다. 청조 치하의 북중국과 남만주 일대를 견문했으며, 그 곳의 문인 및 명사들과 교유하고 문물제도를 접한 결과를 상세히 기록했다. 국립중앙박물관 소 장. 26권 10책.

　이용후생을 중시했다고 해서 홍대용과 박지원이 의리학을 무시한 것은 결코 아니 다. 홍대용은 조선 백성이 즐겁게 사는 것은 임진왜란 때 원군을 보내 준 만력제 덕택 이고, 만력제가 막대한 원조를 한 것을 명 멸망의 한 원인으로 보았다. 그는 청이 중국 을 차지해 백성을 안정시킨 공을 인정하면서도 청의 건국으로 성현의 자손들이 머리 털을 깎이고 호복을 입어 예악 문물을 다시 찾을 수 없게 되었다고 탄식했다.

　조선을 명의 계승자로 본 박지원은 조선이 명의 마지막 연호인 숭정崇禎4을 쓰는 데 상당한 자긍심을 느끼고 있었다. 박지원은 조선의 힘이 약해 청을 몰아내지는 못해도 명의 연호를 쓰는 것은 중국을 높이고 조선이 명의 계승자임을 표방하는 의미가 있다 며 자랑스러워한 것이다. 그는 조선과 명의 관계가 의리에 기초한 반면 청과의 관계는 계약적인 것으로 보았다. 또 청이 조선에 친절을 베풀고 후하게 대우하는 것도 훗날 나라를 잃고 자기네 근거지로 돌아갔을 때 흉년이 들거나 전쟁이 벌어지면 조선의 도 움을 받기 위해서라고 분석했다. 그러므로 지금 당장 청이 공물을 면제해 주는 것은 훗날을 생각할 때 조선에게 걱정거리이지 자랑거리는 아니라고 지적했다.

　박지원은 명문 반남 박씨 출신으로 문학적 재능이 뛰어나 20대 초반에 이미 대중 적 명성을 얻고 있었다. 출세를 포기하고 학문에 전념하는 그를 찾는 이가 줄을 섰다. 박제가는 스물이 안 된 1768년경 박지원의 명성을 듣고 그를 찾았다. 1760년대 말이 면 박지원을 중심으로 하나의 문인 그룹이 형성된다. 박지원은 홍대용, 이서구, 이덕무 등과 어울려 학문을 토론하며 시간을 보냈다. 박제가는 한 번 박지원의 집에 가면 귀 가도 잊어버리고 열흘이고 한 달이고 계속 머물렀다고 한다. 이덕무, 박제가, 유득공 은 모두 박학다식해 고증할 일이 있으면 말이 떨어지자마자 박식한 지식을 쏟아 냈다. 그들은 관심사가 비슷한 데다가 집도 모두 탑골공원 근처여서 수시로 모였다. 일단 모이면 시

4 **숭정 연호** 조선은 명이 멸망한 뒤에도 청과의 공식 외교문서가 아닌 한 국내에서는 청의 연호 를 쓰지 않고 숭정 연호를 사용했다.

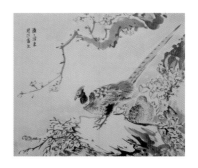

서얼 출신 북학파 박제가의 「야치도」 박제가는 소년 시절부터 시·그림·글씨에 뛰어나 청에도 이름을 떨쳤다. 1779년(정조 3)부터 13년간 규장각에 근무하며 왕명을 받아 많은 책을 교정하거나 간행했다. 꿩의 생동감 넘치는 모습을 잘 그렸다. 개인 소장. 종이에 채색, 가로 33.7센티미터, 세로 26.7센티미터.

간 가는 줄도 모르고 등잔불을 밝혀 밤을 새우면서 토론을 즐겼다.

그들이 특히 관심을 가진 것은 청의 사정이었다. 청의 변화상을 알고 있던 그들은 청에 대해 많은 연구를 했다. 홍대용이 연행에서 경험한 내용은 연암 일파에 큰 자극을 주었다. 선입견에 사로잡혀 청을 배타적으로 보았던 그들과 달리 홍대용은 청을 비교적 객관적인 시각으로 분석했다. 청에서는 여러 지식인과 진정한 우정을 나누었다. 청을 야만시하던 당시에 청의 지식인과 이러한 교분을 나눈 것은 이례적이었다.

박지원, 박제가, 이덕무, 유득공 등 연암 일파의 인물들은 청의 상황을 직접 확인하기 위해 줄줄이 연행에 나섰다. 그리고 청에서 학자들과 교유하고 문물을 견문했다. 평생 한 번 중국에 가 보는 것도 쉽지 않은 일인데 유득공은 세 차례, 박제가는 네 차례, 이희경은 무려 다섯 차례나 중국을 여행했다. 그들 가운데 일부가 청의 문물을 적극 수용해야 한다는 북학론을 제기한 것이다.

북학파 가운데 노론 출신이 많았기 때문에 북학이 마치 노론계의 주장인 것으로 설명되기도 한다. 그러나 북학론이 노론의 전유물은 아니다. 예를 들어 소론 홍양호는 1782년^{정조6} 연행을 통해 청의 발전상을 목도하고 그에 충격을 받아 청 문물의 수용을 건의한 북학론자였다. 『북학의』 서문을 쓴 서명응 역시 소론이었다. 남인인 정약용 또한 북학론자로 분류할 수 있다. 그는 중국에 사행이 계속 이어지고 있지만 중국에서 일용에 필요한 물품을 가지고 왔다는 이야기를 들어본 적이 없다고 지적한 바 있다. 정조도 이용후생에는 중화와 이적을 가릴 필요가 없다며 북학적 인식을 드러냈다. 이처럼 북학은 18세기 후반에 사회적 공감을 얻어 가고 있던 하나의 사상적 추세였다.

북학파가
바라본 청은
어떤 나라였나

청이 건국되었을 때 조선의 지식인은 많은 오랑캐 국가가 그랬듯이 청도 오래지 않아 망할 것이라는 기대 섞인 전망을 하고 있었다. 1644년^{인조 22} 남경에 명의 망명정부가 세워지고 북경에서 도망쳐 온 황족 복왕^{福王}이 옹립되자 조선은 실낱 같은 기대를 걸었다. 하지만 복왕은 미녀 황후를 뽑기 위해 민간의 결혼을 금지시킬 만큼 생각이 부족한 인물이었다. 그런 복왕에게 명의 재기를 기대하는 것은 애초 무리였다. 아니나 다를까 복왕이 즉위한 지 1년 후 남경은 청에 의해 함락되었고 복왕은 도망쳤다. 1646년^{인조 24} 광동에서 다시 황족 주왕^{桂王}이 영력제^{永曆帝}로 추대되었지만 청에 아무런 위협이 되지 못했다.

각지에서 청에 대항하는 움직임들은 그 무렵 모두 격파당했다. 중국 전역에 지배력을 관철시키려는 청의 노력은 철저했다. 17세기 말에는 청에 반기를 든 오삼계 · 상가희 · 정남왕 등 '삼번^{三藩}'과 대만의 정성공^{鄭成功} 등이 진압되어 청은 목적을 이루었다.

내부를 평정한 청은 이후 강희제 · 옹정제 · 건륭제 3대를 거치며 발전을 거듭했다. 특히 건륭제 대는 청의 최전성기였다. 건륭제는 열 번의 원정에서 모두 승리했다고 해 '십전노인^{十全老人}'으로 자처했다. 그는 그 정도로 활발한 정복 전쟁을 벌여 대부분의 전투에서 승리를 거두었다. 이러한 정복 사업의 결과 청은 몽골족과 중앙아시아 민족까지 지배하는 대제국의 면모를 갖추게 되었다.

건륭제는 학문을 진작시키는 데도 관심을 기울여 『사고전서^{四庫全書}』를 편찬하는 성과를 거두었다. 『사고전서』는 1773년^{영조 49}부터 1782년^{정조 6}까지 9년에 걸쳐 수집과 편집 작업을 하고 이후 10년간의 교열 과정을 거쳐 1792년^{정조 16} 약 8만 권의 방대한 분량으로 출판되었다. 『사고전서』 편찬은 만주인에 비판적인 사상을 담고 있는 문헌을 제거한다는 의도가 다분히 내포되어 있었지만, 청의 문화적 역량을 보여 준 대사업이었다. 막강한 군사력과 문화적 능력을 겸비한 청은 분명 강대한 제국이었다.

18세기 지도 「서북피아교계도」에 나타난 책문 압록강과 두만강 주변, 중국과의 접경 지역을 그린 지도에 조선과 청을 연결하는 통로이자 무역이 이루어졌던 책문(원 안)이 표기되어 있다. 국립중앙도서관 소장. 가로 60.4센티미터, 세로 48.5센티미터.

청은 변하고 있었지만 조선 지식인들 가운데는 청에 대한 반감으로 이러한 변화를 인정하지 못하는 이들이 많았다. 1778년^{정조 2} 정사로 연행한 채제공은 그런 실상을 잘 보여 준다. 당시 연행의 공식 목적은 정조의 즉위 사실을 알린 글이 격식에 맞지 않는다고 청에서 문책한 데 대해 해명하는 것이었다. 그러나 채제공의 개인적 관심은 청의 쇠락상을 확인하는 데 집중되어 있었다. 그는 청에 쇠락의 징후가 있을 것으로 확신하고 그 증거를 찾고자 했다. 그런 채제공에게 청의 문물이 평가될 리 없었다. 그는 오로지 조선만이 중화 문물을 간직하고 있다고 자부했고 청의 문물은 오랑캐의 것이라 전혀 볼 만한 것이 없다고 단정했다. 자신의 연행록도 '마음속에 품고 견디며 쓴 기록'이라는 뜻에서 『함인록^{含忍錄}』이라고 지었다. 당시 채제공을 따라갔던 박제가가 다녀와서 『북학의』를 저술한 것을 생각하면 대조적인 모습이 흥미롭다.

북학파는 명에 대한 존숭심은 강했지만 청에 대해 비교적 객관적인 시각을 유지했다. 청을 둘러본 그들은 한결같이 청의 발전상에 놀라움을 금치 못했다. 1765년^{영조 41} 북경을 찾은 홍대용도 그랬다. 그는 조선에서 북경이 번성하다는 이야기를 익히 들었고 선배 김창업의 『가재일기』도 보았기 때문에 발전상을 짐작하고 있었다. 그러나 막상 보니 이 정도일 줄은 생각지도 못했다며 감탄했다. 박지원이 국경인 책문^{柵門} 밖에서 청 쪽을 들여다볼 때부터 받은 충격은 『열하일기』에서 확인할 수 있다.

> 수많은 민가는 대체로 다섯 들보가 높이 솟아 있고 띠 이엉을 덮었는데, 등성마루가 흰칠하고 문호가 가지런하고 네거리가 쭉 곧아서 양쪽까지 마치 먹줄을 친 것 같다. 담은 모두 벽돌로 쌓았고 사람 탄 수레와 화물 실은 차들이 길에 질펀하며 벌려 놓은 기명들은 모두 그림 그린 자기들이다. 그 제도가 어디로 보나 시골티라고는 조금도 없다. …… 이 책문은 중국의 동쪽 변두리임에도 오히려 이러하거늘 앞으로 더욱 번화할 것을 생각하니, 갑자기 한풀 꺾여

'박 선생 중국어 교실' 『**박통사언해**』 한글로 쓴 중국어 학습서이다. 일상생활에 관한 내용을 담았으며, 한자의 글자마다 한글로 중국의 정음(正音)과 속음(俗音)의 발음 표기를 달고, 구절마다 언해문을 붙였다. 고려 말에 지어진 것으로 추정되는 『박통사신석』을 김창조 등이 한글로 풀이했다. 1765년. 국립중앙도서관 소장. 3책.

여기서 그만 발길을 돌릴까 보다 하는 생각에 온몸이 화끈해진다.

─『열하일기熱河日記』

박지원 역시 앞서 연행한 이들로부터 청의 발전상에 대한 이야기를 듣기는 했지만 이 정도일 것으로는 생각하지 못했다. 찬찬히 살펴본 책문 안의 광경은 더욱 놀라웠다. 길 양편에 가게들이 늘어서 있는데 그 화려함은 이루 다 말로 표현할 수 없었고 가게에 진열된 물건은 모두가 진귀한 것들이었다. 집집마다 곡식을 쌓아 두고 있었으며 지나다니는 사람들은 모두 비단옷과 비단신을 신고 있었다. 박지원은 북경에 간들 이보다 더 나을까 하는 생각이 들 정도라고 소감을 밝혔다. 그가 둘러본 청의 문물은 성곽, 포루, 시장, 수레, 다리 등 어느 것 하나 장관이 아닌 것이 없었다.

중국의 번화한 모습을 보면서 박지원은 불현듯 초라한 조선의 모습을 떠올렸다. 하루에 두 끼 먹는 사람도 몇 안 되고, 1년에 무명옷 한 번 입기 힘들며, 짚자리로 이불을 만들어 아이를 키우는 것이 조선의 현실이었다. 모든 면에서 조선과 청은 도무지 비교 자체가 되지 않았다. 이렇게 발전 수준에 차이가 있음에도 불구하고 지금의 청은 옛날의 중국이 아니라고 야만시하는 지식인들의 태도를 비난했다.

청의 발전상에 큰 충격을 받은 박제가와 이희경은 청 문물에 지나치게 경도된 듯한 모습을 풍기기도 했다. 박제가는 당벽[5]이 있다는 평을 들었고, 이희경은 다섯 차례나 다녀오고도 중국을 그리워해 중국을 너무 좋아한다는 비아냥거림을 받기도 했다.

반면 홍대용과 박지원은 그들과 달리 청에 대해 비교적 객관적인 시각을 유지하고자 했다. 사실 18세기 후반의 건륭제 대는 청의 전성기였지만 동시에 정치·사회적으로 느슨해지는 모습이 나타나고 있었음을 염두에 두어야 한다. 당시 청조에는 인구의 폭발적 증가로 사회 전반에 경제

5 **당벽** 중국을 지나치게 좋아하는 버릇.

청 황실의 정원 원명원 북경에 위치한 청 황실 정원으로, 1709년(숙종 35) 강희제가 넷째 아들 윤진에게 하사했고, 윤진이 옹정제로 즉위하자 1725년 황궁의 정원으로 조성했다. 제2차 아편전쟁 중인 1860년(철종 11) 영국·프랑스 연합군에 의해 대부분 불탔다.

적 압력이 가중되는 가운데 행정 체계의 침체, 사치 풍조와 부패의 만연, 각종 반란의 폭발 등 여러 문제가 나타나고 있었다. 그 가운데서도 청조의 쇠락을 보여 주는 단적인 증거는 각종 반란이었다. 18세기 말 들어 청에서는 감숙의 회족回族6 반란을 비롯해 운남·귀주의 묘족苗族7 반란, 호북·사천의 백련교도白蓮教徒8의 난 등이 연이어 일어났다. 그 가운데 백련교도의 난은 1796년청조 20 폭발해 1805년순조 5 진압될 때까지 약 10여 년간 지속되면서 청조 사회의 기반을 흔들었다. 청은 이들 반란을 진압하느라 막대한 인적·물적 자원을 소모해 차츰 쇠락의 길을 걷게 되었다.

청의 발전상 못지않게 문제점을 파악하는 것도 중요했다. 홍대용과 박지원은 청조의 이완 현상에도 주목했다. 연행할 때 정보를 파악하는 임무는 대개 역관이 맡고 있었는데, 그들이 수집한 정보는 신뢰성이 떨어지는 것이 많았다. 역관은 주로 중국측 서반9을 통해 정보를 확보했다. 그런데 서반들은 돈을 벌려고 가짜 정보를 만들거나 큰일이 있는 것처럼 사실을 과장하곤 했다. 사실관계를 알지 못한 역관은 사신에게 정보를 그대로 전하고 사신은 조선에 돌아와 국왕에게 잘못된 사실을 보고했다. 홍대용, 박지원 등은 역관을 통한 이 같은 정보 수집 방식의 문제점을 잘 알고 있었다. 그래서 청조 인사들과 직접 접촉하는 등의 방식으로 정확한 상황을 파악하고자 했다.

홍대용과 박지원은 건륭제 대의 정치에 대해 비판적이었다. 홍대용은 북경의 원명원圓明園을 구경한 뒤 기존의 궁궐이 있음에도 불구하고 화려하고 웅장한 정원을 새로 세운 것으로 보아 강희제의 어진 정치도 거의 식은 것 같다고 비판했다. 열하의 피서산장을 방문한 박지원도 비판 대열에 합류했다. 강희제가 피서산장을 만든 것은 몽골 등 북방 민족이 함부로 움직이지 못하도록 하기 위해서였는데, 건륭제는 이곳

6 **회족** 이슬람교를 뜻하는 회교를 믿는 종족으로 회회(回回), 회흘(回紇) 등으로도 불렸다.
7 **묘족** 중국의 호남성·운남성 등에 흩어져 사는 소수민족.
8 **백련교도** 백련교는 중국 남송 대에 만들어진 비밀 종교로 미륵불이 내려와 천지를 개벽하고 이상 세계를 건설할 것이라고 주장했다.
9 **서반** 중국 명청 대 외국에 대한 사무나 조공의 업무를 관장하던 홍려시(鴻臚寺)에 소속된 벼슬아치.

02. 꿈을 꾸는 사람들 |

청 황제의 여름 궁전 피서산장 중국 승덕에 있던 청의 이궁(離宮)으로 강희제 대에 착공해 옹정제를 거쳐 건륭제 대에 완성했다. 여름에는 황제의 집무를 이곳에서 보았다. 120여 채의 건축물로 구성되었으며, 총면적은 5.6제곱킬로미터, 담장 둘레는 10킬로미터에 달한다. 1994년에 유네스코 세계 문화유산으로 등재되었다.

을 찾아 방탕하게 즐길 뿐이라 비판한 것이다. 그는 또 건륭제가 오래 재위하며 권세를 한 손에 쥐고 있어 신료들 모두 그때그때 꾸며 대며 황제의 비위를 맞추는 데만 열중하고 있다고 신료들의 태도도 지적했다.

이와 관련해 박지원은 화신和珅이라는 인물을 주목하기도 했다. 화신은 부친에 이어 황궁의 경비를 맡다가 건륭제의 눈에 들어 1775년영조 51 군기대신으로 발탁된 후 건륭제가 사망한 1799년정조 23까지 막강한 권력을 행사했다. 박지원은 화신이 황제에 아부하며 권력을 휘두르던 실상을 정확히 파악하고, 청의 정치가 독단적인 황제와 그 비위를 맞추는 데 급급한 신료들에 의해 운영되고 있다고 본 것이다.

홍대용과 박지원은 청의 사회상도 예리하게 관찰했다. 홍대용은 특히 유행이던 사치 풍조를 주시했다. 그도 박지원처럼 원명원을 보고 건륭제의 사치를 감지했다. 잠깐의 쾌락을 위해 돈을 쓰는 불꽃놀이, 손님을 끌기 위해 화려하게 장식한 술집, 손을 대기만 하면 부서질 것 같은 아이들 장난감 등을 통해 민간에 사치 풍조가 만연해 있다는 것을 보았다. 정월에 함께 행하는 등불놀이와 불꽃놀이는 대단한 구경거리로 묘사되는 것이 일반적인데, 홍대용은 이를 사치스러운 놀이라고 비판했던 것이다.

홍대용은 머리를 깎아 주거나 귀지를 파 주는 자들이 있는 것을 보고 어려워진 백성의 삶을 짐작했다. 남에게 부림당하는 것을 달게 여기며 천한 일을 꺼리지 않는 것은 오랜 평화로 인구가 많아져 생활이 어려워졌기 때문이라는 것이다. 홍대용은 또 해질 무렵 행인의 발길이 뜸해지면 여자와 어린아이들이 길에 나와 먼지를 키질해 사람들이 흘린 물건을 줍는 모습도 보았다. 그는 이것만으로도 살림살이의 어려움과 인구의 많음을 알 수 있다고 했다. 실제로 18세기 후반 청은 인구의 증가가 큰 문제로 대두하고 있었다. 홍대용의 분석이 얼마나 예리했는지 짐작할 수 있는 대목이다.

18세기 북경의 번화한 모습을 그린 「연경성시도」 청 수도 북경을 그린 지도이며, 연경은 북경의 별칭이다. 도성과 궁궐, 좌우대칭의 가로망과 건물이 상세하게 그려져 있다. 1790년. 국립중앙도서관 소장. 가로 63.6센티미터, 세로 107센티미터.

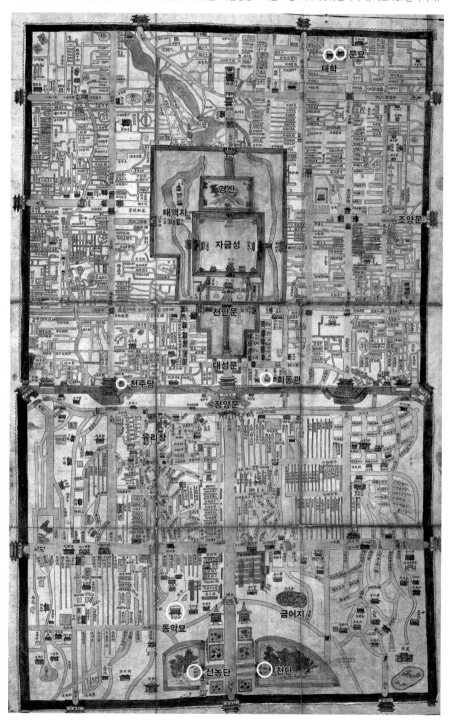

북학파는
조선을 어떻게
바꾸려 했는가

박제가가 1778년 첫 번째 중국 여행에서 돌아온 직후 저술한『북학의』는 북학파의 교과서라 할 수 있다. 박제가는『북학의』서문에서 이렇게 탄식하고 있다.

"현재 백성의 생활은 날이 갈수록 곤궁해지고 국가 재정은 날이 갈수록 고갈되고 있는데 사대부가 어찌 수수방관하고 구제하지 않겠는가?"

그가 책을 쓴 기본적인 의도는 조선의 낙후된 현실을 개혁하는 데 있었음을 알 수 있다. 선배 박지원은『북학의』가『열하일기』와 조금도 어긋난 것이 없어 한 사람의 작품으로 의심할 만하다고 평가한 바 있다. 그런 박지원 역시『북학의』에 붙인 서문에서 사농공사의 사민四民이라는 것이 겨우 명목만 있고 이용후생하는 재원財源이 날로 곤궁해지는 것은 학문하는 도를 모르기 때문이라며 사대부들의 의식 전환을 촉구했다. 북학파가 추구한 북학의 성격은 박지원의 다음 글에 잘 나타나 있다.

> 법이 좋고 제도가 아름다우면 아무리 오랑캐라 할지라도 떳떳하게 스승으로 섬겨야 한다. 하물며 그 규모의 크고 넓음과 마음가짐의 정밀하고 자세함과 모든 제작의 크고 원대한 것과 문장의 빛남이 아직도 하·상·주 삼대 이래 한·당·송·명의 옛 법이 남아 있음에랴.
> ─『북학의』의 박지원 서문

이처럼 이용후생에 도움이 된다면 오랑캐의 것이라도 받아들여야 한다는 것이 박지원의 생각이었다. 그런데 청 문물은 중화 문명을 계승한 것이므로 더더욱 적극적으로 받아들여야 한다고 굳이 부연한 것이 눈에 띤다. 그 이유는 분명하다. 당시 청 문물에 대해 부정적인 인식을 가지고 있는 이들을 의식했기 때문이다.

어떤 이가 열렬한 북학파 이희경에게 중국을 왜 그렇게 좋아하냐고 물었다. 그때 이희경이 첫 번째 이유로 든 것은 청 문물이 선왕들로부터 물려받은 풍속이라는 점이

북학파의 교과서 『북학의』 박제가가 1778년(정조 2) 청의 풍속과 제도를 시찰하고 돌아와 그 견문을 쓴 책. 청을 본받아 상공업을 발전시키고 농경 기술과 농업 경영을 개선해 부를 증대하자고 주장하고 있다. 내편에서는 일상생활에 필요한 모든 기구와 시설에 대한 개선 방안을, 외편에서는 정치·사회 제도의 개혁 방안을 제시했다. 규장 각한국학연구원 소장. 2권 1책.

었다. 그러자 질문한 사람은 명이 망하고 오랑캐가 판을 친 지 이미 수백 년이 되었는데 어디에서 선왕들이 남긴 풍속을 찾을 수 있느냐고 반문했다. 북학을 주장하려면 청 문물 자체를 인정하지 않는 이러한 인식의 벽을 넘어야 했다.

이희경은 명청 교체를 큰 도둑^{이자성}이 갑자기 들이닥치는 바람에 주인^명이 집을 버리고 도망치자 먼 곳에서 온 용기와 힘이 출중한 자^청가 도둑을 쫓고 처자식을 데리고 와 거주하게 된 상황으로 비유했다. 청은 명을 멸망시킨 주범이 아니라 오히려 명에 침입한 도적 이자성^{李自成10}을 내쫓아 준 존재라는 것이다. 그리고 빈집을 차지한 청이 전 주인 집의 기구와 법도가 훌륭한 것을 보고 감탄해 하나도 바꾸지 않고 그대로 사용하고 있다고 설명했다. 청 문물이 다름 아닌 중화 문물이라는 것이다. 박지원, 박제가, 이희경 등은 하나같이 청 문물이 중화의 유제를 간직한 것이라 강조하면서 청 문물을 수용해도 될 근거를 마련했다.

북학파는 청의 다양한 문물에 관심을 기울였다. 박지원은 중국을 여행하면서 사소한 것 하나도 그냥 지나치지 않았다. 예컨대 그동안 그렇게 많은 사람들이 연행했지만 아무도 거들떠보지 않았던 시골 마을의 우물까지 주목했다. 사람이 빠지거나 먼지가 들어가는 것을 막기 위해 설치한 뚜껑, 물통을 끌어올리는 도르래 장치, 헐거워지는 것을 방지하기 위해 둘레에 쇠테를 두른 물통에 이르기까지 모두가 관찰 대상이었다. 작은 기와 조각을 이용해 아름다운 문양을 낸 담장, 거름으로 쓸 말똥을 줍기 위해 삼태기를 들고 말 뒤를 졸졸 따라다니는 중국인의 모습도 그냥 지나치지 않았다.

박지원이 관심을 가졌던 것은 물품 그 자체가 아니라 사소한 것도 함부로 하지 않는 치밀한 중국인의 태도였다. 그는 조선인에게 인식의 전환을 촉구했다. 조선은 길이 좁아 수레를 사용할 수 없다는 주장에 대해 길이 좁아 수레를 사용하지 못하는 것이 아니라

10 **이자성** 명 말에 농민반란을 주도해 1644년 대순(大順)을 세우고 북경을 점령해 명을 멸망시켰으나 오삼계와 청 연합군에 패했다.

'중국원류설'을 본격 제기한 소론 북학파 서명응 세손 시절 정조를 위기에서 구한 서명선의 형으로, 정조의 학문 수련에 큰 도움을 주었다. 정조 즉위 직후 규장각 제학(提學)에 첫 번째로 임명되어 규장각 운영에 절대적인 영향을 끼쳤다. 농업을 중심으로 한 이용후생의 학문을 펼쳤다. 저서에 『보만재총서』, 『고사신서』 등이 있다. 초상은 일본 덴리대학교 소장.

수레를 사용하지 않아 길이 좁은 것이라고 반박한다.

북학파는 청 문물뿐 아니라 서양 문물도 수용하려 했다. 이용후생에 도움이 되는 것이라면 무엇이든 받아들여야 한다는 것이 그들의 주장이었으니 서양 것이라고 해서 문제될 일은 없었다. 그런데 18세기 후반에는 천주교가 들어오면서 서양 문물을 부정적으로 보는 이들이 적지 않았다. 그러자 북학파는 청 문물이 중화의 옛 제도를 계승한 것이므로 수용해야 한다는 것과 같은 논리를 서양 문물에도 적용시켰다. 이른바 '중국원류설'이 그것이다. 서양 천문·역법의 많은 부분이 고대 중국의 성과를 계승한 것이라는 주장이다. 즉 주가 멸망하면서 천문·역법을 담당하던 관리들이 세계 각지로 흩어졌는데 이들이 서양에도 들어가 서양의 천문·역법을 발전시켰다는 것이다. 중국원류설은 이미 중국에서 서학을 수용하는 데 따른 반감을 줄이는 중요한 역할을 한 바 있었다. 북학파는 바로 그 설을 활용해 서학을 수용하고자 한 것이다.

조선에서 중국원류설을 본격적으로 내세운 인물은 서명응이다. 『북학의』 서문을 쓰기도 했던 서명응은 서양의 천문·역법이 본래 중국에서 건너간 것이므로 이를 수용하는 데 아무런 문제가 없다고 주장했다. 서명응 이후 여러 지식인들이 '중국 원류설'을 근거로 서학 수용의 정당성을 내세웠다. 사실 중국원류설은 근거가 미약한 것이었지만 지식인 사이에 널리 유포되고 있었다.

북학파는 서양의 과학기술은 인정했지만 천주교에 대해서는 매우 비판적이었다. 홍대용은 천주교에 대해 유가의 '상제^{上帝}'[11]라는 이름을 훔치고, 불가의 윤회설로 치장한 것이라고 비판한 바 있다. 박지원 역시 "지나치게 높고 먼 곳에 서서 교묘한 데로 치우친 설교를 늘어놓아 하늘과 사람을 속이는 죄과에 귀착하고 의리와 윤리를 손상시키는 구렁에 저절로 빠지는 줄 모르고 있다."라고 천주교의 문제점을 지적했다.

11 **상제** 중국 고대에 모시던 하늘의 신.

천주교를 배척하고 서양 과학기술은 취하자고 주장한 소론 북학파 홍양호 두 차례에 걸쳐 북경에 다녀오면서 청의 석학들과 교유해 이름을 날리고, 고증학을 수용하고 보급하는 데 기여했다. 1799년 홍문관과 예문관의 대제학을 겸임하는 최고의 영예를 누렸다.

북학파는 천주교와 분리해 서양의 과학기술 성과만을 선택적으로 수용할 수 있다고 보았다. 홍양호는 "서양인의 재주는 취하고 천주교는 배척해 세교世教12에 해가 되지 않게 하면 될 것이다."라고 했고, 박제가도 "서양인의 열 가지 기예를 배우고 포교하는 한 가지만 금하면 득이 된다."라고 주장했다.

서양 종교와 과학기술이 분리될 수 있다고 본 것은 매우 중요한 의미가 있다. 성리학에서 자연은 철저히 윤리적 관심에 종속되어 있었다. 예를 들어 주자는 '공부는 처음 시작이 어렵지 그다음부터는 쉬워진다'는 견해를 뒷받침하기 위해 '일단 수레가 움직이기 시작하면 계속 움직이게 하는 데 별로 큰 힘이 필요하지 않다'는 점을 근거로 들었다. 또 선善에 조금이라도 악惡이 뒤섞이면 선이 완전히 망가진다는 것을 강조하기 위해 '금이 소량의 은과 섞이면 금 전체가 금으로서의 가치를 상실한다'는 사실을 이용했다. 이처럼 성리학자들에게 자연은 인간이 지향해야 할 가치를 확인하기 위한 도구로 이해될 뿐이었다.

그러나 자연계와 인간 세계가 같을 수는 없다. 북학파는 바로 이 점을 차츰 이해하게 되었던 것이다. 그들은 도덕·윤리의 영역과 과학기술의 영역을 분리해 도덕·윤리는 성리학을 통해 함양하고, 과학기술은 서양의 성과를 받아들여 발전시켜야 한다고 보았다. 이는 의리와 경세를 동시에 추구해야 한다는 그들의 평소 지론과 상통하는 것이었다.

북학파는 청이나 서양의 문물을 체계적으로 수용하는 방안을 구상했다. 정약용도 『경세유표』에서 북학을 관장하는 이용감利用監이라는 부서를 설립해 농기農器 · 직기織機, 베 짜는 기구 · 병기兵器 등 실용에 관계되는 모든 기구의 학습에 관한 일을 전담하게 해야 한다고 주장했다. 박제가는 서양 선교사를 초빙해 이용후생과 관련된 갖가지 기술을 젊은이들에게 가르치도록 하

12 **세교** 세상을 살아가면서 얻은 교훈.

목홍공과 겸가당 겸가당(겐카도)은 목홍공(기무라 히로야스)이 지은 외국 인사 접대용 저택의 이름. 술 장사로 많은 재산을 모은 뒤 오사카 나니와에 겸가당을 짓고 나라 안팎의 문인과 교류했는데, 1년 접대 비용이 수천 금에 이르렀다. 겸가당은 벽에 중국 선비들의

자고 건의했다.

북학파의 주장 가운데 가장 주목되는 것은 해양 통상론이다. 박지원은 "오늘날 백성의 근심과 국가의 계책은 오로지 재부財賦에 달려 있다."라면서 조선은 배가 외국과 통하지 않고 수레가 국내에 다니지 않기 때문에 생산된 재부는 항상 일정한 수량밖에 없는 상황이라고 비판했다. 그는 『허생전』에서 가상의 인물 허생을 내세워 외국과 선박으로 통하지 못해 가난을 면치 못하는 현실을 개탄한다. 그리하여 허생으로 하여금 일본 나가사키와 무역을 함으로써 많은 이익을 취하게 해 간접적으로 동아시아 무역권에 참여할 필요성을 강조하기도 했다.

북학론자들은 특히 중국의 강남 지방[13]과 통상을 해야 한다는 '강남통상론'을 주장했다. 박지원은 고려 때까지만 해도 송의 교역선이 예성강에 들어와 그로부터 서적과 각종 기물을 수입했지만, 조선은 뱃길로 강남과 통상하지 못해 문헌에 캄캄하다고 지적했다. 반면 일본은 중국의 강남과 통상해 번성하고 있다는 것이다. 일본은 강남과 통상해 명 말년에는 각종 서화·서적·약료가 나가사키에 폭주했다고 한다. 그 결과 겸가당兼葭堂 주인 목홍공木弘恭과 같이 3만 권의 서적을 소장하고 중국의 명사와 많은 교제를 하는 인물도 있다고 지적했다. 목홍공은 본래 기무라 히로야스라는 오사카 상인으로 문화 활동을 주도한 인물이었다. 그는 1764년영조 40 통신사 일원으로 건너간 성대중에 의해 조선에 소개된 바 있다.

박지원은 조선이 일본에 경제적·문화적으로 뒤처지고 있다는 위기감을 느끼고 있었다. 정약용 역시 일본이 중국의 강남과 직접 교류하면서 좋은 책을 모두 구입해 간 결과 일본의 학문 수준이 조선을 능가하게 되었다고 보았다. 또 일본이 중국으로부터 물품의 제조법까지 배워 가 공장工匠의 기술이 중국과 대등해져 부국강병을 달성했다고 하면서, 수백 년 이전의 기

13 강남 지방 중국 양쯔 강 이남 지역.

시편이 걸려 있었고, 억새꽃과 갈대 숲이 어울려 바람이 불면 비파 타는 소리가 나며, 안개 속에 끝없이 바라보이는 수평선 위로 배들이 오가는 경치가 장관이었다고 한다. 「겸가당아집도」(위)는 목홍공과 그의 동인들이 그림을 그리고 시를 지어 성대중에게 선물한 것이다. 겸가당의 모습과 동인들의 모임 장면이 담겨 있다. 국립중앙박물관 소장.

예를 그대로 사용하고 있는 조선의 현실을 개탄했다.

북학파는 세계 각국의 문물이 집결되는 곳으로 중국의 강남을 주목하고 조선도 강남과 통상할 것을 주장했다. 가장 적극적으로 강남통상론을 편 인물은 박제가였다. 그는 『북학의』 중 「통강남절강상박의通江南浙江商舶議」에서 조선과 같이 작고 가난한 나라가 부강해지기 위해서는 반드시 먼 지방의 물자가 통해야 하고, 물자를 통할 수 있는 방법은 뱃길을 이용하는 것뿐이라며 다음과 같이 주장했다.

중국은 승평 무사하게 백여 년을 지내 왔으며 우리나라를 공손하고 다른 뜻이 없다고 여기는 터이니 좋은 말로 "일본·유구·안남지금의 베트남·서양 나라들이 모두 민중閩中·절강浙江·교주交州·광동廣東 등 지역에서 교역하니 우리도 그 여러 나라와 같이 교역하기를 원한다."라고 하면 저들은 반드시 의심하지 않고 허락할 것이다.

북학파가 제기한 강남통상론은 육로를 통한 기존의 조공적 통교 방식에서 벗어나 해양을 통한 국제무역에 동참할 것을 주장했다는 점에서 주목할 만한 것이다.

18세기 중국 강남의 통상항구 1757년부터 1842년까지 중국의 대외무역은 강남 지역의 광주에서만 이루어졌다. 사진은 광주에 있던 서양 상인들의 상관이다.

연행사燕行使의 길 서울에서 북경까지

연행사는 청의 수도 연경燕京, 북경에 간 사신이라는 의미이다. 청이 수도를 연경으로 옮긴 1645년부터 조선에서는 연 1회 정기 사행을 보냈다. 사행단은 사대문서事大文書와 조공품을 가지고 가서 조공과 회사回謝 형태로 이루어지는 연행 무역을 행하고

돌아왔고, 돌아오는 사행단과 함께 청의 발전된 문화와 문물이 조선으로 들어왔다. 특히 정조는 연행에 깊은 관심을 가졌다. 연행사에게 자세한 보고를 받아 정보를 얻고, 이 정보를 국가 운영에 다양하게 활용했다. 1789년정조 13에는 아끼는 신하이자 뛰어난 화원인 김홍도를 연행사 일원으로 파견해 연행길을 그려 오게 했다. 김홍도가 그린 것으로 전하는 『연행도』와 함께 연행사의 길을 따라가 보자.

1 연행사가 북경에 이르기 전 영원위에서 산해관에 이르는 노정을 『연행도』의 제2폭에서 6폭에 그렸다. 이 지역을 중요하게 여긴 이유는 명에 대한 의리와 명분이었을 것으로 여겨진다.

❶ 『연행도』 제2폭 「구혈대」 구혈대라는 지명은 명 말에 청 태종 홍타이지가 원숭환의 공격에 10만 명에 가까운 군사를 잃고 울분을 참지 못해 이곳에서 피를 토했다는 고사에서 유래했다.

❷ 『연행도』 제3폭 「만리장성」 봉수 돈대와 자연지세를 따라 길게 뻗어 있는 장성의 형세가 매우 웅장하다.

❸ 『연행도』 제4폭 「영원패루」 영원성 안에 세운 명장 조대수와 조대락의 석패루 두 좌를 그렸다. 석패루는 이들 종형제가 명 장수로 후금과 대치하며 관문 밖을 지킨 공을 기리기 위해 세운 것이다. 사람이나 가옥의 크기와 비교했을 때 실제보다 높게 과장되었다. 패루의 위용이 생생하게 느껴진다.

❹ 『연행도』 제5폭 「산해관」 산해관 동쪽 나성의 천하제일관을 그린 것으로 추정된다. 사절단이 산해관을 향해 해자 위 다리를 막 건너 진입하는 모습을 자세하게 그렸다.

❺ 『연행도』 제6폭 「망해정」 바다로 돌출된 노룡두 장성 끝에 있는 2층 누대인 징해루를 그린 것이다.

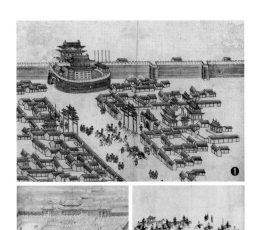

2 제7폭에서 제9폭까지 북경에 도착해 체류 중 행한 공적 활동 공간을 그렸다. 사절단은 『사고전서』, 관상대, 흠천감 등을 살펴보며 청의 학문과 문화의 발달 수준을 목격했고, 서양인들을 직접 만나 유럽에 대해 견문을 넓혔다.

❶ 『연행도』 제7폭 「조양문」 북경성의 동문인 조양문을 중심으로 동악묘(東嶽廟)와 일단(日壇)을 그렸다. 조양문 앞은 조선 사절이 성문에 도착하면 한나절이 지나서야 갈 수 있을 정도로 번화했다.

❷ 『연행도』 제8폭 「태화전」 자금성의 정전이며, 매년 정월 초하루에 외국 사신들과 청 번방 사신들이 황제에게 신년을 하례하는 조참례가 열렸다. 태화전 광장에는 두 줄로 청동의 품석이 있다. 정조는 창덕궁의 정전 앞에 품계석을 설치해 탕평 국왕으로서 관료들의 질서를 바꾸려는 구상을 드러냈다.

❸ 『연행도』 제9폭 「조공」 조선 사절단의 정원이 정복을 갖춰 입고 황제의 봉여(鳳輿, 가마)를 맞아 지영(祗迎)하는 모습으로 추정된다. 배경을 생략하고 인물만 집중했으며, 사절단의 복식은 물론 외교 의례를 잘 보여 준다.

3 제10폭에서 제14폭까지 북경의 유람 장소를 그렸다. 사절단은 청 학자들과 교유하고, 북경의 명소와 사적을 방문했다.

❶ 『연행도』 제10폭 「벽옹」 국자감 내에 있는 중심 전각으로, 중국의 유교적 학문 전통을 볼 수 있는 곳이다. 도포 차림에 흑립을 쓰거나 군관의 복식을 착용한 인물들이 구경을 하고 있다.

❷ 『연행도』 제11폭 「오룡정」 북해의 태액지에 임해 있는 다섯 정자와 맞은편 석교를 그렸다. 정자 사이를 다리와 난간으로 연결해 그 형태가 마치 수중에서 용이 꿈틀거리는 듯하다고 해 오룡정이라 했다.

❸ 『연행도』 제12폭 「정양문」 정양문 전루와 성루, 황성의 최남단 대문인 대청문을 그렸다.

❹ 『연행도』 제13폭 「유리창」 북경 유리창 시사(市肆)의 화려한 전루와 번화한 거리를 그렸다. 중국의 서적들이 이곳으로 집적되어 거대한 서적 시장이 형성되었다. 조선 사절들은 이곳에서 서적을 대량 구입했으며, 청의 수재나 학자들과 필담을 나누었다. 조선에서는 볼 수 없는 낙타와 독특한 수레도 그려져 있다.

❺ 『연행도』 제14폭 「서산」 청의원의 만수산 일대 화려한 건축군과 곤명호를 둘러싼 경물을 그렸다.

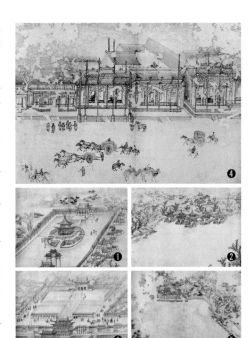

2.
수표교에 부는
하늬바람

丁若鏞先生肖像

貴事永是創始
收民終去大聖

대학자이자 천주교도였던 정약용 18세기 실학 사상을 집대성한 실학자이자 관료. 경세치용과 이용후생이 종합된 개혁 사상을 펼쳤고, 개혁을 통해 부국강병을 이루고자 했다. 배다리와 기중기 등을 설계하는 등 과학자와 관료로도 재능을 펼쳤으나, 정조 사후 정계에서 완전히 배제되어 기나긴 유배 생활을 했다. 20대 초반에 서학에 심취해 천주교도가 되었다. 제사 문제와 정조의 회유로 천주교와 결별했지만, 천주교가 문제가 될 때마다 어려움을 겪었다. 초상은 개인 소장. 종이에 채색. 가로 53.5센티미터, 세로 91.5 센티미터.

북학파가 청 문물에 대한 관심에서 중국을 방문하던 그때 다른 이유로 청을 찾는 이들이 있었다. 1783년[정조7] 동지사의 서장관으로 연행한 부친 이동욱을 따라 북경에 다녀온 이승훈이 그러한 인물이었다. 그가 중국에 간 목적은 천주교를 수용하기 위한 것이었다. 북경에 간 이승훈은 예수회 선교사 그라몽 신부에게 세례를 받고 한국인 최초의 영세자가 되었다.

흥미로운 것은 이 시기 천주교에 관심을 갖고 천주교를 받아들인 이들이 대부분 남인이었다는 사실이다. 앞서 이야기했듯 노론 계열 북학파는 서양 과학기술의 수용에는 적극적이었지만 천주교에 대해서는 비판적이었다. 반면 일부 남인은 천주교에 관심을 갖고 교리를 연구했고 나아가 천주교를 신앙으로 받아들였다.

남인은 어떻게 천주교를 받아들이게 된 것일까? 이 점을 이해하기 위해서는 남인의 학문 성향을 검토할 필요가 있다.

남인은 선조 대 붕당정치기에 동인에서 갈라져 나왔다. 당시 남인은 이황의 문인을 중심으로 결집해 있었다. 이후 남인은 경상도 지방을 세력 근거지로 하고 있던 영남남인과 중앙에서 관직 생활을 하며 생활 근거지를 서울 주변의 경기 일대로 옮긴 근기남인으로 다시 분화되었다. 1694년[숙종20] 갑술환국으로 남인은 서인에게 결정적으로 패해 정계에서 밀려났다. 이 과정에서 영남남인은 이현일을 중심으로 뭉치고, 근기남인은 허목과 이익을 중심으로 결집했다. 영남남인은 벼슬을 하지 않고 지방 지식인으로 있으면서 심성론[1]과 예론 연구에 집중하는 등 보수적 주자학풍을 유지하고 있었다. 그에 반해 근기남인은 전통 주자학과는 다른 독특한 학풍을 형성해 갔다.

정조 대에 근기남인을 정치적으로 지원한 채제공에 의해 근기남인의 학통은 정구-허목-이익을 계승하는 것으로 정리되었다. 근기남인의 학풍이 형성되는 과정에서 실제 중요한 영향을 미친 인물은

1 **심성론** 성리학에서 인간의 심(心)과 성(性)에 대한 이론 공부.

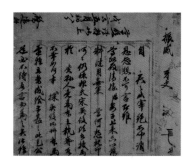

근기남인의 학통 형성에 큰 영향을 끼친 유형원의 필묵 유형원은 자신의 저서 『반계수록』에서 과거제 및 신분제, 경제 제도, 군사 제도 등 다방면에 걸쳐 개혁을 주장했다. 이러한 개혁은 실행되지 못했으나 실학을 학문의 위치로 자리 잡게 했고, 노론에도 큰 영향을 끼쳤다. 성균관대학교박물관 소장.

허목이다. 허목은 서울 출신으로 만년에는 경기도 연천에서 생활하고 숙종 대에는 산림으로 정계에 들어가 정승의 반열에 올랐다. 그가 정구의 문하에서 공부한 것은 몇 달 안 되지만 숙종의 의지로 정구의 수제자 위치에 올랐다.

윤휴와 유형원은 근기남인의 학통 상에는 나타나지 않지만 근기남인의 학풍 형성에 중요한 영향을 끼친 인물이다. 경기 여주에서 청장년기를 보낸 윤휴는 서인 송시열 중심의 예론에 맞서 남인의 이론가로 활약했다.

유형원은 서울 출신으로 생애의 대부분을 전라도 부안에서 보냈으나 젊은 시절에는 경기도 지평^{지금의 양평}과 여주 등지를 전전한 바 있다. 그는 허목의 문인은 아니었지만 1665년^{현종 6} 연천에 있던 허목을 찾아 토론을 나눈 일이 있었다. 또 이후에도 서신을 통해 의견을 교환하고 이듬해 다시 허목을 방문하는 등 계속 교분을 나누었다. 허목은 유형원을 보고 '왕을 보좌할 수 있는 인재'라고 칭찬을 아끼지 않았다고 한다. 한편 유형원은 이익과 내외종 형제간이기도 하다. 어린 시절 유형원은 외삼촌 이원진으로부터 학문을 배웠는데 이원진은 이익의 당숙이었다. 이익은 자신이 가장 존경한 인물로 이이와 함께 유형원을 꼽았다.

근기남인의 학문이 형성되는 과정에서 중요한 역할을 한 허목, 윤휴, 유형원은 모두 본래 북인이었지만 남인으로 바뀐 집안 출신이라는 공통점이 있다. 허목의 집안은 본래 소북계인데 인조반정으로 북인이 몰락하자 남인에 편입되었다. 그의 부친은 서경덕의 제자인 박지화에게 학문을 배웠고, 허목도 부친의 임지인 경상우도² 지역을 따라다니며 조식의 학문을 흡수했다. 이런 인연 때문에 허목은 조식의 신도비문을 짓기도 했다. 윤휴의 부친 윤효전은 서경덕의 학맥을 이은 대표적 북인 가운데 한 사람이었다. 유형원은 광해군 복위를 도모했다는 혐의를 받고 죽은 유흠

2 **경상우도** 경상도 지방의 행정구역을 동과 서로 나눌 때 낙동강 서부 지역을 가리키는 말. 국왕이 있는 서울에서 볼 때 서쪽이 오른쪽이라 그렇게 불렀다.

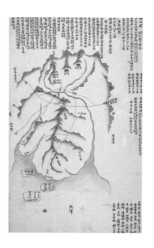

성호 이익이 살던 안산의 옛 지도 『해동지도』에 실린 안산부 지도이다. 동쪽을 지도의 상단에 배치해 가장 위 수리산의 맥이 맨 아래 소릉터까지 이어지고 있다. 관청 건물과 향교가 그려져 있고, 도로는 붉은 선으로 표시되어 있다. 18세기 중반. 규장각한국학연구원 소장. 가로 30센티미터, 세로 47.5센티미터.

의 아들이었다.

본래 북인은 전통 성리학과는 다른 학풍을 견지하고 있었다. 그래서 근기남인 역시 그러한 영향을 다분히 받았다. 근기남인의 학문적 태도에서 가장 특징적인 점은 서인, 나아가 노론의 주자학 일변도 학풍에 반발했다는 사실이다. 이는 사서四書에 주자가 달아 놓은 주석을 읽을 필요가 없다고 주장한 윤휴의 태도에서 단적으로 드러난다. 서인이 사서를 중시하며 주자의 해석을 철저히 따른 데 반해 근기남인은 원시 유학이라 할 수 있는 육경六經 고학古學3을 공부하는 것을 중시했다. 허목은 육경을 중요하게 여겨 육경 고문古文이야말로 유학의 근본이 된다고 강조했고, 윤휴 역시 고학을 중시하는 입장이었다. 육경 중심의 학문 성향은 유형원, 이익 등 근기남인 계열 학자들에게 계승되면서 영남남인과도 구분되는 학풍으로 자리 잡았다.

육경을 중시했다는 것은 하·상·주 삼대三代를 이상으로 설정했음을 의미한다. 근기남인 학자들은 기본적으로 삼대의 정치를 실현하는 것을 목표로 삼았으며 그러한 목표를 실현하기 위해 국왕을 정점으로 한 통치 체제의 정비, 토지제도의 개혁 등 일련의 개혁안을 제시했다.

이러한 근기남인의 학문은 이익에 이르러 꽃을 피웠다. 이익의 가문 역시 북인에서 전향한 집안이었다. 이익은 학통상으로는 허목의 후계자로 되어 있으나 허목에게 직접 학문을 배운 적은 없었다. 다만 이익의 할아버지 이지안과 허목이 동문이고 이익의 부친 이하진과 허목의 정치적 입장이 같았다. 이익은 둘째 형 잠이 당쟁에 연루되어 옥사한 일을 계기로 출세를 단념하고 경기 광주 첨성리^{지금}의 안산에 칩거해 평생을 학문 연구에만 몰두했다.

이익의 학문에 감명을 받은 많은 이들이 문하에 모여들면서 1720년^{숙종 46}을 전후해 하나의 학파가 형성되었다. 이익

3 육경 고학 육경은 『시경(詩經)』·『서경(書經)』·『역경(易經)』·『악경(樂經)』·『예기(禮記)』·『춘추(春秋)』 등 유학 경전을 말하며, 이러한 원시 유학 경전을 공부하는 것을 고학이라고 한다.

『**직방외기(職方外紀)**』 명 말 중국에 들어온 예수회 출신 이탈리아 선교사 알레니가 한문으로 저술한 인문지리서이다. 아시아에서 시작해 유럽, 아프리카, 아메리카, 메가라니카(당시 남쪽에 있다고 추정했던 대륙), 해양에 관한 내용을 담고 있다. 유럽을 비롯한 세계 각국의 정보를 담고 있어 동아시아 지식인들에게 큰 영향을 미쳤다.

의 수제자인 안정복을 비롯해 윤동규, 신후담, 이병휴 등이 이익의 문하에서 공부하거나 이익과 교유한 인물로 모두 남인이었다. 정약용이 "우리들이 능히 천지가 크고 일월이 밝은 것을 알게 된 것은 모두 이 선생의 힘이다."라며 이익의 학문을 기린 데서 볼 수 있듯 이익은 근기남인의 정신적 지주였다.

이익은 근기남인 선배들의 학풍을 계승하는 한편 학문의 폭을 크게 확장시켰다. 이익이 학문의 폭을 확장할 수 있었던 것은 18세기 이후 조선과 청의 관계가 안정되면서 청을 통해 활발히 들어오던 서학의 성과를 수용했기 때문이다. 이익은 부친이 중국에서 구해 온 다량의 서적을 보유하고 서울 주변에서 거주해 지속적으로 최신 서적을 입수할 수 있었다. 그가 열람한 것으로 확인되는 서학서만 해도 『직방외기^{職方外紀}』, 『천주실의^{天主實義}』, 『칠극^{七克}[4]』 등 16종에 달했다.

이익은 천문·역법·지리 등을 중심으로 서양 과학기술에 관심을 갖고 그러한 성과를 적극 수용하고자 했다. 그는 서양의 천문·역학에 대해 성인이 다시 태어나도 마땅히 그것을 따를 것이라고 하며 그 가치를 인정했다. 이익은 지원설^{地圓說}[5]을 이해하고 있었고 그 결과 '중국이 대지 중의 한 조각 땅에 지나지 않는다'는 인식에 도달했다. 또 서양의 인문지리서인 『직방외기』에 대해서도 서양인들이 세계를 직접 돌아다니며 관찰한 것이므로 내용이 정확할 것이라고 인정했다. 이러한 이익의 영향으로 그의 문인들도 서양 과학기술에 대해서는 대체로 호의적인 태도를 취하고 있었다.

이익은 천주교에도 관심을 보였다. 특히 처음에는 천주교를 긍정적으로 인식했다. 제자 신후담이 천주교를 전면 배척하자 이는 지나친 태도라고 경계한 바 있다. 이익은 『천주실의』를 읽은 후 "그 학문은 오로지 천주만을 존숭하는데, 천주란 곧 유가의 상제이다."라고 해 원시 유학 단계부터 사용해 온 상제와 천주가 같은

4 **칠극** 인간 내면의 일곱 가지 원죄를 극복하는 방법.
5 **지원설** 땅이 원형의 모양을 하고 있다는 설. 동양에서는 전통적으로 땅이 모난 사각형이었던 것으로 생각했다.

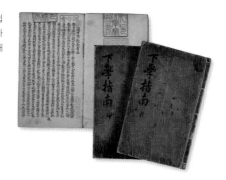

천주교를 배척한 안정복의 『하학지남』 하학(下學)이란 쉽게 알고 쉽게 행할 수 있는 일상적 공부를 말하며 지남(指南)은 가르쳐 인도한다는 뜻으로, 교육 지침서이다. 1740년(영조 16)에 집필을 시작해 1784년(정조 8)에 완성했다. 규장각한국학연구원 소장. 2권 2책.

것으로 이해했다. 원시 유학을 근거로 천주의 존재를 인정한 것이다. 또 천주교의 칠극을 유가의 극기설과 같은 것으로 이해하면서 극기복례[6]에 도움이 되는 것도 있다고 평가했다.

하지만 시간이 지나면서 천주교에 대한 이익의 인식은 점차 부정적으로 변했다. 그는 천주교의 천당지옥설이나 영혼불멸설을 배척했다. 만년인 1757년^{영조 33} 안정복에게 보낸 서한에서 "구라파의 천주설은 내가 믿는 바가 아니다."라고 분명히 밝히기도 했다.

천주교에 대한 이익의 이러한 양면적 태도 때문인지 그의 문하는 천주교 문제를 놓고 천주교를 적극 수용한 권철신-정약용 계열과 천주교에 반대해 척사론을 제기한 안정복-황덕길 계열로 분화했다. 권철신 계열은 다분히 탈주자학적 학문 태도를 견지하다가 천주교를 수용한 데 반해 안정복 계열은 보수적 주자학풍으로 회귀하면서 천주교 배척에 나섰다.

한편 유형원과 이익은 근기남인뿐 아니라 노론에게도 영향을 미쳤음에 주목해야 한다. 유형원이 쓴 『반계수록^{磻溪隧錄}』은 그 가치가 인정되어 1770년^{영조 46} 왕명에 의해 간행되었다. 이 책은 노론 지식인에게도 널리 읽히면서 적지 않은 영향을 미쳤다. 이익의 『성호사설^{星湖僿說}』 역시 일부 노론 학자들에게 평가를 받고 있었다. 노론 북학파 홍대용도 『성호사설』을 소장하고 있었다. 이와 같은 여러 가지 사실로 볼 때 남인의 학문과 노론의 학문을 대립적, 단절적으로 파악하는 시각은 분명 재고되어야 한다.

6 **극기복례** 『논어』에 나오는 말로 자신의 욕심을 억제하고 예(禮)로 돌아간다는 것을 의미한다.

천주교 무리들이
거의 나라의 절반을
차지했습니다

조선에 천주교는 임진왜란 당시 일본군과 함께 조선에 온 에스파냐 출신 선교사 세스페데스 신부에 의해 처음 전래된 것으로 알려져 있다. 세스페데스는 일본군이 진을 치고 있던 경상도 웅천에 머물면서 1년 이상 종교 활동을 벌였다. 이때 그가 조선에 최초로 천주교를 전래했는지는 확인할 수 없지만 조선에 천주교가 소개되는 데 중요한 역할을 했던 것은 분명하다.

17세기에 들면서 조선 지식인들 가운데에도 천주교에 관심을 갖는 이들이 등장했다. 『홍길동전』을 지은 허균이 그러한 인물로, 그는 북경에 사신으로 갔다가 천주교의 기도문인 게偈 12장을 얻어 가지고 왔다. 기도문을 가지고 온 것이 단순한 지적 호기심 때문이었는지 천주교를 신봉했기 때문인지는 알 수 없다. 다만 허균과 동시대를 살았던 이식이 허균에 대해 유학을 버리고 천주교를 믿었다고 비판한 것을 보면 허균은 천주교에 상당한 관심을 가지고 있었던 것으로 생각된다.

하지만 18세기 전까지만 해도 천주교는 조선 지식인들 사이에 별다른 관심의 대상이 되지 못했다. 그런데 18세기 후반 박지원과 그의 문인들이 경세를 논의하던 바로 그 시기에 남인 일각에서 천주교 교리 연구에 몰두하는 이들이 나타났다. 천주교 교리 연구를 주도한 인물은 권철신이다. 권철신은 조선 전기 성리학의 대가인 권근의 후손으로 갑술환국1694 때 몰락한 남인 가문의 후손이다. 그는 이익의 만년기에 그의 문하에 들어가 이익으로부터는 많은 가르침을 받지 못했지만, 이익의 문인들을 스승으로 모시면서 자신의 학문 세계를 구축해 나갔다.

권철신의 학문에서 주목되는 것은 경전을 해석할 때 부분적으로 주자의 학설을 버리고 양명설7을 수용했다는 점이다. 흥미롭게도 이익의 문인 가운데 양명설을 수용한 사람들은 천주교를 받아들인 반면, 양명설을 비판한 이들은 천주교

7 **양명설** 명의 왕수인이 정립한 학설. 성리학은 객관적인 천리(天理)가 있다고 주장했지만, 왕수인은 이(理)라는 것은 마음속에 있는 것이라고 주장했다. 왕수인의 호인 양명(陽明)을 따 양명설로 불린다.

천진암 터 한국 천주교회의 발상과 관련되는 사적지로, 이곳에 있었던 천진암은 지금은 폐사되었다. 18세기 중엽 권철신을 중심으로 한 남인계 소장 학자들이 이익의 서학열을 이어받아 독특한 학풍을 형성했는데, 경기도 광주와 여주 등 사찰에서 강학을 가졌고 천진암은 그중 하나이다. 경기도 광주시 퇴촌면 소재.

를 배척했다. 신후담은 마테오 리치의 『천주실의』 가운데 태극을 배척한 내용이 양명설을 주창한 왕수인王守仁의 주장이나 왕수인의 스승인 육구연陸九淵[8]의 말뜻 풀이와 흡사하다고 보았다. 그는 명 대에 성행한 양명학과 서양인의 주장이 암암리에 합치하는 것이 이상하다고 의문을 제기하기도 했다. 실제로 마테오 리치는 『천주실의』에서 양명설을 수용했다.

19세기 노론 척사론자들은 허균이 양명학에 심취해 천주교를 받아들였다고 지적하면서, 아예 양명학을 천주학의 소굴로 단정했다. 노론 척사론자들의 주장대로 양명설과 천주교가 직접 관련된 것은 아니었지만, 양명설에 대한 관심이 천주교 수용과 어떤 관련이 있었던 것은 분명하다.

권철신은 1770년대 후반 무렵 천주교 교리를 연구하기 시작했다. 그의 아우 권일신을 비롯해 이승훈, 정약용, 정약전 등이 교리 연구에 동참했다. 이들은 친인척 관계로 얽혀 있었다. 이벽은 정약용의 맏형수정약현의 부인의 아우이고, 이승훈은 정약용의 매형이었다. 이러한 관계는 남인 사이에 천주교가 전파되는 데 중요한 계기가 되었다. 이벽이 정약용에게 천주교를 소개하고 『천주실의』를 건네줘 정약용이 천주교에 관심을 갖게 된 것이 그러한 예이다.

권철신계 인사들이 본격적으로 천주교 교리 연구에 나선 것은 1779년정조 3 겨울이었다. 이들은 광주와 여주 접경에 위치한 주어사走魚寺에 모여 강학 활동을 벌였다. 정약전·정약용·권상학·이총억·김원성 등이 모임의 구성원이고, 이벽도 강학이 개최되었다는 소식을 듣고 토론에 참여했다. 주어사 강학회의 구체적 성격은 분명치 않지만 천주교가 논의되었을 것으로 짐작된다.

천주교 교리를 연구하던 권철신계 인사들은 1784년정조 8 이승훈이 북경에서 세례를 받고 돌아온 것을 계기로 천주교

8 **육구연** 남송 대 유학자로 주자와 다른 학설을 주장했다. 호는 상산(象山). 그의 학설은 후대의 왕수인에게 계승되었다.

이벽의 집터 한국 최초로 영세를 받고 돌아온 이승훈이 1784년(정조 8) 겨울 신도들에게 첫 세례식을 거행한 이벽의 집이 있었던 곳이다. 젊은 학자들을 중심으로 한국 최초의 신앙 공동체가 자발적으로 만들어졌고, 이에 '한국 천주교회가 설립되었다'는 내용을 담은 표지석을 세웠다. 이 표지석은 정확한 고증에 따라 수표교 남쪽으로 이전할 계획이다. 서울시 종로구 관수동 소재.

를 신앙으로 받아들이게 되었다. 이승훈은 북경에 가서 서양인 신부를 만나 보라는 이벽의 권유를 받고 연행에 참여하게 되었다. 애초 세례를 받기 위해 간 것인지 확인할 수는 없지만, 북경에 간 이승훈은 그라몽 신부에게 조선인 최초로 세례를 받고 베드로라는 세례명을 받았다. 그는 귀국하면서 많은 서학서를 가지고 왔는데 그 가운데 천주교 서적도 포함되어 있었다. 이 책들은 이벽에게 건네졌고 이벽은 외딴 집을 세내 천주교 교리 연구에 매달렸다. 이벽이 가지고 온 천주교 서적은 남인들의 천주교 이해 수준을 끌어올리는 데 중요한 역할을 했다.

이승훈이 북경에서 돌아온 1784년 이후 권철신계 인사들은 속속 천주교 신자가 되었다. 그해 겨울 서울 수표교 가까이 있던 이벽의 집에서 이벽, 권일신, 정약전, 정약용이 이승훈에게 세례를 받았다. 권철신도 이벽의 권유로 세례를 받았다. 이존창, 홍낙민과 역관 최창현, 김범우 등도 세례를 받고 교인이 되었으며 정약종도 천주교인이 되었다. 천주교의 확산 속도가 얼마나 빨랐던지 척사론자인 안정복은 당시의 상황을 "계묘년¹⁷⁸³부터 갑진년¹⁷⁸⁴에 이르기까지 젊은 층에서 재주 있는 자들이 천학天學의 설을 주창하니 마치 상제께서 친히 내려와서 그들을 사자로 임명해 준 것 같았다."라고 표현할 정도였다.

권철신계 인사들이 천주교에 입교하면서 모임의 성격도 달라졌다. 천주교를 신봉하던 남인들은 이벽을 중심으로 명례방明禮坊⁹에 있는 중인 김범우의 집에서 정기적으로 신앙 집회를 가졌다. 당시의 집회 광경은 다음 자료에 잘 나타나 있다.

이승훈이 정약전, 정약용 등과 함께 장례원 앞에 있는 중인 김범우 집에서 설법을 할 때, 이벽은 푸른 두건을 머리에 덮어 어깨까지 드리우고 아랫목에 앉아 있었고, 이승훈과 정약전, 정약종, 정약용 삼형제와 권일신

9 명례방 한성부 남부 11방 중의 하나로 현재의 남대문, 명동, 충무로 등을 포함한 지역이다.

석정보름우물 돌로 만들어진 우물이다. 15일 동안은 맑고, 15일 동안은 흐려지곤 했기 때문에 '보름우물'이라고 불렸다. 물맛이 좋아 궁궐에서도 사용했다고 한다. 주문모 신부가 북촌에 숨어 살며 선교 활동을 벌일 당시 이 우물에서 길은 물로 영세를 주고 마시기도 한 것으로 전해진다. 서울 가회동성당 건너편 50미터쯤 떨어진 곳에 있다. 1987년에 복원했다. 서울시 종로구 계동 소재.

부자가 모두 제자를 칭하면서 책을 끼고 좌우에 앉아 있었다. 이벽이 설법해 깨우쳐 주는 것이 우리 유가의 사제 간 예법에 비해 더욱 엄했다. 날짜를 약속해 모임을 가졌는데 몇 개월이 지나자 사대부와 중인으로 모이는 자가 수십 명이 되었다.

　　　　　　　　　　　　　　　　　　　　　　　　－이만채 편, 『벽위편』

　이것이 한국 최초 천주교회의 모습이다. 남인과 중인을 중심으로 신앙 활동이 이루어지고 있었다. 특히 역관 등 중인이 집회에 많이 참여한 것이 주목된다. 신분의 한계를 벗어나기 위해 새로운 길을 모색하던 중인이 천주교에 관심을 갖게 된 것으로 짐작된다.

　1785년^{정조 9} 봄 권철신계 인사들이 김범우의 집에서 신앙 모임을 갖던 중 도박을 감시하던 추조^{秋曹, 형조} 포졸에게 적발된 이른바 '을사추조적발사건'이 발생했다. 이 사건으로 이벽을 비롯해 권일신, 정약전, 정약용, 김범우 등이 형조에 압송되어 조사를 받았다. 당시 형조판서 김화진은 일이 확대되는 것을 바라지 않아 중인인 김범우만 유배시키는 선에서 사건을 마무리했다.

　하지만 이 사건 후 각자의 가문 내에서 제재가 가해졌다. 이벽은 부친에 의해 집안에 갇혔고, 이승훈은 부친이 천주교 서적을 불살랐으며, 정약전과 정약용 형제도 부친으로부터 꾸지람을 듣고 천주교를 배척하는 글을 지어야 했다. 이벽은 두문불출한 채 지내다가 병을 얻어 그해 세상을 떠났고, 이승훈도 잠시 교회를 떠나야 했다.

　하지만 이승훈은 얼마 후 다시 교회 활동을 재개한다. 1787년^{정조 11} 겨울 이승훈, 정약용 등은 김석태의 집에 모여 천주교 서적을 강습하고 젊은이들에게 설법을 행했다. 남인 척사론자였던 홍낙안은 1791년^{정조 15} 채제공에게 보낸 편지에서 주변에 신자가 많은데 그들 대부분이 총명하고 재주 있는 선비들이라며 큰 우려를 나타냈다. 천주

정약종, 『주교요지』 천주교 교리 해설서로, 순한글로 저술해 천주교 인식의 대중화에 중요한 역할을 했다. 정약종은 정약용의 셋째 형으로 최초의 조선천주교 회장을 지냈고, 신유박해 때 서소문 밖에서 순교했다. 한국교회사연구소 소장.

교 확산은 거스를 수 없는 대세였다.

천주교를 신봉한 양반층은 대부분 권철신 계열의 남인들이었지만 노론 가운데도 천주교 신자가 생겨나고 있었다. 김건순, 김백순이 그러한 인물이다. 주목되는 것은 김건순과 김백순이 조선 후기의 대표적인 노론 명문가인 안동 김문 출신이라는 사실이다. 김건순은 김양행의 손자로 입양되어 김상헌의 봉사손[10]이 된 인물이며, 김백순은 병자호란 때의 대표적 척화파인 김상헌의 형 김상용의 후손이다.

특히 김건순은 재주가 뛰어나 안회顔回[11]가 다시 태어났다는 평가를 받고 박지원으로부터도 '천하의 기이한 보배'라는 칭송을 받은 인물이다. 그런 김건순이 천주교에 투신해 정약종과 함께 『성교전서聖教全書』라는 천주교 총서를 만드는 작업을 추진했다.

안동 김문, 나아가 노론의 정신적 지주라고도 할 수 있는 김상용·김상헌 형제의 후손이 천주교 신자가 된 것은 노론에게 대단히 충격적인 일이었다. 김백순은 문장가로 유명한 유한준 누이의 손자이기도 했다. 유한준은 김백순이 천주교에 빠져 있다는 이야기를 듣고 몇 차례나 불러 꾸짖었지만 뉘우치는 기색이 전혀 없자 매를 때리고 인연을 끊어 버렸다. 근기남인계의 신진기예들이 천주교에 빠져들었을 때 나타난 것과 같은 상황이 노론 내부에서도 나타나고 있었던 것이다.

천주교는 하층민에게도 전파되었다. 하층민은 천주교 서적을 언문으로 베껴 읽으며 천주교를 이해했다. 정약종은 일반 민도 쉽게 읽을 수 있도록 문답식으로 된 언문 교리서 『주교요지』를 저술하기도 했다. 천주교가 내세운 평등의 주장이 하층민이나 부녀자들에게 깊은 감명을 주었음이 분명하다. 신분적 처지가 열악했기 때문에 상대적으로 천주교에 대한 믿음은 훨씬 더 강했다. 이는 다음 인용문에서 확인할 수 있다.

10 **봉사손** 제사를 받드는 후손.
11 **안회** 공자가 가장 아꼈던 제자로 공자보다 일찍 세상을 떠났다.

한국 천주교의 요람 수표교 청계천에 있던 다리이다. 1441년 (세종 23) 청계천 수위를 측정하기 위해 수표를 설치하면서 그곳에 본래 있던 다리 이름을 수표교로 바꿨다. 우리나라 최초의 세례식이 거행되었던 이벽의 집이 수표교 근처에 있었기 때문에 한국 천주교의 요람으로 불린다.

그중에 천하고 무식한 자와 쉽게 유혹되는 부녀자와 아이들은 한 번 이 말을 들으면 목숨을 바쳐 뛰어들어 가 이 세상의 사생을 버리고 만겁의 천당과 지옥을 마음에 달게 여기며 한 번 들어간 뒤에는 미혹됨을 풀 길이 없다고 합니다.

－이만채, 『벽위편』

천주교는 상층 양반층부터 하층민에 이르기까지 광범위하게 확산되고 있었다. 박지원도 충청도 면천군수로 재직하던 1798년^{정조 22}경 순찰사에게 편지를 써 당시의 천주교 전파 상황을 설명하고 있다.

"위로는 벼슬아치와 선비들로부터 아래로는 노예와 천한 백성까지 짐승이 광야를 달리듯이 해, 그 무리들이 거의 나라의 절반을 차지했다."

다소의 과장이 섞여 있겠지만 천주교가 얼마나 광범위하게 확산되고 있었는지 짐작하게 해 준다. 천주교의 확산은 거스를 수 없는 시대적 흐름이었으며 이는 주자성리학에 대한 믿음이 약화되고 있음을 반증하는 것이기도 했다.

**천주교와
성리학이
갈등을 빚다**

18세기 후반 들어 남인을 중심으로 천주교가 확산되면서 성리학과 갈등이 나타나기 시작했다. 사실 천주교와 성리학은 그 성격상 애초에 화합하기 어려운 것이었다. 일단 신을 내세우는 천주교와 달리 성리학에서는 우주를 지배하는 법칙으로 '천리'를 상정할 뿐 신의 존재를 인정하지 않는다. 또한 천주교가 영혼의 불멸을 주장한 데 반해 성리학에서는 인간이 죽으면 육신은 썩어 흙이 되고 혼백魂魄은 공기 중에 흩어진다고 보았다. 따라서 이익도 천당지옥설이나 영혼불멸설에 대해 불교의 윤회설과 같은 것이라 비판했다.

척사론을 처음 제기한 인물은 이익의 문인 신후담이다. 그는 천주교가 조선에 본격적으로 소개되지도 않던 18세기 초반에 벌써 천주교 배척에 나섰다. 신후담은 서양인들이 천주교를 퍼뜨려 온 세상을 천주교에 빠뜨리려 한다고 비판했다. 23세 때인 1724년에는 『서학변西學辨』을 저술해 천주교의 교리를 조목조목 비판했다. 신후담은 천주교의 천지창조설과 천당지옥설 등의 문제점을 지적하면서 천주교의 주요 내용이 불교를 베낀 것이라고 지적했다. 그는 매우 이른 시기에 천주교 교리를 반박했지만, 당시는 천주교가 그리 지식인들의 관심을 끌던 때가 아니어서 척사론도 더 이상 제기되지는 않았다.

척사론이 본격화된 것은 권철신계가 천주교 교리 연구에 몰두하던 18세기 후반이었다. 척사론을 주도한 이는 이익의 수제자 안정복이다. 동문들 일부가 천주교에 심취하자 안정복은 천주교 문제로 인해 동문은 물론이고 나아가 남인 전체가 자칫 큰 피해를 입을 수 있다는 위기감에서 척사론을 제기했다.

당시는 정조의 후원으로 오랜만에 정계에 참여한 근기남인들이 사도세자 추숭을 지지하면서 정치적 영향력을 확대하려 하고 있었다. 이에 불안감을 느낀 노론은 천주교 문제를 빌미로 남인에게 타격을 가할 기회를 엿보고 있었다. 안정복은 이러한 노론

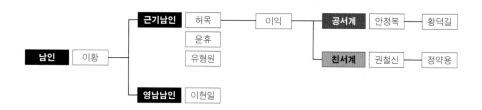

공서계와 친서계 18세기에 천주교를 받아들인 학자들은 대부분 남인이었다. 남인은 동인에서 갈라져 나왔으며, 남인 중 근기남인은 주자학과 다른 독특한 학풍을 형성했다. 근기남인 중에서 천주교에 비판적인 학자들을 공서계, 긍정적인 학자들을 친서계라고 한다.

의 움직임을 잘 알고 있었다. 당론이 분열되어 피차 틈만 노리면서 상대편의 좋은 점은 가리고 나쁜 점만 들추어내는 판국에, 노론이 천주교 문제를 빌미로 남인을 일망타진하려는 계책이라도 세우는 날에는 몸을 망치고 이름을 더럽히는 욕을 당할 것이라며 크게 우려했다.

1780년대 들어 남인 사이에 천주교 신자가 생겨나자 안정복계의 행보도 빨라졌다. 안정복은 동문들의 천주교 신봉을 견제하기 위해 1785년 『천학문답天學問答』과 『천학고天學考』를 저술하기에 이르렀다. 『천학문답』은 천주교의 논리를 문답 형식으로 배척한 것이었다. 그의 사위가 권철신의 동생 권일신이었는데, 권일신이 천주교를 신봉하자 그와 접촉을 끊기까지 했다.

1785년 '을사추조적발사건'으로 남인 천주교 신자의 모임이 발각되자 남인 가운데 천주교에 비판적인 이들이 안정복을 중심으로 결집했다. 척사 운동에 영남남인이 가세하면서 안정복계와 영남남인은 연계했다. 중앙 정계에서 남인을 지원하던 채제공도 천주교를 비판하며 안정복의 척사 활동을 지지했다. 안정복과 함께 척사론을 주도하던 이헌경 역시 1787년경 『천학문답天學問答』을 저술해 천주교를 비판했다. 근기남인은 천주교를 비판하는 공서계功西界와 천주교를 옹호하는 친서계親西界로 분열되는 양상을 띠고 있었다.

노론 가운데도 척사를 주장하는 이들은 많았다. 예를 들어 노론 산림학자인 박윤원은 천주교의 해가 불교나 도교보다 더 심해 막지 않으면 사람들이 모두 천주교에 빠져들 것이라고 보았다. 따라서 발본색원할 대책을 강구해야 한다고 주장했다. 하지만 노론 가운데 척사서를 저술해 논리적·체계적으로 천주교를 비판한 이는 없었다. 반면 비非천주교계 남인들에게 천주교를 신봉하는 동문을 설득할 대응 논리를 마련하는 것은 절박한 문제였다.

선교 지역의 관습을 거부한 클레멘스 11세 1700년에 교황에 선출되었고 1721년에 서거했다. 1715년 선교 지역의 전통적인 제례와 종교적인 관습을 금지하는 칙서를 반포했다. 1742년 교황 베네딕토 14세는 클레멘스 11세의 칙서를 원용해 중국의 제사 의식을 금지한다는 칙서를 반포했다.

천주교와 성리학의 갈등은 천주교 측이 유교의 예제禮制를 거부한 사건을 계기로 결정적으로 폭발했다. 1791년 전라도 진산에 사는 진사 출신 윤지충이 어머니의 신주를 태우고 제사를 폐지한 이른바 '진산사건'이 발생했다. 처음 예수회가 중국에 전교할 때는 상대방의 전통을 존중하는 적응주의적 입장을 취하고 있었다. 마테오 리치는 처음 중국에 들어올 때 유럽의 사제에 해당하는 승려 복장을 했다가 중국에서 승려의 신분이 높지 않다는 것을 알고 다시 유학자 행세를 했다. 이러한 사실은 예수교의 적응주의적 태도를 단적으로 보여 준다.

그런데 천주교의 다른 파에서 예수회의 이러한 전교 방식을 문제 삼으면서 교회 내에서 논쟁이 벌어졌다. 결국 1715년숙종 41 교황 클레멘스 11세가 칙서를 반포하고 1742년영조 18 베네딕트 14세도 칙서를 반포해 조상에 대한 제사 금지, 위패와 신주 봉안 금지를 결정했다. 1790년정조 14 북경 주교 구베아는 이러한 결정 내용을 권철신의 제자 윤유일 편에 조선에 전달했다. 윤지충이 신주를 소각한 사건은 이러한 배경에서 발생한 것이다.

기록에 따르면 이미 조선에서도 1758년영조 34 황해도, 강원도 등지에서는 천주교가 성행해 신자들이 사우를 훼손하고 제사를 폐해 문제가 되었다고 한다. 당시의 사건은 유교의 영향권에서 벗어난 지역의 일반 민이 저지른 것이기 때문에 별다른 파장을 남기지 않고 넘어갈 수 있었다. 하지만 윤지충은 진사 출신인 데다 천주교가 확산 일로에 있던 시기에 벌어진 사건이라 사정이 달랐다. 유학자가 조선 사회의 근간이라 할 수 있는 성리학적 예 질서를 거부한 것은 곧 체제 자체에 대한 정면 도전으로 비칠 수밖에 없었다.

따라서 진산사건은 심각한 정치적 문제로 비화될 가능성이 짙었다. 윤지충이 정약용 형제의 이종사촌으로, 정약용 형제를 통해 천주교를 수용했기 때문에 더욱 그러

천진암의 권철신 묘 권철신은 1777년 경기도 양주에서 정약전·정약용 등 남인의 실학자들과 함께 서학교리연구회를 열면서 본격적인 신앙생활을 시작했다. 1801년 국문을 받으면서 매를 많이 맞아 사망했다. 경기도 광주시 퇴촌면 소재 천진암에 이벽 등 교우들과 함께 이장되어 있다. 왼쪽에 작게 보이는 것이 권철신의 묘.

했다. 실제 천주교도에 대한 반대파의 공세가 강화되어 윤지충은 전주성 밖에서 참수되었다. 권일신과 이승훈도 각각 교주와 꼭두각시로 지목되어 벌을 받았다.

정약용은 윤지충 사건으로 인해 반대파들의 집요한 공격에 시달렸다. 그래도 정조의 배려 덕분에 사건은 더 이상 확대되지 않았다. 정조는 천주교 자체에 대해서는 비판적이었지만 정치적 쟁점이 되는 것은 바라지 않았다. 어렵게 여러 정파를 망라하는 탕평 정국을 이끌어 냈는데, 남인이 천주교 문제로 공격을 받게 된다면 그간의 정치적 노력이 수포로 돌아갈 수 있었기 때문이다. 그래서 정조는 천주교를 믿는 것은 개인적 차원의 문제일 뿐 남인과는 관련이 없다고 강조했다. 또 노론이 순정하지 못한 문체를 사용하는 것을 문제 삼아^{문체반정} 노론이 남인을 공격하지 못하도록 견제했다.

비록 심각한 양상으로 전개되지는 않았지만 진산사건의 여파는 매우 컸다. 이승훈은 점차 교회와 거리를 두다가 끝내는 교회로부터 이탈했다. 권철신은 스스로 밝힌 바에 따르면 제사 폐지가 문제되자 천주교 서적을 불태우는 등 천주교를 배척하고 제사도 폐지하지 않았다고 한다. 진산사건에 연루되어 국문을 받은 권일신도 계속된 취조 끝에 결국 천주교는 인륜에 어긋나는 사학^{邪學}이라 자복하고 옥중에서는 반성문까지 제출했다.

이처럼 진산사건으로 초기 천주교회를 이끈 권철신계 인사들은 자의든 타의든 교회로부터 멀어져 갔다. 정약용은 바로 교회에서 떠나지는 않았지만, 이후 정조의 지속적인 회유로 천주교와 공식적으로 결별하게 되었다.

진산사건 이후 권철신계 인사들이 보인 행적은 윤지충의 태도와 대비된다. 윤지충은 심문을 받으면서 위패에 술과 음식을 바치는 것은 천주교에서 금하는 것이기 때문에 천주교를 따르는 자라면 그러한 법을 지켜야 한다고 당당히 밝혔다. 반면 권일신은 조상을 받드는 일은 천주학에서도 매우 중시하는 것이라면서 윤지충의 제사 폐지를

'해괴하고 망측한 짓'이라고 비판한 바 있다. 윤지충과 권일신 간에는 신앙심의 순도에서 분명한 차이가 있었다. 교회의 금지령을 당연한 것으로 받아들인 윤지충이 천주교인의 자세를 보여 준다면, 제사 폐지를 인정하지 못한 권일신은 천주교인과 유학자 사이에서 번민하는 모습을 보여 준다.

권철신계 인물들이 진산사건을 계기로 교회 활동을 중단하면서 교회 주도 세력에는 커다란 변화가 나타났다. 신앙을 지키고 있던 정약종 등 일부 양반과 중인 세력이 교회 활동의 전면에 나선 것이다. 한글로 된 천주교서를 통해 천주교에 입교한 서민도 교회 활동의 새로운 주체로 부상했다. 이들 서민은 천주교 교리에 대한 이해 수준은 비록 높지 않았지만, 양반과 달리 성리학적 문제로 갈등을 겪을 여지가 적어 신앙심은 더욱 깊었다.

천주교인들은 비밀리에 종교 활동을 하는 데서 벗어나 동네는 물론 시장 등에서도 공공연하게 대중들을 향한 전교 활동을 벌이기에 이르렀다. 추산이기는 하지만 1801년^{순조 1} 당시 천주교도는 1만 명 수준으로 증가하고, 지역적으로도 경상·강원·황해 등의 지역까지 교세가 확장되었다.

윤지충이 처형당한 자리에 세워진 전주 전동성당 천주교 신자들을 사형했던 전라북도 전주시 전동 풍남문 밖에 지어진 성당. 신해박해 때 최초의 순교자 윤지충과 권상연, 신유박해 때 유항검, 윤지헌 등이 이 자리에서 처형되었다. 순교의 뜻을 기리고자 1891년(고종 28) 프랑스 보두네 신부가 부지를 매입하고 1908년 성당 건립에 착수해 1914년 완공했다. 서울 명동성당을 설계한 프와넬 신부가 설계했다. 겉모습이 서울 명동성당과 비슷하며 비잔틴 양식과 로마네스크 양식을 혼합한 건물로, 초기 천주교 성당 중에서 매우 아름다운 건물로 손꼽힌다. 사적 제288호.

18세기 서울의 진경眞景

서울은 아주 오랜 옛날부터 있었지만 실제로 그러했던 모습으로 우리에게 남아 있게 된 것은
18세기부터이다. 18세기 서울은 사진도 영화도 없었지만 겸재 정선이라는 천재가 있어 진짜
보다 더 진짜 같은 자신의 모습을 역사의 앨범에 영원히 간직할 수 있었다.

❶ 정선, 「인곡정사」 1746년. 겸재의 자택.
현재 종로구 옥인동 20번지.

❷ 정선, 「장안연우」
1741년. 북악산에서 남산을
바라보며 그린 그림.

❸ 정선, 「동문조도」 1746년.
흥인지문이 보이는 풍경.

❹ 정선, 「목멱조돈」
1741년. 한강과 목멱산이 보이는 풍경.

❺ 정선, 「풍계유택」 1746년.
청풍계 아래의 고택.

❻ 정선, 「인왕제색」
인왕산에 비가 내린 뒤 갠 풍경.

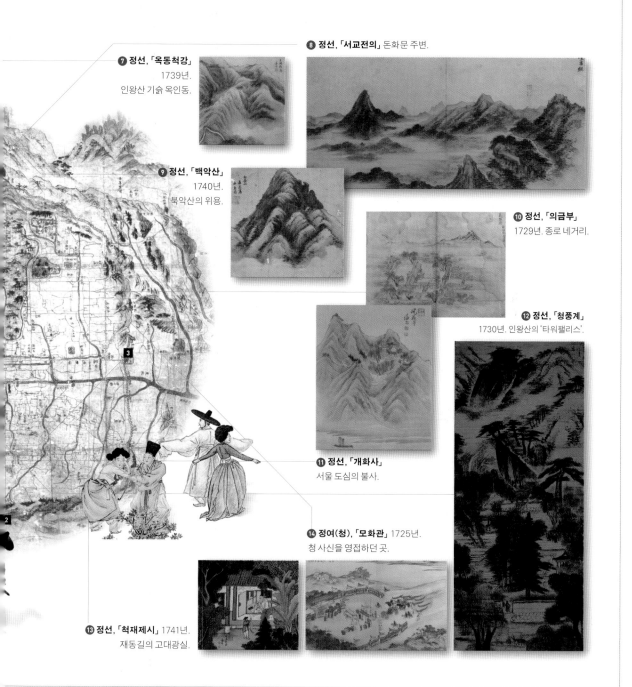

❼ 정선, 「옥동척강」
1739년.
인왕산 기슭 옥인동.

❽ 정선, 「서교전의」 돈화문 주변.

❾ 정선, 「백악산」
1740년.
북악산의 위용.

❿ 정선, 「의금부」
1729년. 종로 네거리.

⓬ 정선, 「청풍계」
1730년. 인왕산의 '타워팰리스'.

⓫ 정선, 「개화사」
서울 도심의 불사.

⓮ 정여(청), 「모화관」 1725년.
청 사신을 영접하던 곳.

⓭ 정선, 「척재제시」 1741년.
재동길의 고대광실.

3.
송석원에 모인
중인들

중인인 역관들이 일본어를 배우는 교재 『첩해신어』 1781년(정조 5) 최학령이 편찬한 일본어 학습 교재. 임진왜란 때 일본에 잡혀갔다 돌아온 강우성이 1676년(숙종 2)에 간행했던 것을 수정·보완해 편찬했다. 일본 문자 오른쪽에 한글로 발음을 적고, 왼쪽에는 우리말로 뜻을 적었다. 일본어를 '신어(新語)'라고 한 것은 사역원에서 왜학(倭學)이 나중에 개설되었기 때문이다. 18세기에 중인들은 전문성과 경제력을 바탕으로 크게 성장했다. 그중 역관들은 무역에 뛰어들어 큰돈을 벌었다. 국립중앙도서관 소장. 11책.

17세기 후반 조선에는 사회경제적으로 큰 변화가 나타났다. 임진왜란 직후 이전의 3분의 1까지 감소된 토지는 17세기 후반 들어 거의 전쟁 이전 수준으로 회복되었다. 이앙법이 보급되면서 단위면적당 수확량이 크게 늘어났고 농업 생산량이 늘면서 상품유통 또한 활발해졌다. 상품유통이 발달하면서 큰 자본을 가진 대상인도 출현했다. 이들은 한강을 이용해 물품을 실어 날라 장사를 하면서 많은 이익을 얻었다.

상업이 발달하자 중국이나 일본과의 무역도 활기를 띠었다. 무역은 주로 일본과 중국 사이에서 중개무역을 하는 방식으로 이루어졌다. 일본은 16세기 중반부터 명과의 조공 관계가 단절되어 필요한 물품을 조선에서 수입해 쓸 수밖에 없었다. 이러한 상황을 이용해 무역이 활기를 띠었고 무역으로 큰돈을 버는 이들이 등장했다.

상공업이 활성화됨에 따라 금속화폐의 필요성이 커져 1678년^{숙종 4} 상평통보를 주조했고 17세기 말에는 전국적으로 유통되었다. 기존에 금속화폐 기능을 하고 있던 은이나 화폐의 대용물이던 쌀과 면포를 압도한 것은 아니지만, 금속화폐의 주조와 유통은 상품경제 발달의 단적인 증거였다.

17세기 들어 조선은 농업 사회에서 상공업 사회로 서서히 바뀌어 가고 있었다. 농업 사회에서 상공업 사회로 진행되면서 필연적으로 진통도 따랐다. 사회계층의 급속한 분화가 그것이다. 농민 가운데 부농으로 성장해 지주가 되는 사람이 나타났고, 상인 가운데에도 축적한 재산으로 토지를 매입해 지주로 바뀌는 이들이 등장했다.

반면 대부분의 농민은 지주의 땅을 대신 일구며 근근이 살아갈 수밖에 없었다. 지주에게 한 해 거둔 곡식의 반을 바치고, 지주가 내야 할 세금까지 대신 내는 일이 많았기 때문에 농민들 몫으로 돌아오는 것은 별로 없었다. 게다가 남의 땅을 빌리는 일도 쉽지 않아 가난한 농민은 산속에 들어가 화전민이 되거나 무작정 상경해 날품을 팔았다. 어떤 이는 도적이 되기도 했다.

백성들의 미륵 미륵은 석가모니 부처가 열반에 든 뒤 56억 7000만 년이 지나 출현하는 부처이다. 그러나 민속에서 미륵 신앙은 바위를 신격화해 숭배하던 선돌 신앙이 불교 전래 후 석불 신앙으로 옮겨진 것으로 보인다. 민간에서 절이 아닌 곳에 있는 석불은 모양과 관계없이 거의 '미륵'으로 부르는 데서 짐작할 수 있다. 사진은 경기도 평택시 덕목리의 돌 장승(국립고궁박물관 복제).

　　양반층 내부에서도 분화가 나타났다. 대대로 벼슬을 하면서 많은 재산을 축적한 양반도 있었지만 많은 양반은 정권에서 소외되어 서서히 몰락해 가고 있었다. 경제적으로 여유가 있는 이들은 지방 사회에서 행세를 할 수 있었지만 가난한 양반은 그렇지 못했다. 양반 가운데 경제적으로 평민보다 못한 부류도 적지 않았다. 그들은 땅을 빌려 농사를 짓거나 상공업자로 전업해 생계를 유지하거나 심지어 머슴으로 전락하기도 했다.

　　사회계층이 분화하면서 신분제가 흔들렸다. 가난한 양반은 신분이 하락할 수도 있었던 반면 재력이 있는 농민이나 상인은 신분 상승을 이룰 수 있었기 때문이다. 재력이 있는 평민은 정부에 돈을 내고 합법적으로 양반 신분을 얻거나 몰락한 양반 집안의 족보를 몰래 사들이는 등의 방법을 통해 신분 상승을 이루었다. 물론 양반 신분을 얻는다고 해서 그들이 향촌 사회에서 당장 양반 대접을 받을 수는 없었을 것이다. 하지만 양반이 되면 막중한 군역을 면제받는 등의 특혜가 따랐기 때문에 기를 쓰고 신분을 올리려 했다.

　　신분제의 균열은 조선 사회의 근간을 뒤흔드는 심각한 위기였다. 정치권은 사회경제적 변화로 인해 파생한 문제를 해결하면서 조선 사회가 나아가야 할 방향을 모색해야 했다. 하지만 17세기 정치권은 아직 새로운 변화에 적절하게 대응하지 못했다. 숙종 즉위 후 숙종이 환국을 통해 왕권 강화에 나서면서 오히려 당파 간 갈등은 더욱 증폭되는 양상을 보였다.

　　이로 인해 백성의 불만은 커졌다. 농촌에서는 미륵 신앙[1]을 가진 하층민의 반란이 일어나고 도시에서는 노비들이 주축이 된 살주계殺主契[2]와 같은 비밀결사의 저항운동이 일어났다. 여기에다 자연재해까지 겹쳐 사회는 매우 불안했다. 1697

1 미륵 신앙 후세에 미륵불이 내려와 중생을 구제할 것이라는 신앙으로 반란의 주모자들 가운데 자신이 미륵불이라고 자처하면서 백성들을 선동하는 이가 많았다.
2 살주계 17세기 후반에 적발된 하층민들의 반란 조직. 그들의 약조에 양반 살해·재물 약탈 등의 구호가 있었다고 한다.

영조가 서얼 통청을 회고한 『어제광탕(御製廣蕩)』 영조가 노년인 1774년(영조 50) 자신의 일을 마치고 편안한 심경을 읊은 율문이다. '광탕'이란 '넓고 큰 일'을 말하는데, 그것이 무엇인지 명확하지는 않지만 서얼의 가계 계승을 허용하는 법을 실행한 일인 듯하다. 한국학중앙연구원 소장. 1첩.

년[숙종 23]에는 10여 년 전부터 황해도 구월산을 무대로 활약하던 장길산[3] 세력이 더욱 커져서 서북 지방이 어수선했고, 서울에서는 중인과 서얼들이 장길산 부대와 연결해 새 왕조를 세우려다 발각되는 일까지 일어났다.

18세기 들어 영조와 정조는 탕평책을 시행하면서 사태를 수습하고자 했다. 영조와 정조는 중간 지배층을 배제하고 국왕이 중심이 되어 모든 백성을 일원적으로 통치하고자 했다. 그러한 의지는 영조가 자신을 북극성에 비유하고 정조가 자신을 모든 강에 비치는 달로 묘사한 데서 잘 드러난다. 영조와 정조의 탕평책에 힘입어 다양한 세력이 각기 자신들의 목소리를 내기 시작했다.

우선 정치권에서는 그간 노론에 밀려 정계에서 배제되어 있던 소론, 남인 등이 힘을 얻게 되었다. 특히 남인의 약진은 눈에 띈다. 남인은 1694년 갑술환국으로 축출된 이후 정계에서 완전히 밀려나 있었지만, 정조의 정치적 배려에 힘입어 정계에 복귀했다. 당파에 상관없이 인재를 발탁하려는 정조의 계획은 마침내 1788년[정조 12] 삼정승에 노론, 소론, 남인을 안배한 일종의 연립내각을 출범시키면서 결실을 맺었다. 정조 자신도 '붕당이 생긴 이래 처음 있는 일'이라고 평가할 정도로 의미 있는 조치였다. 이름 있는 가문 출신도 아닌 남인의 영수 채제공을 우의정에 발탁한 것은 그야말로 파격이 아닐 수 없었다.

중인 이하 계층도 자신들의 입장을 관철시키고자 했다. 가장 활발한 움직임을 보인 이들은 서얼 계층이었다. 그들은 사대부와 똑같이 벼슬길을 열어 달라는 통청通淸운동을 전개했다. 1724년 영조가 즉위한지 얼마 지나지 않아 정진교를 중심으로 한 260여 명의 서얼 유생들이 상소를 올린 것이 한 예다. 정진교는 영조의 행차 앞에서 긴 나무 막대에 '궁한 사람이 원한을 품고 있다窮人抱寃'라는 글자를 쓴 종이를 매달아 영조의 시선

3 **장길산** 숙종 때 구월산을 중심으로 활동한 도적 집단의 우두머리. 여러 지역을 돌아다니며 10년 이상 활동했지만 체포하지 못했다.

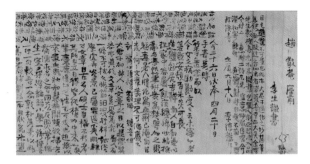

을 끈 후 상소를 전달했다. 이 사건을 두고 훗날 실록의 편찬자는 기강의 문란함을 볼 수 있다고 평했지만, 정작 영조는 서얼들의 주장에 동조하면서 차차 고쳐 나가겠다는 뜻을 밝혔다.

신분이 낮은 숙빈 최씨의 소생 영조는 왕실로 보자면 서얼 출신이었다. 그래서인지 서얼에 대해 호의적이었다. 1772년에는 「통청윤음綸音4」을 내려 서얼을 청요직에 등용할 수 있도록 했다. 또한 서얼도 아버지를 아버지로, 형을 형으로 부를 수 있게 하고 이를 어기는 자는 법률로 다스리도록 한다는 조치를 내리는 등 적극적으로 서얼 차별을 없애는 정책을 시행했다.

서얼들은 18세기 전반 영조가 내건 탕평책에 편승해 지속적으로 자신들의 지위를 개선하고자 했다. 영조가 통청윤음을 내린 그 해에는 경상도 서얼 유생 김성천 등 3000여 명이 영조가 통청을 허락했음에도 불구하고 지방에서 향안鄕案5에 등록해 주지 않는다고 하소연하기도 했다.

정조 역시 서얼의 처지를 안타깝게 여겨 즉위 직후부터 서얼들을 그대로 두었다가는 "바짝 마르고 누렇게 뜬 얼굴로 나란히 죽고 말 것이다."라고 대책을 마련하도록 지시했다. 이러한 지시에 따라 서얼을 소통시키는 구체적인 시행규칙이 마련되었다. 그러나 이러한 조치로 서얼들의 처지가 바로 개선된 것은 아니었다.

1778년 경상·전라·충청 등 삼도의 서얼 유생 3000여 명은 시행규칙이 마련된 후 오히려 서얼에 대한 핍박이 더 심해지고 있다고 호소하기도 했다. 삼도의 서얼이 연명해 상소한 데서 볼 수 있듯 서얼들은 더욱 적극적으로 처지 개선에 나섰다. 정조는 서얼의 뜻에 부응하려 했고, 1779년에는 이덕무 등 네 명의 서얼을 규장각 검서관에 기용하기에 이르렀다.

4 **윤음** 국왕이 국민에게 내리는 가르침의 문서.
5 **향안** 지방에 거주하는 사족(士族)의 명단. 친족과 처족(妻族) 모두 신분상 문제가 없어야만 사족의 공론에 따라 이름이 오를 수 있으므로 신분적 권위의 상징이었다. 향안에 이름이 오른 향원(鄕員)들이 모여 향회(鄕會)를 구성하고 운영했다.

신문고를 설치한 창덕궁 진선문 창덕궁의 정문인 돈화문을 지나 금천교를 건너면 나오는 중문(中門)이다. 창덕궁 창건 무렵에 세워진 것으로 추정되며 1908년 인정전 개수 공사 때 헐렸다가 1999년 복원 공사를 완료했다. 백성의 억울함을 알리는 신문고 혹은 등문고라 불리는 북을 태종 때 진선문에 설치했고, 중간에 유명무실해졌다가 영조 때 다시 설치했다고 한다. 서울시 종로구 와룡동 소재. 사적 제122호.

일반 민도 자신들의 요구를 적극적으로 제시했다. 조선 시대에 일반 민이 국왕에게 자신의 뜻을 전할 수 있는 방법으로 신문고와 상언上言·격쟁擊錚이 있었다. 하지만 태종 대에 중국 제도를 본떠 설치한 신문고는 절차가 복잡해 일반 백성이 이용하기 힘들었고, 그나마 중종 이후에는 아예 기능을 하지 못했다. 상언은 왕의 행차가 있을 때 그 앞에 나아가 글을 올려 억울함을 호소하는 것이고, 격쟁은 왕이 있는 곳 근처에서 징을 울려 구두로 자신의 억울함을 호소하는 것이다. 호소할 수 있는 사안은 정해져 있었지만, 신문고에 비해 절차가 간단하기 때문에 일반 백성은 상언과 격쟁을 적극적으로 활용했다.

18세기 들어 호소할 수 있는 사안의 범위가 확대되자 상언과 격쟁이 자주 일어났다. 그러자 영조는 1771년영조47 창덕궁 진선문과 경희궁 건명문 남쪽에 신문고를 다시 설치하는 대신, 길가에서 격쟁하는 자는 장⁶을 때리도록 했다. 격쟁할 수 있는 사안은 처와 첩의 분별, 양인과 천민의 변별, 부자父子의 감별, 격쟁하는 자기 자신에 대한 형벌 등 네 가지로 한정했다. 그 밖의 일로 격쟁하는 자는 호남의 연해를 지키는 군대에 보내도록 명했다.

하지만 백성은 집요하게 격쟁에 매달렸다. 결국 국왕이 궁궐 밖으로 행차할 어가 행렬 바깥에서 꽹과리를 쳐서 억울함을 호소하는 위외격쟁衛外擊錚과 어가 행렬 앞에서 글을 올리는 가전상언駕前上言을 허용했다. 호소할 수 있는 내용도 일반적인 민폐의 모든 분야로 확대했다. 정조가 수원으로 능행하면서 상언을 적극 수용하자 상언은 크게 늘었다. 집권하는 동안 능행 때 접수한 상언은 3232건에 달했다.

이처럼 18세기에는 각자의 처지를 개선하기 위한 각 계층의 욕구가 분출하고 있었다. 이런 과정에서 중인은 변혁의 주도 세력이 될 수 있는 존재였기 때문이다.

6 **장** 나무로 만든 도구로 볼기를 치는 형벌.

중인이 성장해
목소리를 높이다

중인은 조선 사회에 존재한 특수 계층이다. 중인이라는 명칭이 생겨난 유래에 대해서는 정치적으로 중립을 지켰기 때문이라는 설, 서울의 중심부에 거주했기 때문이라는 설 등 여러 가지 설이 있다. 이 가운데 가장 설득력 있는 이야기는 양반과 상민의 중간에 속한 중간 계층이라는 설이다.

중인은 법적인 신분이 아니라 관습적으로 형성된 계층이다. 따라서 어떤 이들이 중인에 속했는지 정확하게 밝히기는 어렵다. 다만 당시의 사료를 통해 볼 때 중인에는 두 부류가 포함되어 있었던 것으로 나타난다.

첫째 부류는 좁은 의미의 중인으로, 주로 중앙관청에 소속되어 있던 관원을 지칭한다. 잡과를 통해 선발한 의원, 역관, 일관日官7, 율관律官8 등 기술직 관원과 간단한 취재를 통해 뽑은 도화서 화원畵員, 사자관寫字官9, 서리書吏 등이 이에 속한다. 잡과 출신과 취재 출신 중에서는 정식 과거인 잡과로 선발된 기술직 관원의 지위가 상대적으로 더 높았다. 취재 출신 중인의 대다수는 경아전京衙前으로도 불린 서리이다. 경아전은 다시 녹사錄事10와 서리書吏11로 구분되는데 서리가 대부분을 차지했다.

둘째 부류는 넓은 의미의 중인이다. 여기에는 좁은 의미의 중인에 지방의 최하층 관리인 향리, 향교에 등록된 학생인 교생, 그리고 서얼 등이 추가된다.

엄밀한 의미에서 중인은 첫째 부류인 잡과와 취재 출신만 가리킨다고 할 수 있다. 실제로 그들은 향리, 교생 따위가 자신들과 마찬가지로 중인으로 불리는 것을 매우 못마땅하게 여기고 있었다.

중인이 언제 하나의 계층으로 형성되었는가에 대해서는 견해의 차이가 있는데, 17세기 이후라고 보는 견해가 주를

7 **일관** 길일을 잡는 사람. 추길관(諏吉官)이라고도 한다.
8 **율관** 율과(律科)에 합격한 관료로 형벌 관계 업무를 맡아보았다.
9 **사자관** 승문원과 규장각에서 문서를 정서(正書)하는 일을 맡아보던 벼슬이다.
10 **녹사** 의정부나 중추원에 속한 경아전의 상급 구실아치를 통틀어 이른다. 기록을 담당하거나 문서, 전곡(錢穀) 등을 관장했다.
11 **서리** 중앙 관아에 속해 문서의 기록과 관리를 맡아보던 하급의 구실아치이다. 서제(書題)라고도 한다.

중인들이 넘을 수 없는 선 대궐 조회 때 비가 오면 정2품까지만 비를 피할 수 있는 차일을 쳐 주었다. 사진은 경복궁 근정전 앞에 있는 차일을 고정시키던 쇠고리. 정3품이 승진의 한계였던 중인은 평생토록 차일의 혜택을 볼 수 없었다.

이루고 있다. 하지만 천문, 의약 등을 잡학이라고 낮추어 보는 분위기는 이미 조선 초기부터 있었다. 예를 들어 영남 사림의 태두로 알려진 김종직은 어린 문신들을 천문, 지리, 의약 등의 분야에 종사하게 하려는 세조의 정책에 반대하며 문신들에게 잡학을 맡겨서는 부당하다고 했다. 성종 대에 사헌부 대사헌을 지낸 채수는 의관과 역관이 거의 모두 미천한 존재들이라 분수에 넘치게 대접해서는 안 된다고 주장했다.

이처럼 조선 초기부터 전문 지식을 잡학이라 해 천시하는 풍조가 있었으니, 그러한 일을 담당하는 이들에 대해서도 차별적 인식이 생겨나 중인이라는 특수 계층으로 형성되었다고 할 수 있다. 17세기 당시 중인의 처지가 어떠했는지 다음 자료를 통해 확인할 수 있다.

> 상인은 중인에 대해 벽이 있어 중인을 만나면 먼저 절하고 길에서 만나면 말에서 내린다. 의복도 같은 옷을 입을 수 없다. 중인과 사족 사이에는 계급이 더욱 뚜렷하다. 감히 함께 앉지 못하고, 호칭도 서로 다르며, 말할 때는 반드시 자신을 소인이라고 부르고, 잘못이 있으면 매를 맞을 수도 있다.
> ─이보, 『경옥선생유집瓊玉先生遺集』

중인에 대한 차별은 18세기에도 그대로 이어졌다. 이중환은 『택리지擇里志』에서 당시의 계층을 양반·중인·하인으로 분류하면서 계층 간에 서로 교유하지 않는다고 이야기한 바 있다.

중인은 기본적으로 관직자였기 때문에 평민보다는 물론 지위가 높았다. 하지만 양반 관직자와 비교하면 차별에 시달리고 있었다. 일단 중인은 법적으로 '한품거관限品去官'이라는 규정에 적용을 받았다. 한품거관은 일정한 관품에 오르면 관직에서 물러

중국행 역관의 필수 휴대품 『노걸대신석』 '걸대(乞大)'란 중국 혹은 중국인을 뜻하는 몽골어로 추정되며, 상인의 무역 활동을 주제로 한 중국어 교재이다. 세종 대부터 전해진 『노걸대』를 수정 보완해 엮었다. 『박통사』와 더불어 조선 시대의 대표적인 중국어 교재이다. 국립중앙도서관 소장. 1책.

나는 것을 말한다. 기술직 중인은 정3품 당하관에서 벼슬이 끝나게 되어 있었다. 경아전의 대부분을 차지한 서리書吏는 차별이 더욱 심해 정7품이 되면 관직에서 물러나야 했다.

차별은 그뿐이 아니었다. 기술직 중인은 정식 과거인 잡과를 통해 선발되지만, 그들에게 제수된 관직은 기본적으로 정식 관직이 아니라 몇 개월 단위로 교체되는 체아직遞兒職이었다. 체아직은 재직하는 동안에만 녹봉을 받을 수 있으므로 중인의 경제적 처지는 불안할 수밖에 없었다. 서리들은 심지어 녹봉조차 제대로 지급받지 못했다.

이처럼 중인은 양반에 의해 차별을 받고 있었다. 물론 문과에 응시할 수 있는 길은 열려 있었다. 하지만 문과에 합격해도 양반이 그들을 사족으로 대접해 주지 않았기 때문에 과거 합격이 별 의미가 없었다. 과거에 합격했다고 대대로 이어온 가업을 등한시하다가는 오히려 중인직마저 상실할 위험성이 있었다. 이 때문에 중인은 과거에 잘 응시하려 하지 않았다. 가업을 계승하며 그 안에서 활로를 찾는 것이 중인이 취할 수 있는 최선의 방책이었다.

하급 지배 신분이던 중인은 전문 능력을 활용해 점차 영향력을 확대해 가고 있었다. 역관들은 중국으로 가는 사절단에 끼어 적극적으로 대청 무역에 참여했다. 조선은 17세기 후반에서 18세기 초반 사이에 청과 일본 사이의 중개무역을 통해 막대한 경제적 이익을 취했다. 바로 이때 중개무역을 주도한 이들이 역관이었다. 관직자의 지위가 불안정한 역관들은 사절단에 낄 기회가 오면 다양한 방법을 통해 자금을 모은 후 상인들과 결탁해 무역에 나섰다.

역관들은 주로 중국으로부터 백사白絲 등 비단을 수입해 왜관을 통해 일본에 수출했다. 이러한 방법을 통해 막대한 이윤을 획득할 수 있었던 것이다. 하지만 18세기 초 일본이 청과 직접 무역을 하면서 중개무역이 쇠퇴하자 역관의 무역 활동도 크게 위축

의료용 도구, 백자은구약주전자(왼쪽)와 곱돌약풍로(오른쪽) 백자은구약주전자는 왕실용 주전자이다. 상단에 은으로 만든 긴 막대 끝에 자물쇠를 채워 독약이나 극약을 넣는 것을 막았다. 곱돌약풍로는 약을 다리는 기구로, 화로와 달리 통풍구와 숯받침이 있다. 정사각형 테두리에 원형 구멍을 뚫어 약탕기를 받치도록 했다. 한독의약박물관 소장. 백자은구약주전자 지름 17센티미터, 높이 28센티미터. 곱돌약풍로 너비 22센티미터, 높이 15.5센티미터.

되었다. 이에 일부 역관은 과거에 응시해 관료로 진출하는 길을 모색하기도 했다.

의관들도 여러 방법을 통해 부를 축적하고 있었다. 의관들이 돈을 버는 가장 대표적인 방법은 일반인에 대한 의료 행위였다. 별다른 의료 시설이 없던 당시에 의관의 진료를 받으려는 사람들은 많았다. 특히 서울 지역에 거주하는 부귀가들은 의관들의 주요 고객이었다. 의관들은 이러한 부귀가를 찾아다니며 치료를 해 주고 많은 진료비를 받았다.

의관들은 또한 사절단에도 참여해 역관들처럼 약재 무역 등을 통해 큰 부를 축적할 수도 있었다. 또 인삼, 녹용 등 국왕에게 진상할 약재의 품질을 검사하는 심약審藥의 지위를 이용해 부정한 방법으로 이익을 취하기도 했다. 대표적인 예로 지방에 파견된 심약은 인삼을 파는 특정 상인商人에게 뇌물을 받고 그들에게서 구한 인삼만 합격시키곤 했다. 1798년 실록 기사에 따르면 본래 삼 1전錢의 값이 40냥으로 정해져 있는데 심약에게 바치는 뇌물 값 등이 포함되어 실제로는 70냥도 넘었다고 한다. 심약이 상당한 뇌물을 받아 챙겼음을 알 수 있다.

취재 출신의 대다수를 차지하고 있던 경아전은 열악한 처우에 시달리고 있었지만 행정 실무를 관장하기 때문에 결코 무시할 수 없는 존재였다. 양반 관료들은 본래 행정에 어두운 데다가 잦은 관직 변동으로 실무 지식이 부족한 경우가 많았다. 그 때문에 행정 업무는 경아전의 고유한 영역이 되다시피 했다. 녹봉도 지급받지 못해 스스로 생활 자금을 마련해야 했던 경아전들은 행정 업무를 처리하는 과정에서 뇌물 수수, 착복 등 각종 부정을 저지르면서 부를 축적했다.

경아전들이 저지르는 부정의 양상은 관사에 따라 다양했다. 병조에서는 뇌물을 받고 군적에서 빼 주거나 군포를 횡령하는 등의 방법이 동원되었고, 형조에서는 사건을 처리하는 과정에서 뇌물을 받아 챙겼다. 선혜청에서 대동미를 수납하는 과정에서

주점을 주름잡는 중인들 주모의 세련된 옷차림과 세간살이로 봐서 품격 있는 술집으로 보이는 주점의 풍경을 그린 신윤복의 「주사거배」. 붉은색 덜렁과 노란 초립을 쓴 무예청 별감과 까치등거리에 깔때기를 쓴 나장의 기세가 등등하다. 18세기 후반. 간송미술관 소장. 종이에 채색. 가로 35.6센티미터, 세로 28.2센티미터. 국보 제135호.

경아전이 뇌물을 요구하는 것은 관례가 되다시피 했다. 경아전이 저지르던 부정의 양상은 일일이 거론하기조차 어려울 정도이다. 경아전은 이러한 각종 부정한 방법을 통해 큰돈을 모을 수 있었다. 훗날 양반들처럼 시를 짓고 즐기는 모임인 시사詩社를 주도한 임준원은 집이 가난해 내수사 아전이 되었다. 그는 부지런하고 재간이 있고 사문에 밝아 내수사의 신임을 얻고 활동해 큰 부를 이루었다고 전해진다. 왕실 재정을 담당하던 내수사 아전은 본래 막대한 수입을 올릴 수 있는 자리였는데, 임준원도 그러한 지위를 이용해 재산을 모았음이 틀림없다.

이렇게 경아전 생활을 통해 돈을 벌 수 있는 길이 많았기 때문에 경아전이 되려는 사람은 점점 늘어났다. 조선 후기에는 서리의 선발 방식도 바뀌어 취재를 통하지 않고도 서울에 사는 사람들 중에서 적당히 충원하고 있었다. 그러다 보니 서리가 되기 위해 양반과 결탁하는 일이 늘어났다. 대개는 양반집에서 잡일을 처리하거나 시중을 드는 겸인으로 있다가 경아전이 되곤 했다.

예를 들어 우의정 이은은 선혜청 서리가 일을 잘못 처리했다는 이유로 그를 쫓아내고 자신의 겸인 김완철을 대신 기용했다. 좌의정 조태채의 겸인이던 선혜청 서리 홍동석은 조태채가 유배에 처해지자 스스로 선혜청에서 물러나 조태채를 따랐다. 이는 당시 서리의 충원 방식을 잘 보여 준다. 주요 관서의 서리는 많은 돈을 모을 수 있고 세력도 막강했기 때문에 이러한 자리는 세습하는 경향이 농후해져 유력한 경아전 가문이 탄생했다. 또한 서리들은 임기가 끝난 뒤 무과에 응시해 무관이 되거나 지방관을 맡는 등 다양한 분야로 활발히 진출했다.

한편 중인은 유학 경전에 대한 소양은 부족하지만 기본적인 교양은 갖추고 있는 부류였다. 잡과에 합격하기 위해서는 전공 분야에 대한 지식과 함께 『경국대전經國大典』 등을 공부해야 했다. 또 취재에 응시하기 위해서도 전공 분야에 대한 학습이 필요

역관 이언진의 필적 이언진은 역관이자 시인이다. 대대로 역관을 지낸 집안에서 태어나 1759년에 역과에 합격하고, 1763년에 역관으로 일본에 다녀왔다. 어려서부터 시문과 서예에 능했다. 성균관대학교박물관 소장.

했다. 잡과 가운데 특히 역학과 의학 분야는 학문적 능력이 많이 필요한 분야였다. 따라서 18세기 인물 전기의 대가인 이규상은 『병세재언록幷世才彦錄』에서 역관과 의관 가운데 인재가 많은데도 사대부들이 그들을 멀리하는 풍조를 다음과 같이 비판했다.

"역학이나 의학에 모두 학學이라는 말이 붙은 것은 글을 알아야 배울 수 있기 때문이다. 사람이 글을 알면 지식이 생기는 법이니 사역원이나 내의원에 속한 사람 가운데 지식이 있는 사람이 많다. …… 의학과 역학은 참으로 인재의 큰 창고인데, 사대부들은 역관 벼슬을 멀리하기 때문에 그 방면의 사람을 들을 수 없으니 매우 한탄스러운 일이다."

실제 역관이나 의관 가운데는 뛰어난 인물이 적지 않았다. 통신사의 일원으로 일본에 다녀온 바 있는 역관 이언진이 그러한 인물이었다. 본래 통신사행에는 실력 있는 역관들이 선발되는 법인데, 이언진은 1763년영조39 사행에 참여했다. 24세에 불과했지만 일본에서 이언진은 수준 높은 시를 지어 일본인들로부터 '둘도 없는 국사國士'라는 칭송을 들었다. 그 소문이 퍼져 일본인들은 이언진의 시문을 받기 위해 수를 놓은 질 좋은 종이를 수북이 쌓아 놓고 작품을 재촉하곤 했다. 이언진은 이러한 요청에 응하느라 하루에 500여 수의 시를 쓰기도 했다. 그는 당대 최고의 문인인 박지원에게 자신의 작품을 품평받기도 했다. 그런데 박지원이 자신의 글을 대수롭지 않게 평하자 노골적으로 분한 마음을 표현할 만큼 자신의 문학에 상당한 자부심을 가지고 있었다.

양반을 닮고
싶었던 사람들

조선 시대 중인은 각기 전문적인 능력을 활용해 영향력을 높여 가고 있었다. 중인은 분명 성장하고 있었지만 그렇다고 해서 양반이 될 수는 없었다. 그들은 이런 상황에서 벗어날 수 있는 돌파구를 찾고 있었는데 그 방향은 크게 두 가지였다.

하나는 천주교에 투신하는 길이다. 천주교의 평등사상에 고취된 중인들은 양반들과 함께 천주교 교리를 연구하는 등 교회 활동에서 중요한 역할을 담당했다. 다른 하나는 양반의 주류 문화에 동참하는 방법이다. 한시, 서화 등은 오랫동안 양반 사대부들의 전유물이었다. 중인들은 바로 그 분야에 진출해 문학 활동을 하면서 양반들과 공감대를 이루려 했다. 둘 가운데 활발한 것은 후자였다. 중인들은 기본적으로 양반 사회에 들어가고 싶은 강한 욕구를 지니고 있었기 때문이다.

사실 양반들의 문학 활동에 참여하고자 하는 욕구는 비非양반층들 모두가 지니고 있었다. 유희경, 백대붕 등은 천인 출신이지만 17세기에 시사詩社를 결성했다. 사람들은 그들을 '풍월향도風月香徒'라 불렀다. 향도는 서얼의 모임을 뜻하는데, 그들의 낮은 신분을 빗대 그런 이름을 붙인 것이다. 사대부들도 그들을 예우하면서 이따금씩 함께 어울려 시를 주고받기도 했다. 허균에 따르면 백대붕이 시에 능해 허균의 둘째 형 허봉, 승지 심희수 등과 대등한 벗으로 사귀었다고 한다. 신분의 벽이 두꺼웠지만 문학적 능력을 갖추고 있으면 천인도 양반과 교유를 할 수 있는 것이 조선 사회의 특징적인 면모이기도 하다.

이러한 비양반층의 문학 활동을 주도한 이들은 중인 가운데서도 특히 경아전들이었다. 그들이 문학 활동의 전면에 등장한 것은 18세기였다. 서울의 각 관아에서 행정 업무를 보던 경아전들은 기본적으로 어느 정도의 학식을 갖추고 있었다. 문학 활동을 하기 위해서는 양반층의 후원이 필요한데, 그들은 양반층과의 관계도 돈독했다. 또한 문학 활동을 지원할 만한 경제적 능력도 있었다. 경아전들은 이러한 배경을 바탕으로

위항시인들의 시집『해동유주』 홍세태 편찬. 10년 동안 널리 수색해 훌륭한 시를 뽑아 모은 것이다. 서문에 따르면 홍세태는 시작(詩作)에서는 신분의 고하가 문제되지 않는데도 불구하고 사람이 빈천하다고 작품이 세상에 전하지 않는 것을 슬프게 여겨 위항시선집을 간행한 것이라고 한다. 1712년. 규장각한국학연구원 소장. 1책.

한문학 시단에 활발히 진출했다. 그리고 흔히 위항인^{委巷人12}으로 불리던 일반 백성의 문학 활동을 지원하면서 위항문학 운동을 일으켰다.

18세기에 중인이 주도한 본격적인 시사는 임준원의 '낙하시사^{洛下詩社}'였다. 임준원은 아전으로 큰돈을 모으자 관직에서 물러난 후 시사를 조직해 위항시인들과 어울렸다. 문학으로 이름이 있던 홍세태, 최대립, 최승태 등이 시사에 참여한 주요 인물들이다. 좋은 계절과 아름다운 풍광을 만나면 여러 벗을 불러 모임을 갖고 시를 읊으며 즐겼다. 이런 모임을 상례로 삼아 오래도록 게을리하지 않자 시사가 번성해 서울에서 재명이 있는 이들은 이 모임에 참여하지 못하는 것을 부끄럽게 여겼다고 한다. 임준원이 세상을 떠나자 홍세태가 민간의 흩어진 시를 채집해 1712년^{숙종 38}에『해동유주^{海東遺珠}』라는 이름으로 간행했다.

중인의 활동에 자극받아 시회 활동은 더욱 활발히 전개되었는데 그 가운데도 천수경이 조직한 '옥계시사^{玉溪詩社}'는 18세기 후반을 대표하는 시사였다. 천수경의 신분은 알려져 있지 않은데 아마도 평민이 아니었을까 짐작된다. 옥계는 인왕산 동쪽을 흘러내리는 계곡의 이름으로, 본래 경아전을 비롯한 중인들이 많이 모여 살던 곳이다. 천수경이 옥계에 있던 자신의 집에 자기의 호를 따서 '송석원^{松石園}'이라고 새겼기 때문에 그의 시회를 '송석원시사'라고 부르게 되었다. 천수경을 비롯해 장혼, 김낙서, 왕태, 조수삼, 차좌일, 박윤묵 등이 옥계시사에 참여했던 주요 인물들이다.

옥계시사에서 개최한 백전^{白戰}은 명성이 자자했다. 백전은 매년 봄과 가을 날씨가 좋을 때 열렸는데 통문을 보내 날짜를 정해 중서부^{中書府}의 연못에서 모여 솜씨를 겨루었다. 백전이 얼마나 성황을 이루었는지는 다음 자료에 잘 나타나 있다.

12 위항인 '위항'은 꼬불꼬불한 좁은 길이나 좁은 골목길을 일컫는 말로 '여항'이라고도 한다. 따라서 '위항인'은 좁은 길가 따위 낙후된 지역에 사는 하층민을 가리킨다.

송석원시사의 한 장면 송석원시사로도 불리는 옥계시사는 조선 시대 웃대 중인 문화의 정점이었다. 웃대는 청계천 위쪽 동네라는 뜻으로, 지금의 서촌을 말한다. 김홍도, 「송석원시사야연도」(부분). 1791년. 개인 소장. 종이에 수묵. 가로 31.8센티미터, 세로 25.6센티미터.

남북으로 나누어 시회의 장(長)이 제비로 한쪽의 시제를 뽑았는데 남쪽의 시제이면 북쪽의 운을 쓰고 북쪽의 시제이면 남쪽의 운을 썼다. 많은 이들이 참여해 저녁 즈음에 시축이 완성되었는데 그 양이 소의 등에 실을 만큼 많았다. 노복으로 하여금 시축을 당대 제일의 명문가에게 가져가 품평했는데 최고로 꼽힌 작품은 수많은 사람의 입으로 전송되었고 당일에 서울 안에 퍼졌다.

원축(元軸)은 장원한 사람에게 돌려주는 것인데 사람들이 서로 돌려 보고 빌려 보아 완전히 해질 지경에 이르러서야 그친다. 당시 풍속에서 이것을 가장 중요하게 여겼으니 큰 비용을 아끼지 않았고 심지어 파산하더라도 후회하지 않았다. 순라군이 밤에 다니는 자를 체포할 때 백전에 간다고 하면 감히 잡지 않았다. 재상 가운데 문장으로 명망이 있는 자들도 시의 품평을 맡는 것을 영광으로 여겼으니 사람들의 부러움을 받는 것이 이와 같았다.

— 이경민, 『희조일사』 「천수경」

명망 있는 재상들이 품평을 맡는 것을 영광으로 여겼을 정도로 송석원에서 주최한 백전의 위상은 대단했다.

중인들은 한문학 외에 다른 분야로도 활동 범위를 넓혔다. 가요는 시조 작품에 곡을 붙여 노래처럼 흥얼거리는 것으로 조선 후기에 들자 가요를 전문으로 하는 가객이 등장했다. 대표적인 가객이 영조 대에 노래집 『해동가요』를 펴낸 김수장이다. 그는 전주 출신으로 숙종 대에 서리를 지낸 중인이었다. 김수장은 1760년 서울 화개동에 노가재(老歌齋)를 짓고 가단을 만들어 가악 활동을 주도해 나갔다. 그는 시조 작가로도 왕성한 창작 활동을 벌였는데, 현존하는 그의 시조 작품만도 129편에 달한다.

역시 영조 대에 노래집 『청구영언』을 펴낸 김천택도 김수장과 어깨를 나란히 한 대표적 가객이다. 그는 숙종 때 포교를 지낸 것으로 알려져 있으니, 넓은 의미의 중인

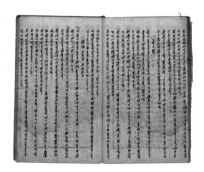

중인 김천택의 『청구영언』 『해동가요』, 『가곡원류』와 함께 3대 시조
집의 하나이다. 김천택의 신분은 『해동가요』의 작가제씨(作歌諸氏)
에 숙종 때의 포교로 소개되어 있다. 당시 가객들의 신분이 대부분 그
러했듯이 김천택도 역시 중인 계층으로서, 관직은 젊을 때 잠시 지냈
고 거의 평생을 여항에서 가인·가객으로 지낸 것 같다. 『청구영언』에
서 자신의 시조를 '여항육인(閭巷六人)' 항목에 넣은 것을 보더라도
이를 짐작할 수가 있다. 1728년. 규장각한국학연구원 소장. 1권 1책.

에 속하는 인물이라고 볼 수 있다.

예술 활동에 적극 참여한 중인들은 이중적인 의식을 지니고 있었다. 그들의 인식
밑바닥에는 기본적으로 양반 문화에 대한 동경이 있었다. 양반의 고유 영역이라 할
수 있는 문학 활동에 적극적으로 참여한 것 자체가 그러한 의식을 반영한다. 그들의
작품도 사대부의 작품을 답습한 것이 많다. 다음 시조는 김수장이 지은 것이다.

삼군을 연융鍊戎하야 북적남만 파한 후에

더럽힌 활을 씻고 세검정 지은 뜻은

위엄과 덕을 세우셔 사해안녕함이라.

남북의 오랑캐를 모두 섬멸해 천하를 평안하게 만들어야 한다는 뜻을 담은 이 시
조는 언뜻 봐서는 사대부의 작품처럼 생각된다. 중인들에게 양반은 동경의 대상이었
고 자신들도 양반 대접을 받고 싶었다. 양반 대접을 받기 위해서는 그들이 가지고 있
던 의식을 따라야 했고, 그러다 보니 양반투의 시조를 짓게 되었다고 볼 수 있다.

그러나 다른 한편으로는 양반과 구분되는 독자적 의식을 드러낼 때도 있었다. 김
수장은 노래를 하나의 잡기 정도로 본 양반들과는 달리 노래를 그 자체로 사랑했고,
자신이 가객이라는 사실에 긍지를 지니고 있었다. 노래의 소재로도 양반들이 잘 안
다루는 애정 따위 솔직한 감정을 다루었다. 「나는 지남석指南石이런가」라는 작품에서
는 남녀를 앉아도 붙고 서도 따라서 떨어지지 않는 '지남석'과 '날바늘'에 각각 비유하
기도 했다. '남녀칠세부동석'을 외치는 양반들은 입에 담기 힘든 노래이건만 김수장은
거리낌 없이 이런 노래를 지어 불렀다.

아마도 많은 중인이 이러한 두 가지 의식 사이에서 고민했을 것으로 짐작된다. 그

중인의 부러움을 산 양반의 풍류 생활 지체 높은 양반이나 종친은 기생과 악공을 집으로 불러 풍류를 즐겼다. 조선 후기에는 이 그림과 같은 호화 저택이 즐비했고 풍광 좋은 곳에 별장을 경영하는 것이 유행했다. 양반들은 호화 저택에 수만 권의 서적과 골동품, 그림, 서예 작품 등을 두고 그들만의 고급문화를 즐겼다. 김홍도 작 「후원유연」(부분). 프랑스 기메박물관 소장. 종이에 채색. 가로 44.6센티미터, 세로 80.5센티미터.

러나 전체적으로 중인 의식의 밑바탕에는 양반 문화에 대한 동경이 크게 자리 잡고 있었다. 위항문학 활동은 그러한 동경에서 전개된 측면이 크다. 그것은 하층민도 상층 문화를 공유하게 되었다는 점에서 분명 의미가 있다. 그러나 시를 짓는 데 치중한 문학 행위는 기본적으로 양반 문화의 모방이라는 한계를 지닌 것이기도 하다.

더러 신분제를 비판하는 시를 지어 울분을 토하기도 했지만, 그것은 개인적인 감정 발산 그 이상도 이하도 아니었다. 그런 점에서 대한제국 시기 문장가 김택영의 다음과 같은 지적은 의미심장하다.

"중인들이 사대부가 될 수 없어 스스로 포기한 채 원대한 학문을 하지 못하고 다만 시로써 회포를 풀 따름이었다."

김택영은 중인들이 주체적 의식을 갖지 못하고 문학 활동에만 치중한 것을 비판하고 있다. 중인들은 문학 활동에 참여하면서 자신들도 양반 문화에 동참하고 있다는 위안을 받았을지 모르지만, 그렇다고 진짜 양반이 될 수는 없었다. 그러한 정체성의 한계를 느꼈을 때 좌절감도 클 수밖에 없다.

장검을 빼어 들고 다시 앉아 헤아리니
흉중의 먹은 뜻이 한단보邯鄲步 되었구나.
두어라 이 또한 명命이어니 일러 무엇하리오.
- 『청구영언』

김천택이 지은 이 시조에는 좌절감이 짙게 배어 있다. 한단보는 연燕의 한 젊은이가 조趙의 수도인 한단 사람들의 맵시 있는 걸음걸이를 배우려다가 제대로 배우지 못하고 제 원래 걸음걸이마저 잊어 엉금엉금 기어 왔다는 고사를 말한다. 양반을 따라

하려다가 이것도 저것도 이루지 못한 슬픈 운명을 자조하고 있는 듯하다.

중인의 의식에 변화가 나타나기 시작한 것은 19세기 중반의 일이다. 이때부터 선배들의 시사 활동을 계승하면서도 양반 문화를 모방하거나 자신의 신분을 한탄하는 단계에서 벗어나 사회변혁 운동의 전면에 나선다. 이를 잘 보여 주는 것이 강위가 주도한 '육교시사六橋詩社'이다. 이 시사에서 활동한 중인들 가운데 적지 않은 이가 개화운동 등에 주도적으로 참여한 것이다.

기방을 좌지우지한 별감 기방 안에서 기생 옆에 앉아 있는 초립을 쓴 남자는 별감, 기생의 배웅을 받고 있는 남자는 포교이다. 당시 중인들은 기방의 주요 고객이었으며, 특히 별감은 기방의 실질 운영권을 쥐고 유흥계를 주름잡았던 것 같다. 사진은 김홍도 작 「기방풍정」, 프랑스 기메박물관 소장. 종이에 채색. 가로 44.6센티미터, 세로 80.5센티미터.

18세기 조선의 진경^{眞景}

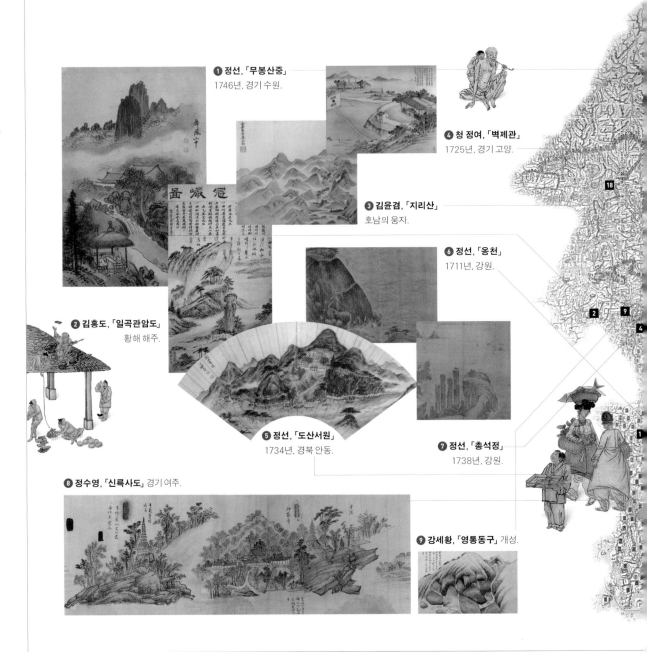

❶ 정선, 「무봉산중」
1746년, 경기 수원.

❷ 김홍도, 「일곡관암도」
황해 해주.

❸ 김윤겸, 「지리산」
호남의 웅자.

❹ 청 정여, 「벽제관」
1725년, 경기 고양.

❺ 정선, 「도산서원」
1734년, 경북 안동.

❻ 정선, 「옹천」
1711년, 강원.

❼ 정선, 「총석정」
1738년, 강원.

❽ 정수영, 「신륵사도」 경기 여주.

❾ 강세황, 「영통동구」 개성.

지금까지 당신이 알고 있던 한반도의 명승지는 잊어도 좋다. 그 어떤 파노라마 사진이, 항공 촬영 영상이 여기 펼쳐지는 진경산수의 향연보다 더 이 땅을 아름답게 표현할 수 있으랴! 이 위대한 18세기에도 대다수 백성은 이를 향유할 수 없었으리라는 사실이 가슴을 칠 뿐이다.

⑩ 정선, 「성류굴」 1734년, 경북 울진.

⑫ 김홍도, 「낙산사」 강원.

⑪ 정선, 「임천고암」 1744년, 충남 부여.

⑯ 정선, 「내연산 삼용추」 경북 포항.

⑬ 정선, 「해인사」 1734년, 경남 합천.

⑮ 김홍도, 「옥순봉」 충북 단양.

⑭ 정선, 「단사범주」 1737년, 충북 단양.

⑱ 미상, 「약산동대」 평북 영변.

⑰ 정선, 「벽하담」 1711년, 강원.

4.
장터 마당의
광대들

청 사신을 영접하는 모화관에서 벌어진 광대들의 연행 한마당 1725년 청 사신으로 조선에 왔던 아극돈이 그때의 경험을 바탕으로 조선의 풍속과 풍경, 각종 행사 등을 그린 스무 폭짜리 화첩『봉사도』의 제7폭. 모화관 마당에서 아극돈 일행을 환영하는 공연이 벌어지고 있다. 객사 바로 앞에서 한 광대가 대접 돌리기를 하고 있으며, 마당 가운데에서는 세 명의 광대가 땅재주를 부리고 있다. 땅재주를 부리는 광대들 양옆에서는 네 명의 광대들이 가면을 쓰고 춤을 추고 있다. 마당 왼쪽에는 줄 타는 광대가 보이고, 오른쪽에는 움직이는 산대인 예산대(曳山臺)가 자리하고 있다. 중국 중앙민족대학교 소장.

궁정을 떠나
장터로 간
광대들

18세기는 양반 사족들 사이에서나 중인들 사이에서나 변화의 기운이 충만하고, 많은 사람이 새로운 꿈을 꾸던 시대였다. 우리는 그러한 변화의 기운이 민중에게도 밀어닥치던 모습을 양역 개혁 과정에서, 준천 과정에서, 천주교의 전래 과정 등에서 살펴볼 수 있었다. 시장경제의 발전과 맞물린 사회경제적 변동은 민중의 삶을 크게 흔들어 놓았지만, 유감스럽게도 우리는 이 시대 대다수 민중의 상황을 조세제도나 특수한 민중 반란을 통하지 않으면 살필 수 없다.

그런데 18세기 조선의 민중 가운데 변화의 양상을 비교적 또렷하게 남기고 있는 집단도 있다. 양인 축에 끼지 못해 조세 수취 체계에도 들지 못하고 체제 밖에서 겉돌던 광대들이다. 과거에 그들은 궁정 연희에 동원될 때에나 공식 역사에 한 발을 들이밀던 존재였으나, 시장경제의 발달과 더불어 서서히 관에 의지하지 않는 않는 자신들만의 연희 세계를 개척해 나가기 시작했다. 그것은 국가로부터 사실상 떨어져 나와 지배층과는 전혀 다른 꿈을 꾸는 집단이 성장하는 것을 의미했다.

광대패가 궁정 연희에 동원되던 모습은 청 사신 아극돈을 환영하는 공연166~167쪽에서 볼 수 있다. 공연의 종목은 다양하고 산대 규모도 성대해 보이지만, 이전 시기의 사신 영접 행사와 비교하면 연행演行1 종목이나 규모 면에서 간소해지고 축소된 것이다. 1488년성종 19 명 사신으로 온 동월董越이 지은 「조선부朝鮮賦」에 따르면 불 토해 내기, 만연어룡지희曼衍魚龍之戲2, 무등 위에 어린아이를 세우고 춤추기무동, 땅재주, 솟대타기, 사자춤, 코끼리춤, 난조鸞鳥3의 춤 등 다양한 공연이 있었다. 그리고 광화문 밖에 동서로 설치한 산대는 그 높이가 광화문과 같고 매우 교묘했다고 한다.

1 **연행** 연출을 통해 배우가 연기를 하고 가수가 노래를 부르는 등 갖가지 공연 형태를 이르는 말. 여기서는 이후로 '공연'이라 표기하기로 한다.
2 **만연어룡지희** 황금을 토한다고 해서 함리(含利)라고 불리던 상서로운 동물이 외눈박이 물고기인 비목어(比目魚)로 변신했다가, 다시 용으로 변신하는 등의 불가사의한 광경을 보여 주는 대규모 환술(幻術)이다. 연희자들이 가면을 쓰고 가장하거나 대나무로 틀을 만든 후 그 위에 종이, 흙, 천 등 재료를 붙여 만든 모형을 이용했다. 여러 가지 연희들과 함께 공연했는데, 전체 공연을 아울러 이르는 명칭이다.
3 **난조** 중국 전설에 나오는 상상의 새. 모양은 닭과 비슷하나 깃은 붉은빛에 다섯 가지 색채가 섞여 있다고 한다.

공연용 이동식 무대 구조물, 예산대 산대는 산 모양의 무대 구조물로서 '오산(鰲山)'이라고도 한다. 중국에서 흔히 오산이라고 부른 무대 구조물을 우리나라에서는 산대(山臺)라고 불렀다. 「봉사도」 제7폭에 보이는 산대는 예산대로서, 밑에 바퀴가 달려 있어 여러 장소를 이동하며 공연할 수 있는 이동식 산대였다.

사신 환영 행사의 규모는 대체로 산대를 통해 추측할 수 있다. 광해군 대에만 해도 "(경복궁) 좌우편에 각각 봄산, 여름산, 가을산, 겨울산을 만들었다"『광해군일기』. 이런 대규모 산대는 1602년선조 35 3월 명 사신 고천준顧天埈이 방문할 때도 보였지만, 17세기를 지나면서 서서히 모습을 감춘다. 이렇게 축소되어 가던 중국 사신 영접 행사는 1784년정조 8에 이르러 완전히 폐지된다.

임금이 선왕의 위패를 종묘에 모시거나 선왕의 능에 참배하고 돌아올 때 치르던 환궁 행사도 인조 즉위 후 얼마 안 가 폐지되었다. 인조는 반정 직후 왕실 잔치와 관련된 각종 기물을 큰길에서 태우는 상징적 행사를 단행했다. 또 왕실의 의식과 행사를 간소화하고 환궁 행사도 폐지했다.

이처럼 전란 이후 궁정의 공연 문화가 급속히 쇠퇴해 간 이유로는 여러 가지를 꼽을 수 있다. 중국 사신을 환영하는 행사가 간소화된 것은 당시 고조되던 배청 의식 때문이라 할 수 있다. 또 행사를 위해 막대한 물자를 징발하고 전국의 광대를 동원하는 일이 점점 더 어려워진 탓도 있었다. 하지만 그에 못지않게 민간 자본이 축적되고 오락의 수요가 커진 데서도 찾을 수 있다. 민간의 오락 수요가 늘어나 광대들의 흥행 활동이 활발해지자, 나례도감儺禮都監[4]을 통해 광대를 관리하는 일이 점차 어려워졌다. 궁정의 공연 문화를 유지하기 위한 공식적인 통제와 관리 체제가 무너지고 있었던 것이다. 광대들은 궁정에 얽매이지 않고 길거리로 나왔다. 그리고 이전에 볼 수 없던 새로운 공연의 모습을 보여 주었다. 공연 문화의 새로운 시대가 열린 것이다.

궁정 공연 문화가 위축되었다면 자연스럽게 광대들의 행방이 궁금해진다. 그 궁금증을 풀어 가다 보면 흥미로운 상황이 포착된다. 궁정 공연 문화의 위축에 반비례해 민간 공

4 **나례도감** 임금의 환궁 행사나 중국 사신의 영접 행사를 거행하기 위해 설치한 임시 기구. 좌변나례도감과 우변나례도감으로 나누어지는데, 평상시에 서울 지역의 광대인 경중우인(京中優人)을 관리하며 왕실의 연행 행사를 주관한 의금부가 좌변나례도감의 일을 맡고, 산대와 같이 볼거리를 연출하는 군기시가 우변나례도감 일을 맡았다. 주된 업무는 산대와 같은 무대 구조물을 만들고 지방의 광대들인 외방재인(外方才人)들을 서울로 차출하는 일이었다.

연 문화의 새로운 국면이 펼쳐지고 있었던 것이다. 광대들은 폐쇄적인 궁정이 아니라 개방적인 장터에서 민간의 열렬한 호응을 받으며 새로운 공연 문화를 확산시키고 있었다.

우리는 18세기 후반에 그려진 『평양감사환영도』 제1폭 그림에서 그러한 상황을 여실히 확인할 수 있다. 이 그림의 작가가 의도한 것은 아니지만 폐쇄적인 궁정 공연 문화의 쇠락과 개방적 민간 공연 문화의 흥성이 대조적으로 잘 나타나 있다.

이 그림을 보면 평양성 부벽루浮碧樓의 대청과 마당에서 각각 다른 공연이 벌어지고 있다. 부벽루 대청에서 벌어진 공연은 다분히 폐쇄적인 궁정 연행 문화의 속성을 가지고 있는데, 소략하고 정적으로 묘사되어 있다. 반면에 개방적인 마당에서 벌어지는 가면극과 줄타기 공연은 수많은 구경꾼의 시선을 모으고 있다. 구경꾼의 관심이 대청보다는 마당 판에 쏠리고 있는 것이다. 이처럼 18세기에는 열린 마당에서 벌이는 개방적인 공연이 대세를 이루고 있었다.

이처럼 18세기 광대들이 개방적인 마당에서 보여 준 새로운 국면의 공연은 흥행으로 그 성격을 특징지을 수 있다. 그러한 흥행의 사례를 박제가의 「성시전도응령城市全圖應令」에서 찾을 수 있다.

문득 슬슬 걸어 큰길을 지나는데 急若閒行過康莊

왁자지껄 너니 나니 하는 소리가 들리는 듯. 如聞嘖嘖相汝爾

사고팔기 끝났으니 놀이를 청해 볼까? 賣買脫訖請設戲

광대들 옷차림이 해괴하고 망측하다. 伶優之服骸且詭

우리나라 솟대타기는 천하에 으뜸이라 東國撞竿天下無

줄을 타거나 공중에 거꾸로 매달린 것이 거미와 같네. 步絚倒空縱如蟢

시끌벅적한 민중 놀이, 「평
양감사환영도」 중 제1폭
「부벽유연」 궁정 행사인
대청에서의 공연보다는,
마당에서 벌어지는 가면극
과 줄타기 공연에 사람들이
관심이 쏠려 있다. 18세기
후반. 미국 피바디에섹스
박물관 소장. 비단에 채색.
가로 58.1센티미터, 세로
128.1센티미터.

한 곳에선 인형이 무대에 오르자 ^{別有傀儡登場手}

우리나라에 온 칙사^{勅使}가 손뼉을 치네. ^{勅使東來掌一抵}

조그만 원숭이는 아녀자를 깜짝 놀라게 해 ^{小獼眞堪嚇婦孺}

사람이 시키는 대로 절도 하고 끊어도 않네. ^{受人意旨工拜跪}

－박제가, 『정유각삼집^{貞蕤閣三集}』

   박제가는 1792년^{정조 16} 4월 서울 거리의 모습을 그린 「성시전도^{城市全圖}」를 보고 정조의 명에 따라 이 시를 지었다. 위에 인용한 대목에서는 상인들의 상업 활동과 긴밀하게 연계된 광대들의 공연 활동이 드러난다. 시장에서 사고팔기를 끝내고 놀이판이 벌어지는데, 해괴하고 망측한 옷차림을 한 광대들이 솟대타기·줄타기·인형극·원숭이 재주 부리기 등을 하고 있다. 광대들이 장터 마당에서 상업 활동과 연계된 공연을 벌이고 있는 것이다.

   18세기 서울을 배경으로 한 「태평성시도^{太平城市圖}」에서도 이 같은 광대들의 놀이판을 볼 수 있다. 높은 장대에 원숭이가 두 마리가 재주를 부리고 그 주변에 사람들이 모여 있는 장면이 영락없는 「성시전도응령」의 한 대목을 연상시킨다.

   「성시전도응령」에서 흥미로운 것은 광대들이 시장판에서 공연을 벌이는 목적이다. 그들은 상업 활동과 긴밀하게 연관된 공연, 곧 영리를 목적으로 한 흥행을 벌이고 있다. 어떤 대가를 지급받았거나 지급하기로 약속되어 있는 상황에서 벌어지는 공연인 셈이다.

   공연과 상업 활동이 함께 어우러지는 흥행적 성격의 광대 놀이판을 잘 보여 주는 것으로 김홍도가 그린 「사계풍속도병^{四季風俗圖屛}」 가운데 제1폭이 있다. 청계천으로 보이는 버드나무 드리워진 개울가, 난간이 있는 형태로 보아 청계천 상류의 광통교로 추정

「**태평성시도**」**의 원숭이 공연** 화려한 상점이 늘어서 있고 인파가 가득한 시장에서 원숭이 두 마리가 재주를 부리고 있다.
18세기 말 광대들의 공연은 상업 활동과 긴밀하게 연관되어 있었다. 18세기 후반. 국립중앙박물관 소장.

되는 다리 곁에서 사당패[5]가 공연을 하고 있다. 사당의 남편 노릇을 하는 거사^{居士}들이 소고를 들고 춤을 추는데, 그 앞 바닥에는 무엇인가가 놓여 있다. 아마도 판매를 위한 물건일 것이다. 한 손에 부채를 든 사당은 구경 나온 별감의 소매를 슬그머니 끌고 있다. 삿갓을 쓴 다른 사당이 구경 값을 요구하며 구경꾼에게 부채를 내밀자, 담뱃대를 비껴 문 구경꾼은 주머니를 뒤적인다. 왼손에 닭을 잡고 있는 총각이 넋을 빼고 구경 삼매경에 빠져 있는 모습도 보인다. 아마 심부름을 가다가 광대들의 놀이판에 정신이 팔린 듯하다. 총각 곁의 한 남자는 갓까지 벗어 놓고 놀이판에 빠져 있다. 그 뒤로 각궁을 든 남자와 그 동료가 서서 공연을 보고 있다. 지팡이를 짚은 할머니도 굴레를 쓴 아기를 업은 채 구경하고 있다.

이처럼 18세기에는 공연 활동과 상업 활동을 겸하는 광대패의 모습을 볼 수 있었다. 광대들은 스스로 물건을 늘어놓고 파는 동시에 공연의 대가를 직접 요구하고 있다. 그들 스스로 적극적인 흥행 활동에 뛰어들었던 것이다.

그렇게 광대들은 장터 마당으로 나왔다. 그리고 영리를 목적으로 공연을 벌였다. 물론 그러한 성격의 공연이 이전에 없었던 것은 아니다. 하지만 이전의 공연은 광대들의 적극적인 흥행 활동이라기보다는 기본적인 생계 유지를 위한 것이었다. 그야말로 먹고살기 위해 공연을 하며 어렵게 떠돌아다녔다. 하지만 18세기에는 궁정의 행사를 위해 동원되던 광대들이 이익을 위해 자신들의 예능을 활용하기 시작했다. 개방적인 장터 마당에서 광대들이 벌이는 적극적인 흥행 활동. 그것이 18세기 조선의 풍경을 이전과는 다른 것으로 바꿔 나가고 있었다.

5 **사당패** 사당은 패를 지어 여러 지방을 떠돌아다니면서 노래와 춤을 공연하던 떠돌이 여성 광대를 말한다. 가무희를 앞세우고 매음도 했다. 사당패에는 맨 위에 모갑(某甲)이라 부르는 우두머리 남자가 있고, 그 밑으로 거사(居士)라는 사내들이 제각기 사당 하나씩과 짝을 맞추었다. 사당패의 공연 종목은 사당법고춤, 소리판, 줄타기의 세 가지였다. 사당패는 전통적인 농악의 춤동작과 소고를 가지고 춤추는 법고놀이를 특기로 삼았다. 현재 전승되는 「봉산탈춤」의 사당·거사과장은 바로 사당패의 노래와 춤을 그대로 재현한 것이다.

길거리 공연, 「사계풍속도병 (四季風俗圖屛)」중 「사당연 희」 조선 후기에는 사당패의 길거리 공연이 곳곳에서 벌 어졌다. 악기를 연주하고 춤 을 추는 이들은 대중들의 인 기를 받던 '연예인'이었다. 김 홍도 작. 프랑스 기메박물관 소장. 종이에 채색. 가로 44.6센티미터, 세로 80.5센 티미터.

서울 한복판의
본산대놀이 한마당

조선 시대의 한양, 곧 서울은 행정의 중심지이자 문화의 중심지였다. 동시에 가장 발달한 상업 도시이기도 했다. 시장을 중심으로 각종 오락적 재능을 갖춘 광대들이 모여드는 환경이 조성되어 있었다. 장터 마당에서 광대들이 벌이는 흥행 활동이 가장 왕성했던 곳도 서울이다. 서울을 중심으로 오락이 발달하고 문화의 상업적 성격이 강화되는 가운데 공연 양식의 혁신이 진행되었다. 그 결정체가 본산대놀이[6]이다. 18세기 공연 문화를 대표하는 본산대놀이가 서울과 그 인근에서 탄생한 것이다.

18세기 본산대놀이의 양상은 강이천[7]이 쓴 「남성관희자南城觀戲子」에 잘 나타나 있다. 이 글은 '남성南城 밖에서 인형극과 가면극을 포함하는 본산대놀이판을 본다'는 뜻으로, 남성은 남대문 밖 칠패 시장 근처로 추정된다. 당시 3대 시장의 하나이던 칠패 시장은 어물로 유명한 곳이었다. 이처럼 사람이 많이 몰리는 상업지역은 흥행을 위한 공연 장소로 적절한 곳이다. 남성 밖이 놀이판 벌이기 좋은 곳이라는 사실은 "백발로 앉았으니 떡 파는 할미라네白髮賣餠嫗."라는 대목에서도 추정해 볼 수 있다. 광대들의 흥행 활동과 관계 있는 상인의 모습을 표현한 것이다.

「남성관희자」는 본산대놀이패가 벌인 인형극과 가면극의 양상을 비교적 섬세하게 나타내고 있다. 인형극은 "무대를 가설하고 놀이판을 벌이는" 방식으로 시작된다. 등장하는 인형들과 그 제작 방식, 극 내용, 공연 방식 등을 볼 때 오늘날 전해지는 남사당패의 「꼭두각시놀음」보다 한층 더 다양하고 풍부한 내용의 인형극이 있었음을 알 수 있다.

물론 남사당패의 「꼭두각시놀음」에 나오는 홍동지, 박첨지를 연상시키는 인물이 등장하기도 한다. 지금처럼 부채를 이용한 공연술이 그때 있었다는 것도 흥미롭다. 하지만 오늘

6 **본산대놀이** 서울과 그 인근 지역을 기반으로 활동하던 본산대놀이패의 공연을 양주와 송파 등의 별산대놀이와 구별하기 위해 부르는 이름. 별산대놀이의 모체가 된 가면극을 뜻하는 말로 쓰기도 한다. 하지만 본산대놀이패는 가면극뿐 아니라 인형극과 기타 다양한 종목을 공연했다. 따라서 여기에서는 가면극, 인형극, 기타 잡기까지 포괄한 공연으로 정의한다. 가면극을 말할 때는 본산대가면극으로 표현할 것이다.
7 **강이천** 어린 시절 천재로 알려져 궁궐에서 시를 지어 바치고, 정조로부터 참다운 학사가 될 것이라는 칭찬과 함께 문구류를 하사받았다. 신유박해(1801) 때 주문모와 함께 처형당했다. 시문집 『중암고』가 있다. 열 살 때인 1778년 본산대놀이를 보고 11년 후 「남성관희자」를 지었다.

박첨지(왼쪽)와 홍동지(오른쪽) 「남사당놀이」 종목 중 「꼭두각시놀음」에 등장하는 인물들이다. 박첨지는 흰색 바탕의 얼굴에 흰머리와 흰 수염의 노인 모습으로, 옷은 소매가 긴 저고리를 입었다. 「꼭두각시놀음」의 매 거리마다 등장하며, 극을 진행하는 해설을 하기도 한다. 홍동지는 온몸이 붉은색이며 발달된 근육에 머리는 상투를 틀고, 알몸에 성기를 노출시킨 모습이다. 모든 권위와 관념을 파괴하고 젊음과 힘을 긍정하는 반사회적이고 저항적인 인물로 나타난다. 「남사당놀이」 중요무형문화재 제3호.

날 전해지는 인형극에서는 볼 수 없는 요소도 많아 당시 인형극의 수준을 가늠할 수 있게 한다.

본산대 인형극에 등장하는 인형들은 다양하다. '낯짝이 안반[8] 같은 놈', '노기를 띠어 흉악한 놈', '더벅머리에 귀신 얼굴을 한 두 놈', '구릿빛 얼굴에 눈은 도금을 한 놈', '북방 유목민인 달자(韃子)', '귀신 같은 여인과 그 아이' 등 갖가지 인형이 등장한다. 이 가운데 「꼭두각시놀음」의 박첨지와 홍동지를 연상시키는 인형은 '낯짝이 안반 같은 놈'과 '얼굴은 구리쇠에 눈에 도금을 한 놈'이다. 하지만 대부분은 오늘날의 「꼭두각시놀음」에서는 찾아볼 수 없는 인형들이다.

인형들은 극 속에서 나름의 역할을 하다 퇴장하기를 반복한다. "홀연 사라져 자취가 없다."라는 표현은 다양한 등장인물이 빈번하게 등장했다가 퇴장하는 상황을 생동감 있게 드러내며, 장면전환이 신속하게 이루어지고 있음을 말해 준다. 등장인물의 빠른 등장과 퇴장, 이에 따른 신속한 장면전환, 그리고 다양한 인물의 출현은 이 인형극이 발전된 극적 내용을 담고 있음을 말해 준다.

인형극의 내용을 살펴보자. '낯짝이 안반 같은 놈'이 고함을 지르며 분위기를 험하게 만들고, '노기를 띠어 흉악한 놈'이 소맷자락 휘날리며 춤을 추기도 한다. 또 더벅머리 귀신 둘이 방망이를 들고 치고받는가 하면, '구릿빛 얼굴에 눈은 도금을 한 놈'이 춤을 춘다. 그런가 하면 북방인 같은 남자가 달려 나와 스스로 머리를 베고 자빠지기도 하고, '귀신 같은 여인'이 아이를 안고 젖을 먹이고 어르다가 아이를 찢어발겨 던져 버린다.

이런 극적 내용 대부분은 이전의 인형극은 물론이고 남사당패의 「꼭두각시놀음」에서도 찾아볼 수 없다. 특히 스스로 머리를 베고 자살하는 대목과 여인이 젖을 먹이던 아이를 살해하는 대목은 그 내용

8 **안반(案盤)** 반죽을 하거나 떡을 칠 때에 쓰는 두껍고 넓은 나무판을 말한다.

남사당패의 「꼭두각시놀음」에 등장하는 여성 인물들 왼쪽부터 박첨지의 큰마누라인 꼭두각시, 박첨지의 첩 들머리집, 막첨지의 조카딸 피조리이다.

의 극단성과 더불어 전후 자취를 전혀 찾아볼 수 없는 것이어서 주목할 만하다.

「남성관희자」에서 묘사된 인형극은 등장인물의 다양성과 내용 못지않게 공연술 역시 주목할 만하다. 신속한 장면전환과 인형들의 다양한 움직임은 이 인형극이 조종을 통해 이루어지고 있음을 말한다. "문득 튀어나오는 낯짝이 안반 같은 놈 고함 소리 사람을 겁주는데"라는 표현에서 알 수 있듯이, 인형 공연자들이 목소리 연기도 한다. 인형 조종과 목소리 연기를 모두 갖춘, 명실상부한 인형극이다.

공연술과 관련해 특히 주목되는 것은 부채를 이용한 퇴장 방식과 미세하고 난해한 움직임을 만들어 내는 조종술이다. "부채로 얼굴을 가리고 홀연 사라지는" 퇴장 방식은 남사당패 「꼭두각시놀음」에서 박첨지가 퇴장하는 방식과 같아 흥미롭다. "머리를 흔들고 눈을 굴리는" 미세한 움직임도 「꼭두각시놀음」에서 나타난다. 이로 보아 늦어도 이 시기에 이미 「꼭두각시놀음」 수준의 조종술이 있었음을 알 수 있다.

「남성관희자」에는 「꼭두각시놀음」의 공연술을 넘어서는 것도 있다. 북방인 같은 남자가 칼로 자신의 목을 베어 던진다든지, 여인이 젖을 먹이다가 아이를 찢어발긴다든지 하는 움직임은 고도의 인형 제작술과 조종술이 전제되지 않으면 불가능한 것들이다.

「남성관희자」는 인형극과 함께 가면극도 묘사하고 있다. 가면극은 "평평한 언덕에 새로 자리를 펼쳐" 벌어진다. 극은 '상좌춤 → 노장 과장 → 샌님 과장 → 사당·거사 과장 → 영감·할미 과장' 등의 순서로 진행된다. 주요 등장인물은 상좌 僧雛9, 노장老釋10, 사미승沙彌11, 소매少妹12, 취발이僧又大醉, 샌님老儒

9 상좌 불교에서 상좌는 '스승의 대를 이을 여러 승려 가운데에서 높은 승려'와 '출가한 지 얼마 되지 않은 수습 기간 중의 예비 승려'라는 의미가 있다. 놀이판을 정화하는 종교적 기원이나 놀이를 시작하는 의식무를 추는 역할을 담당한다.
10 노장 불교 승려이다. 검은 탈에 송낙을 쓰고, 먹장삼을 입고 다홍가사(紅袈裟)를 걸치고 염주를 목에 걸고 있다. 한 손에 삼불제석이 그려진 부채를 들고 한 손에 육환장을 짚고 있다. 가면극에서 노장은 대사 없이 몸짓과 춤으로만 자신의 의사를 표현한다. 수도 생활을 하다가 세속에 내려와 소무에게 반해 파계를 하고 소무를 취하지만, 취발이와의 대결에서 패해 도망간다.
11 사미승 정식 승려가 되기 위해 수행(修行)하고 있는 어린 남자 승려.
12 소매 젊은 여자, 특히 유녀(遊女)를 말한다. 소무라 불리며, 대체로 수도승을 파계시키는 기녀이거나 본처를 불행하게 만드는 첩이다. 흰 얼굴에 연지 곤지를 찍거나 화려한 치마저고리를 입고 있다.

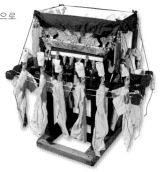

남사당패의 「꼭두각시놀음」에 등장하는 상여 상여거리에 등장하는데, 조립식으로 되어 있다. 「꼭두각시놀음」에는 상여 외에도 절(법당)이 조립식으로 되어 있다.

生, 젊은 여인嬰青娥, 포도부장武夫, 사당, 거사, 할미婆老, 무당神巫 등이다. 그 내용으로 미루어 할미와 더불어 영감과 첩도 등장했을 것으로 여겨진다. 등장인물이 만들어내는 내용은 '상좌의 깨끼춤'[13], '선녀의 춤', '소매에게 반한 노장의 파계와 청혼', '취발이의 주정', '추레한 샌님의 거드름', '샌님과 노장을 꾸짖어 물리치고 젊은 여인을 혼자 차지하는 포도부장', '거사의 사당 희롱', '첩을 질투해 싸우다 죽는 할미', '방울을 흔들며 굿을 하는 무당' 등으로 정리된다.

「남성관희자」에서 묘사된 가면극은 그 구성, 인물, 내용 등에서 현재 전승되는 가면극과 유사하다. 진행 순서가 다르지 않고 등장인물도 엇비슷하며 사건이나 갈등도 크게 다르지 않다. 오늘날 전해지는 「봉산탈춤」, 「양주별산대놀이」, 「송파산대놀이」 등은 물론 야류[14], 오광대[15]와도 유사한 부분이 많다.

이는 적어도 18세기 말에 오늘날 전해지는 것과 같은 가면극 형태가 완성되었음을 말해 준다. "입술은 언청이, 눈썹은 기다란데"에서 나타나는 샌님 모습이 지속되는 것도 흥미로운 대목이다. 양반에게 장애 형상을 덧입혀 비판하는 식의 발상이 적어도 18세기 후반부터는 존재한 것이다.

현재 전승되는 가면극과 다른 점도 나타난다. 배역 비중이나 갈등 구조에서 차이가 있다. 취발이와 말뚝이가 대활약하는 오늘날의 가면극에 비해 그들의 비중이 낮고, 대신 포도부장의 역할 비중이 두드러지게 높다는 점이 대표적이다. 「남성관희자」는 포도부장의 활약을 다음과 같이 묘사하고 있다.

헌걸차다 웬 사나이, 장사로 뽑힘 직하구나. 천천一武夫°可應壯士墓°

13 **깨끼춤** 깨끼라는 말은 '깨낀다', '깎는다', '깎아 내린다', '깎아 없앤다'는 의미이며, 매듭이 절도가 있는 것이 특징이다. 손짓 동작의 춤이 많으며, 매듭이 확실하고 섬세하다. 무폭이 작다.
14 **야류** 경상남도 낙동강 동쪽 지역에서 전승되어 온 가면극을 말한다. 들놀음이라고도 부르는데, 현재 동래야류와 수영야류가 전승되고 있다.
15 **오광대** 경상남도 낙동강 서쪽 지역에서 전승되어 온 가면극을 말한다. 오광대는 다섯 광대가 나오기 때문에, 또는 다섯 과장으로 구성되어 있기 때문에 붙여진 이름으로 추정하고 있다. 현재 통영오광대, 고성오광대, 가산오광대, 진주오광대 등이 전승되고 있다.

취발이와 취발이의 아들 취발이는 술 취한 중을 말한다. 붉은색 얼굴에 이마에는 여러 개의 주름이 선명하게 잡혀 있다. 한 줄기의 긴 머리카락이 늘어져 있다. 왼쪽은 「송파산대놀이」, 오른쪽은 「강령탈춤」 장면.

짧은 창옷에 호신수好身手, 호매豪邁하니 누가 감히 겨역하랴! 短衣好身手°豪邁誰敢枠°

유생이고 노장이고 꾸짖어 물리치는데, 마치 어린애 다루듯 叱退儒與釋°視之如嬰孺

　그러한 활약상은 당시 광대들 사이에서 발휘되던 포도부장의 영향력과 밀접한 관계가 있다. 당시 무사 집단은 광대패의 흥행 활동을 관리하는 직접적인 권력자일 뿐 아니라, 서울 시정의 유흥을 주도하는 공연 예술의 향유층이기도 했다. 따라서 그 세계에서 상당한 실력을 행사하고 있었다. 당시 포도청은 순라巡邏, 포도捕盜 등의 임무를 맡은 말단 기구이지만, 대민 접촉이 많은 곳이고 각종 금지 사항을 감독하는 임무를 가지고 있었다. 그러므로 서울 시정에서 흥행 활동을 벌이던 광대들에게 포도부장은 강력한 힘의 표상으로 군림했다. 포도부장이 강력한 힘을 가진 극 중 인물로 설정된 이유가 여기에 있다. 「남성관희자」의 가면극을 바탕으로 할 때, 18세기는 포도부장의 시대라 할 수 있다. 포도부장이 사실상 주인공인 가면극이 공연되고 있었던 것이다.

　무사 집단의 영향력은 「남성관희자」의 앞부분에서도 언급되고 있다. "홍의 입고 뽐내는 건 액정서 하예掖庭隷요"라는 대목이 그것이다. 광대들과 밀접하게 연관이 된 무사나 왈짜 집단을 드러낸 것이다. 뽐내며 돌아다니는 그들은 이 놀이판을 비호하는 집단이다. 장터에서 벌어지는 광대패들의 공연에서 그들은 금지된 행위를 단속하고 질서유지를 도맡아 했다. 포도부장, 곧 서울의 하급 무관을 주축으로 한 왈짜패들이 18세기 서울 상업지역의 유흥 문화를 장악하고 있었다는 것이 공연 내용과 주변 상황을 통해 드러난다.

　「남성관희자」를 통해 우리는 18세기 광대패가 벌인 공연 전반을 파악할 수 있다. 주변 정황은 물론이고 구체적인 공연 내용까지 확인할 수 있다. 다채롭고 풍성하며 개성적이고 세련된 인형극과 가면극이 18세기 서울 근교에서 벌어졌다. 그 놀이판을 벌

말뚝이 말을 부리는 하인을 가리키며, 우리나라 대부분의 가면극에서 양반의 하인으로 등장해 양반의 무능과 부패, 허세를 신랄하게 조롱하고 풍자한다. 왼쪽은 「강령탈춤」, 오른쪽은 「송파산대놀이」장면.

인 이들은 서울 시정이나 근교에 기반을 둔 전문 놀이패였을 가능성이 높다. 놀이판이 벌어진 장소나 놀이판의 규모, 그리고 놀이의 수준으로 보아 애오개놀이패가 아니었을까? 남대문 밖에서 비교적 대규모의 놀이판을 벌일 수 있는 곳은 칠패 시장이나 그에 인접한 애오개이다. 바로 그 지역에 기반을 두고 있는 광대패가 애오개놀이패였다.

애오개놀이패는 현재 전승되는 별산대놀이 가면극의 모체인 본산대가면극을 성립시킨 집단이다. 그들은 이전에 나례도감이나 산대도감의 관리를 받으면서 왕실의 오락 유흥에 복무하던 이들이었다. 그랬던 애오개놀이패는 궁정 공연 문화가 쇠락하면서 서울과 그 인근의 장터 마당을 중심으로 공연 활동을 벌이게 되었다. 18세기 들어 활성화된 시장경제에 부응해, 사람들이 모이는 상업지역을 중심으로 흥행 활동을 벌인 것이다.

이러한 놀이패들은 교통의 요지인 애오개를 비롯해 마포, 서강, 용산, 노량진, 송파 등으로 이어지는 경강 지역의 상업 문화를 기반으로 성장했다. 바로 그들이 탄생시킨 18세기의 대표 공연이 본산대놀이였다.

본산대가면극이 전국에 퍼지고 떠돌이 광대패가 전문화하다

현재까지 전승되는 가면극들은 「남성관희자」에서 묘사된 본산대가면극과 거의 유사하다. 황해도 탈춤과 중부 지방의 산대놀이는 물론, 남부 지방의 오광대와 야류까지 본산대가면극과 유사한 내용을 가지고 있다. 중의 파계, 양반에 대한 조롱, 늙은 부부의 갈등 등의 내용을 공통적으로 갖고 있다. 이는 본산대가면극이 여러 방식으로 각 지역의 가면극 광대들에게 영향을 끼쳤다는 것을 말해 준다. 서울과 그 인근에서 새로운 공연이 민간의 호응을 받자, 지역 광대들도 그 내용을 차용하고 모방해 자신들이 공연해 오던 종래의 토착 가면극을 다듬은 것이다.

본산대가면극과 지역 광대들의 만남은 다양한 경로로 이루어졌다. 본산대놀이패의 빈번한 지역 순회공연을 통해 만나기도 하고, 각 지역의 광대들이 상경했다가 본산대놀이패와 접촉하기도 했다. 다양한 경로로 다양하게 만나다가 늦어도 18세기 중엽 이후에는 전국적으로 그 내용이 유사해지는 과정을 거친 것으로 보인다.

서울 본산대놀이패의 순회공연은 「양주별산대놀이」의 형성과 관련된 이야기에서 확인할 수 있다. 경기 양주에서는 18세기 중엽부터 해마다 사월 초파일과 오월 단오에 본산대패를 초청해 놀았다. 그런데 사직동 딱딱이패로 알려진 본산대패는 지방 순회 등의 이유로 공연 약속을 어기는 일이 잦았다. 이에 양주 사람들이 신명과 재능이 뛰어난 자를 중심으로 딱딱이패의 가면극을 흉내 내며 공연하기 시작했다. 독자적인 「양주별산대놀이」가 탄생한 것이다.

「양주별산대놀이」와 거의 동일한 「송파산대놀이」, 「퇴계원산대놀이」 역시 비슷한 이유에서 생겨났을 것이다. 18세기 중엽에 나타난 것으로 전해지는 「봉산탈춤」도 본산대가면극의 영향을 받았을 가능성이 높다. 내용의 유사성 때문이다. 특히 「봉산탈춤」의 사당·거사 과장이나 할미·영감 과장은 「남성관희자」에 나타난 내용을 거의 그대로 계승하고 있다. 「봉산탈춤」은 종래에 토착적으로 전승되던 가면과 춤을 기반으

「양주별산대놀이」 제6과장과 「송파산대놀이」 제1과장 왼쪽은 노장이 파계를 하고 소무들과 어울리는 장면이고, 오른쪽은 상좌춤을 추는 장면이다. 「양주별산대놀이」 중요무형문화재 제2호. 「송파산대놀이」 중요무형문화재 제49호.

로 본산대가면극을 받아들인 것이다.

본산대가면극이 전국적으로 확산되는 과정은 18세기 이후에도 지속된 것으로 보인다. 아니 더욱 가속화되었을 것이다. 그것은 현재까지 전승되는 전국의 가면극 내용이 유사한 데서 미루어 볼 수 있다. 물론 그 유사성이라는 것도 어디까지나 각 지역 가면극이 나름대로 갖고 있는 지역적 전통의 기반 위에서 이루어졌다. 전국의 가면극이 그 내용의 측면에서는 유사하지만, 춤이나 장단의 측면에서는 지역별 독자성을 가지고 있기 때문이다. 서울을 중심으로 한 본산대가면극이 일방적으로 영향을 끼친 것이 아니라, 각 지역 나름의 전통 위에서 수용된 것으로 보아야 하는 것이다.

앞서 본 것처럼 본산대가면극에는 사당과 거사가 등장하는 과장이 있다. 남루한 행색의 사당과 거사가 등장해 서로 어울려 노래를 부른다. 그 대목은 18세기 후반 이전 사당패의 모습을 보여 준다. 이로 미루어 볼 때 본산대가면극은 당시 떠돌아다니던 사당패의 공연을 흡수한 것이다. 정약용의 『목민심서』에도 떠돌이 광대패와 관련해 "광대가 봄과 여름에는 고기잡이를 쫓아 어촌으로 몰려들고, 가을과 겨울에는 추수를 노려 농촌으로 몰렸다."라는 기록이 보인다.

조선 후기 공연 예술사에서 주목할 점이 바로 전국을 떠돌면서 공연하는 떠돌이 광대패의 속출이다. 남사당패, 사당패, 대광대패, 솟대쟁이패, 초라니패, 풍각쟁이패, 걸립패, 중매구, 굿중패 등 다양한 이름의 떠돌이 광대패가 생겨나 활약했다. 다양한 떠돌이 광대패가 속출하는 것은 그 수요가 있기 때문이다. 민간에서 오락적 요구가 높아짐에 따라 광대패의 활동은 분주해졌다. 광대패의 분주함은 다양한 광대패를 낳고, 이는 광대패들 간의 경쟁을 불러왔다. 흥행이 성공하려면 경쟁에서 살아남아야 했다. 살아남는다는 것은 광대패 자신의 예능을 인정받는 일이었다. 따라서 생존하려면 개성적이면서도 전문적인 예능 수준을 유지해야 했다. 그 결과가 특정 종목을 전문적으로 공연하는 떠돌이 광대패들이었던 것이다.

18세기에 활약한 다양한 떠돌이 광대패 가운데 사당패, 솟대쟁이패, 굿중패 등은 그림이나 시로 포착될 정도로 두드러졌다. 그들은 각각 나름의 전문적인 장기 종목을 내세운다. 사당패는 여성 연희자의 노래와 춤을 앞세우고, 솟대쟁이패는 감탄할 만한 솟대타기 기예를 내세운다. 굿중패는 승려의 풍물 연주와 춤을 주술적 행위와 버무렸다. 그렇게 독특한 공연 종목을 내세워 경쟁하고, 그러면서 공연의 전문성은 더욱 강화되어 갔으리라.

이처럼 광대들은 궁정을 나와 장터 마당으로 향했다. 그들은 서울 시정의 장터 마당에서 본산대놀이를 탄생시켰다. 무리 지은 광대들의 공연은 서울 시정을 벗어나기 시작했다. 그들은 전문화되고, 공연은 전국적으로 확산되었다. 19세기에는 그 전문화와 확산의 속도가 훨씬 더 빨라지게 될 것이다.

본산대가면극의 확산에 반응하는 지역 토착 가면극의 모습은 흥미로운 탐구 대상이다. 지역의 광대들이 거꾸로 서울로 진출할 수도 있다. 떠돌이 광대패들이 뒤섞이면서 공연 종목이 개성을 잃어 갈 수도 있다. 서울과 지방이 섞이고 이 공연 종목과 저 종목이 섞이는 가운데 이도 저도 아닌 경계의 시공時空이 만들어질 가능성도 있다. 그 속에서 다양한 실험이 이루어지고 제한 없는 욕망이 표출될 수도 있다.

그렇다면 19세기는 무한한 가능성의 장이 된다. 다양한 지향과 시도가 이루어지고, 그래서 무한한 가능성이 만들어질 수 있는 경계의 시공, 문턱의 시공이 만들어질 수 있다. 그렇게 만들어질 새로운 세계가 벌써부터 기대된다. 이미 18세기에 광대들은 그 세계로 진입할 준비를 끝냈기에 더욱 그러하다.

18세기 말, 광대들은 새로운 세계의 경계선 위에 서 있었다.

「봉산탈춤」 첫째 목중춤 여덟 명의 목중들이 등장해 춤과 재담을 펼치는 「봉산탈춤」 제2과장 목중춤에서, 첫 번째로 등장하는 목중이 춤을 추고 있다. 중요무형문화재 제17호.

불화(佛畵) 속의 광대들
감로탱으로 보는 18세기 연희

운흥사 소장 감로탱(1730년)

18세기에 두드러진 활약을 보인 떠돌이 광대패의 정체는 감로탱(甘露幀)을 통해 포착할 수 있다. 감로탱에는 쌍줄백이, 솟대타기, 땅재주, 사당춤, 탈춤, 방울 쳐 올리기, 인형극, 접시돌리기, 줄타기 등의 공연모습이 묘사되어 있다. 이 그림을 바탕으로 18세기에는 사당패, 솟대쟁이패, 굿중패 등의 떠돌이 광대패가 활약했음을 추정할 수 있다.

상단(上段) 중생을 구제하기 위해 친림하는 불보살(佛菩薩)이 묘사되어 있다. 운흥사 감로탱은 당시 감로탱의 여래가 옆에서 바라본 모습을 하고 있던 것과 달리 한결같이 앞에서 바라본 모습을 하고 있다.

중단(中段) 성찬을 배설한 의식 제단(祭壇), 재를 진행하는 작법승(作法僧)과 재에 참여한 사람, 상주(喪主) 등이 묘사되어 있다. 운흥사 감로탱은 중앙에 제단과 두 아귀가 있고, 선인들과 작법승의 무리, 법회에 참석한 선왕선후(先王先后)와 왕후장상이 중앙을 향하고 있다.

하단(下段) 아귀(餓鬼), 죽은 후 지옥에서 형벌을 받는 사람, 비명횡사한 사람 등이 묘사되어 있다. 운흥사 감로탱은 배경을 나타내지 않고 한 색상의 평면 위에 다양한 장면을 배치했다.

감로탱은 불교 의식에 사용되는 종교화다. 죽은 사람의 영혼을 천도하는 사십구재(四十九齋), 수륙재(水陸齋), 예수재(豫修齋), 우란분재(盂蘭盆齋) 등과 같은 재의식(齋儀式)에 사용되어 왔다. 감로탱은 대체로 상, 중, 하 3단의 구조를 가지고 있으며 그중 하단에서 다양한 광대패들의 공연 양상을 확인할 수 있다.

엄격한 좌우대칭의 구도이다.

아미타삼존과 인로왕보살

여래삼존과 지장보살

여섯 여래가 교대로 합장과 설법인을 하고 있다.

평원 좌우에 산악이 있다.

제단과 상단 사이. 드넓은 평원이 구름에 가려 나무의 윗부분만 드러나 있다.

천인(天人)과 천인을 호위하는 천녀(天女)들. 천녀들은 천개(天蓋)를 들고 있다.

각각 홀을 들고 있는 제왕들.

왕후들.

두 아귀.

문무백관.

걸립패.

자연을 유희하는 선인(仙人)들.

작법승의 무리. 악도(惡道)에 떨어져 굶주림의 고통을 당하는 망령에게 음식을 베푸는 법회를 열고 있다.

군데군데 구름으로 장면을 구획했다.

망령. 모든 인물들의 바로 곁에서 같은 동작을 하고 있다. 하단이 여러 사건으로 죽은 사람들을 나타낸 죽음의 세계임을 의미한다.

유랑하는 연희패.

여러 공연 종목이 시간을 달리해 한 공간에서 진행된다.

건물에 깔려 죽은 사람.

전쟁 장면.

솟대타기.

죽방울 돌리기.

제단. 2열로 엇갈려 기물이 배열되어 있다. 흰 쌀밥이 수북히 쌓여 있는 것처럼 보인다. 감로탱마다 제기의 구성과 배열이 다르다.

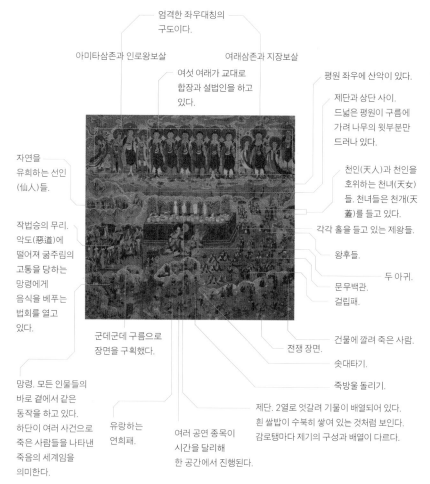

사당패 연희

주로 여성의 가무희를 중심 공연 종목으로 내세우는 집단이다. 마을과 장터, 바다에서 열리는 파시(波市) 등을 찾아 돌아다니며 공연을 했다. '화주'나 '모갑(某甲)'으로 불리는 남자를 우두머리로 삼고, 거사라 불리는 사내들과 그들과 짝을 맞춘 사당들로 구성되어 있다. 공연 종목은 사당버꾸춤과 소리다. 이들의 공연 모습은 본산대광대패에 수용되어 본산대가면극의 거사·사당 과장을 형성하기도 했다.

자수박물관 소장 감로탱(18세기 중엽)
사당과 거사들이 활달하게 춤을 추고 있다.

김홍도, 「사당연희」(18세기)
1. 소고를 들고 춤을 추는 거사들
2. 구경 값을 요구하는 사당
3. 별감의 소매를 슬그머니 끄는 사당

가면극

「평양감사환영도」 제1폭 「부벽유연」에는 현전하는 가면극의 18세기적 모습을 담은 희귀한 장면이 있다. 연희자들은 물론이고 관객들까지 포함한 가면극 공연 현장이 생생하게 묘사되어 있다.

「부벽유연」(18세기)
1. 흥미로운 구조물 : 커다란 천에 탈을 붙이고 소매와 한삼 자락을 달았다. 광고물로 추정되지만 정체가 분명하지 않다. 바람이 불면 마치 춤을 추는 것처럼 보였을 가능성이 높다.
2. 샌님 : 소무에게 매혹된 듯 멍한 얼굴로 서 있다.
3. 소매(소무)
4. 상좌들 : 상좌춤을 추고 있다.

줄타기

줄광대가 줄 아래에 어릿광대와 삼현육각 악사를 대동하고 음악 반주에 맞추어 줄 위에서 다채로운 기예, 재담, 가요를 공연한다. 우리나라의 줄타기는 공연 장면에 적합한 가요와 해학적이고 풍자적인 재담이 다양한 기예와 어우러진다는 점이 특징이다. 조선 시대 각종 궁정 행사에서 공연되었으며, 1448년 조선에 사신으로 왔던 명 동월(董越)의 「조선부(朝鮮賦)」에 의하면, 그 시절 공연되던 조선의 연희들이 매우 세련된 기교를 가지고 있었음이 드러난다. 특히 줄타기는 "많은 줄을 따라 내리매 가볍기는 능파선자와 같다."라고 표현되어 있다. 이익도 『성호사설』을 통해 원래 중국으로부터 한반도에 전래된 줄타기는 수준 높은 쌍줄타기였고, 당시 조선의 줄타기 역시 매우 뛰어나서 중국 사신이 찬탄해 마지않았다는 점을 분명히 했다.

「봉사도」(1725년) 모화관에서 벌어진 중국 사신 영접 행사에서 줄타기를 공연하고 있다.

솟대타기를 전문적 공연
종목으로 내세우는 집단이다.
놀이판 한가운데 솟대와 같은
긴 장대를 세우고 그 위에서
재주를 부린 데서 그 명칭이
비롯되었다. 솟대타기는 단지
솟대 위에서 재주를 부리는
방식과, 그 꼭대기로부터
양편으로 2가닥씩 4가닥의
줄을 늘여 놓고 그 위에서
재주를 부리는 '쌍줄백이'
방식이 있다. 솟대쟁이패는
주로 장터를 돌아다니며
공연했고, 솟대쟁이패가
내세우는 공연 종목은 솟대타기
이외에도 풍물, 땅재주, 얼른
(요술), 줄타기, 병신굿 등이
있었다.

봉서암 소장 감로탱(1759년)
1. 솟대 꼭대기에서 물구나무를 서고 있다.
2. 쌍줄 위에서 대금을 불고 있다.
3. 부채를 쥔 어릿광대.
4. 흥을 돋우는 악사들.

쌍계사 소장 감로탱(1728년)
용머리가 조각되어 있는 솟대
위에서 공연하는 솟대쟁이.

구룡사 소장 감로탱(1727년)
장대를 높이 세우고, 그
꼭대기에서 거꾸로 매달리는
묘기를 부리고 있다.

운흥사 소장 감로탱(1730년)
1. 솟대 꼭대기에서 물구나무를 서고 있다.
2. 쌍줄 위에서 퉁소를 불고 있다.
3. 부채로 얼굴을 가린 소리꾼.
4. 장고를 치는 악사.
5. 망령.

표충사 소장 감로탱(1738년)
1. 솟대 꼭대기에서 물구나무를
서는 솟대쟁이.
2. 부채를 든 어릿광대.
3. 장고를 치는 악사.

자수박물관 소장 감로탱(18세기 중엽)
1. 쌍줄 위에서 물구나무를 서고 있다.
2. 모닥불 앞에서 몸을 녹이는 어릿광대.
3. 탈을 쓰고 웃옷을 벗은 채 춤을 추고
있는 어릿광대.
4. 장고를 치며 소리를 하는 악사.

**호암미술관 소장 감로탱
(18세기 말)**
솟대 꼭대기에서
피리를 부는 솟대쟁이.

용주사 소장 감로탱(1790년)
1. 쌍줄에 거꾸로 매달려
대금을 불고 있다.
2. 탈춤을 추는 사람.
3. 악사들.

선암사 소장 감로탱(1740년대 전후)
1. 솟대 꼭대기에서 물구나무를
서는 솟대쟁이.
2. 탈춤을 추는 사람.

무당굿

감로탱에는 굿을 하는 모습이
묘사되어 있기도 하다. 지전(紙錢)을 들고 춤추는 무녀를
중심으로 그 주위에 부채를
펼쳐들고 앉아 있는 무녀와
악사들이 자리하고 있는 양상을
띤다. 무녀의 춤을 반주하는
악사들로는 대금잽이,
장구잽이, 징잽이 등이
확인된다.

선암사 소장 감로탱
(1740년 전후)
화려한 복장을 한 무당.

호암미술관 소장
감로탱(18세기 말)

자수박물관 소장 감로탱
(18세기 중엽)

직지사 소장
감로탱
(1724년)

통도사 소장 감로탱
(1786년)

운흥사 소장
감로탱(1730년)

원광대박물관 소장
감로탱(1750년)

쌍계사 소장
감로탱(1728년)

봉서암 소장 감로탱
(1759년)

구룡사 소장 감로탱
(1727년)

방울 쳐 올리기

장구 모양의 도구를 양손에
하나씩 쥐고 한 개 이상의
방울을 이 도구로 쳐올리기를
반복하는 방식의 공연이다.

봉서암 소장
감로탱
(1759년)

호암미술관 소장
감로탱
(18세기 말)

땅재주

선암사 소장
감로탱
(1740년 전후)

봉서암 소장
감로탱(1759년)

땅재주는 땅 위에서 물구나무를 서거나 재주를 넘는 등 신체를 활용해
다양한 기예를 보여 주는 전통 공연이다. 땅재주꾼이 어릿광대를 데리고
음악 반주에 맞추어 재주를 보여 주기도 한다. 땅재주는 지예(地藝), 장기
(場技), 근두, 살판, 물구나무서기 등의 명칭으로 불린다. 지예와 장기는
땅에서 하는 기예라는 뜻이다. 살판은 '잘하면 살판이요, 못 하면 죽을 판'
이란 뜻에서 살판이라는 명칭이 붙여졌다고 한다. 근두는 한국과 중국에서
'跟斗', '筋斗', '斤頭' 등으로 고르게 나타나는 대표적인 이칭이다. 땅재주에
악기 반주와 더불어 어릿광대의 재담이 함께 이루어지기도 했다.

호암미술관 소장
감로탱
(18세기 말)

구룡사 소장
감로탱(1727년)
어른 땅재주꾼과
아이 땅재주꾼으로
구성되었다.

쌍계사 소장
감로탱(1728년)

「봉사도」(1725년)

운흥사 소장
감로탱(1730년)

직지사 소장
감로탱(1724년)

신흥사 소장
감로탱(1768년)

인형극

호암미술관 소장 감로탱에는
인형극 무대와 인형, 그리고
산받이로 추정되는 인물이
묘사되고 있다. 포장 무대라
불리는 인형극 무대에 인형들의
모습이 보이고, 포장 무대
밖에는 산받이 역할을 하는
이로 보이는 연희자가 장고를
치고 있다.

산대잡상놀이

고사 속의 인물이나 많이 알려진 인물을 잡상으로 만들어 전형적 상황을
연출해 표현하는 공연이다. 굳이 대사가 없어도 관객이 이해 가능한 상황을
연출된 잡상들의 진열을 통해 표현하는 것이다. 산대 위에 진열 형식으로
표현된 잡상들은 전형성을 띠는 상황이나 세간에 잘 알려진 이야기의 한
장면을 재현한다. 그래서 정지된 상황 연출만을 가지고도 전반적인 상황을
관객들은 충분히 이해할 수 있다.

「봉사도」(1725년) 인물 구성으로 보아
강태공 고사를 표현한 산대잡상놀이로
추정된다. 인물 잡상들은 일정한 움직임이
있어서, 낚싯대를 반복적으로 드리우거나
손을 반복적으로 흔들어 춤을 추는 것처럼
보였을 것으로 보인다.
1. 춤추는 여인
2. 낚싯대를 들어 던지는 남자
3. 원숭이
4. 여인

왕도(王都)의 문 1795년(정조 19) 경기도 수원에 등장한
화성(華城)은 정조가 아버지 사도세자의 능 옆에 새로 지은
신개념의 왕성이었다. 생활 도시 기능과 방어 기능이 나뉘었
던 전통적인 이중 성곽 체제를 하나의 성으로 통합하고, 거
중기·활차·녹로 등의 건축 기술과 화강석·벽돌 등의 자재
를 동원한 신도시가 탄생한 것이다. 둘레 약 5.4킬로미터. 사
적 제3호. 유네스코 세계 문화유산. 사진은 화성의 북문인
장안문.

03
화성으로 가는 길

1776년 가혹한 시련과 도전을 이겨낸 세손이 드디어 왕위에 올랐다. 조선의 제22대 국왕 정조이다. 그때 서양에서는 영국의 지배를 받던 아메리카 식민지가 왕의 지배를 거부하고 국민이 스스로 통치하는 공화국으로 독립하겠다는 선언을 했다. 미국의 탄생이다.

당시 막 독립을 선언한 미국 13개 주의 형편은 400년 전통에 빛나던 조선왕조와 비교할 바가 못 되었다. 건국 때로부터 이어온 유교 문명과 양란의 위기를 극복한 개혁의 성과 위에서 정조는 국왕이 만민과 소통하는 성리학적 이상 국가를 향해 나아갔다. 반면 종교 탄압을 피해 아메리카로 건너간 청교도의 후예들 앞에는 식민 모국인 영국뿐 아니라 원주민과도 대결하며 스스로 국가의 모든 제도와 규범을 만들어 나가야 한다는 험난한 과제가 놓여 있었다.

1789년 정조가 재위 13년을 맞았을 때 서양에서는 프랑스대혁명이 일어나 절대왕정을 무너뜨리고 미국과 같은 공화정 체제로 가는 첫발을 뗐다. 그해 정조는 아버지 사도세자의 능을 수원으로 옮기는 것을 신호탄으로 왕실과 사대부와 민을 하나로 모으는 계획을 차근차근 실천에 옮기기 시작했다. 조선의 앞날은 탄탄대로처럼 보였다. 반면 프랑스에서는 체제 수호에 실패한 절대왕정이나 이제 막 출발한 공화정이나 혼돈 속에 오랜 내전과 전쟁 상태로 들어가야 했다.

이처럼 18세기 말의 미국, 프랑스 등과 비교할 때 조선은 여러 면에서 안정되어 있었고 미래도 더 밝아 보였다. 그러나 100년이 지난 뒤 사정은 완연히 달라져 있었다. 급속한 공업화를 바탕으로 굴지의 경제 대국으로 올라선 미국은 1854년^{철종 5} 일본을 개항시킨 데 이어 1871년^{고종 8}에는 강화도에 쳐들어와 '은둔국' 조선의 개항을 요구했다. 프랑스 역시 몇 차례나 왕정복고와 혁명을 반복하는 동안 근대 산업국가의 체질을 키워 1866년^{고종 3} 강화도를 공격하고 조선의 문을 두드렸다.

조선은 프랑스와 미국의 요구를 거부하고 그들의 침략을 격퇴했지만 이미 대세는 기울어 있었다. 결국 정조의 왕위 등극 100주년인 1876년^{고종 13} 조선왕조는 일본의 무력 도발에 굴복해 개항하고 열강의 침략을 허용했다. 그 100년 동안 무슨 일이 일어났던 것일까? 개혁의 성과 위에서 체제의 안정을 기했던 조선왕조가 국가의 진로를 놓고 혼란에 빠져 있던 미국과 프랑스에게 '추월'을 허용한 까닭은 무엇일까?

이유는 여러 가지로 분석되고 있지만, 한 가지 분명한 것은 정조가 확신에 차서 추진한 성리학적 이상 국가가 끝내 조선에 도래하지 않았다는 사실이다. 정조는 자신의 호를 '만천명월주인옹萬川明月主人翁'이라 지었다. '모든 강에 비치는 하나의 밝은 달'이라는 뜻이니, 스스로 만백성을 밝게 이끄는 군주를 자처한 것이다. 이 자신감 위에서 그는 군주가 강력한 권위를 가지고 만백성을 통치하는 국가의 기틀을 마련하기 위해 재위 기간을 바쳤다.

정조가 가장 중점을 둔 것은 아버지 사도세자 문제로 분열되었던 사대부 사회를 군주 중심으로 헤쳐 모이도록 해 활용 가능한 모든 인력을 국가 운영에 끌어들이는 일이었다. 탁월한 능력과 기지로 이 과업은 거의 성공했고, 그동안 국가 운영에서 소외되었던 수많은 인재들이 자신의 재능을 아낌없이 발휘할 기회를 얻었다. 그러나 안팎에서 일어난 변화를 모두 수용해 정조가 구상한 국가 체제로 끌어들이기에는 그의 재위가 너무 짧았고, 그가 가진 성리학적 세계관도 한계가 분명했다.

결국 정조는 1800년^{정조 24} 다소 급작스럽게 죽음을 맞이하고 조선은 표류하기 시작했다. 정조가 가다가 멈춘 지점, 정조가 자신의 한계를 드러낸 지점에서 조선은 급속히 쇠락의 징후를 드러냈다. 그 지점들을 찾아 1776년으로 거슬러 올라가 보자.

1.
규장각의
만추^{晩秋}

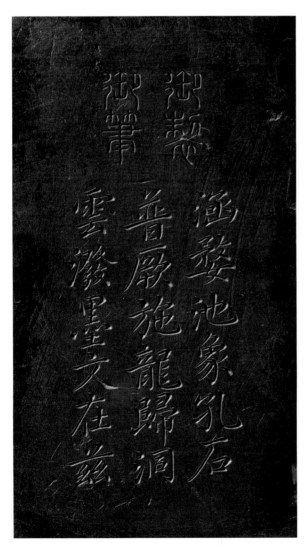

정조의 글씨를 새긴 율곡 이이의 벼루
16세기 율곡 이이의 벼루에 정조의 글씨를 새겼다. 벼루를 예찬한 시로, 성리학에 대한 정조의 애정을 잘 보여 준다. 강릉오죽헌·시립박물관 소장. 가로 16.2센티미터, 세로 9.1센티미터. 강원도유형문화재 제10호.

정조의 시대가 열렸다. 영조로부터 물려받은 개혁을 지속하고 생부인 사도세자의 비극적인 죽음으로 인해 흐트러진 탕평 정국을 바로잡는 것이 젊은 국왕의 과업이었다. 그는 이를 위해 영조 대와는 차별화되는 탕평의 논리를 펼쳐 나갔다. 그는 주장했다. 과인은 혼돈의 탕평이 아닌 의리의 탕평을 추진하겠노라고.

의리의 탕평이란 무엇인가? 이를 알기 위해서는 의리에 대한 정조의 생각을 알아야 한다. 정조는 철저한 주자학자였다. 의리론에서도 당연히 주자학의 이론을 동원했다[1]. 그에 따르면 의리란 자기가 옳다고義 믿는 것일 뿐 아니라 천리天理에 부합하는 것을 말한다. 따라서 각 붕당이나 세력이 시비를 관철하기 위해 의리를 제기하면 분열의 요인이 되지만, 그런 의리들이 정말 천리에 부합하는지 공론에 붙여 논의하다 보면 국가의 구성원이 동의하는 사회적 합의와 통합의 준거가 될 수도 있다.

영조는 탕평을 추진할 때 정파의 세력 관계를 고려해 의리론을 절충하곤 했다. 이것을 정조는 '혼돈의 탕평'이라 규정했다. 반면 일체의 사정私情을 배제하고 공의公義에 준거하고자 했던 정조는 의리론을 둘러싸고 각 정파의 대립과 갈등이 표출되는 것을 마다하지 않았다. 때로는 그러한 대립과 갈등을 유도하기도 했다. 그렇게 하면서 공론 대결에 의해 합의에 이르는 과정을 중시한 것이다.

정조는 세손 시절부터 척신 세력의 온갖 방해와 결탁의 유혹을 극복하며 즉위에 성공했다. 그것은 결국 효종 이래 삼종혈맥의 계승자로서 정당한 의리를 관철시키는 과정이었다. 즉위 과정이 이러했으므로 정조는 영조의 탕평을 계승하되 척신 세력에게 의존하지 않고 사대부의 공론을 존중하면서 정국을 운용할 수 있었다.

정조는 생부 사도세자가 아니라 백부 효장세자의 아들로서 영조를 계승했다. 그는 즉위 직후 다음과 같이 말했다.

1 **정조의 의리론** 정조는 자신의 시문집 『홍재전서』에서 의리는 일을 처리하는 데 마땅함의 준거로서 찬연히 조리(條理)가 갖추어진 채 사람과 사물에 구비되어 있어서 변하지 않는 하나의 법칙이 된다고 보았다.

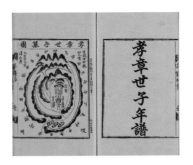

『**효장세자연보**』 효장세자의 행적을 연보로 엮어 편찬한 책이다. 효장세자는 영조의 맏아들로 1725년에 세자로 책봉되었으나 10세의 나이에 요절했다. 영조는 매우 애통해하며 연보와 제문, 비문, 묘지문을 전부 어제어필했다. 한국학중앙연구원 소장. 1책.

"나는 사도세자의 아들이나, 선대왕이 효장세자를 잇도록 명했기에 근본을 둘로 하지 않을 것이다. (사도세자의) 추숭을 논하는 자들은 형률로써 다스리겠다."

이는 영조가 확립한 의리를 철저히 준수하겠다는 선언이었다. 영조에 따르면 사도세자는 죄인도 아니지만 왕으로 추숭할^{追王2} 대상도 아니었다. 따라서 정조 역시 사도세자를 자신의 생부로서 정당한 추숭은 하겠지만 왕으로까지 추숭하는 일은 없을 것이라고 공언한 것이다. 그에 따라 정조는 효장세자를 진종^{眞宗}으로 추왕하고, 사도세자에게는 장헌^{莊獻}이라는 존호를 올렸다.

앞서 살펴본 대로 사도세자가 변을 당한 해가 임오년¹⁸⁶²이었기에 그 사건을 '임오화변'이라 하고, 이 사건을 정리한 영조의 결정을 '임오의리'라 한다. 이 같은 '영조의 임오의리'를 따르기로 한 정조는 우선 죄인도 아닌 사도세자를 모함해 죽음으로 몰아간 자들에게 칼을 들었다. 먼저 사도세자의 처벌을 영조에게 적극 건의했던 김상로의 벼슬과 작위를 빼앗고 그 아들 김치현[3]을 유배 보냈다. 또 영조에게 사도세자를 모함한 숙의 문씨와 그 오라비 문성국을 처단하고 그 죄악을 널리 알렸다.

한편 영조 대 사도세자를 보호했던 세력을 계승한 소론 강경파와 남인계 일부는 사도세자의 아들인 정조가 즉위한 데 기대를 걸고 있었다. 그들은 은밀히 또는 공개적으로 사도세자의 신원과 추왕 문제를 제기했다. 그러나 정조의 대응은 그들의 기대와는 완전히 어긋나는 것이었다. 정조는 그들에게 모두 사형, 유배 등 엄한 처벌을 내렸다.

자신의 즉위에 기대를 걸고 나선 사람들에게 왜 이토록 모질게 했을까? 그들이 아무런 논의 과정도 없이 매우 사적인 수단을 동원해 영조의 임오의리에 정면으로 위배하는 주장을 펼쳤다는 이유에서였다. 이러한 조치야말로 '근본을 둘

2 **추숭과 추왕(追王)** 추숭이란 특정 인물의 사후에 그 덕을 높이기 위한 의식을 말한다. 그 가운데는 왕이 아니었던 인물을 국왕으로 올리는 추왕(追王)도 포함된다. 추왕은 종통의 변경뿐 아니라 새로운 국왕과 그에 따른 왕족·척신을 만드는 것이기 때문에 매우 중대한 사안이다.
3 **김치현** 정조가 즉위하자 홍봉한을 가리켜 '임오화변을 야기한 수괴'라고 공격했다가 정조의 반격을 초래했다.

신임의리에 입각해 쓰인 『경종수정실록』 정조의 신임의리에 의해 수정된 경종실록. 『경종실록』에서 노론의 인물평이 나쁘게 기록된 것은 모두 삭제하고 신임사화와 관련해 희생된 노론 대신들을 비호했으며, 소론 대신들에 대한 인물평은 신임사화와 관련해 비판했다. 규장각한국학연구원 소장. 5권 3책. 국보 제151호.

로 하지 않겠다'며 영조의 임오의리를 준수하려는 정조의 뜻을 여실히 보여 주는 조치라 할 수 있다.

정조가 준수하겠다고 밝힌 의리가 또 하나 있었다. '신임의리'였다. 노론이 세제였던 영조의 대리청정을 관철시키려다가 숙청당한 신축옥사[1721], 영조와 노론이 경종을 제거하고 권력을 찬탈하려 했다는 혐의로 시작된 임인옥사[1722]. 합쳐서 신임옥사라 불리는 두 정변은 모두 소론 측이 꾸민 일이고, 영조와 노론에는 잘못이 없다는 것이 신임의리의 내용이었다. 정조는 바로 이러한 신임의리를 영조보다 더 철저하게 지키겠다고 선언했다. 그리고 영조도 용서해 주었던 이광좌, 조태억, 최석항 등 소론 대신의 관직을 다시 빼앗았다.

이쯤 되면 소론 관료들은 긴장하지 않을 수 없었을 것이다. 그러나 정조는 그들을 따로 소집해 소론에 대한 처벌을 확대시키지 않겠다고 안심시켰다. 대신 조건이 있었다. 신임의리를 준수하겠다는 맹세를 하라는 것이었다. 신임옥사에서 소론 과격파와 일부 강경파가 잘못을 범한 것은 분명한 사실로 확정하되, 그것을 인정하는 한 무고한 소론 세력을 처벌하지는 않겠다는 뜻이었다.

정조는 나아가 영조 초반에 소론 탕평파와 강경파의 의리론, 즉 노론의 잘못을 인정하는 논리에 따라 편찬된 『경종실록』도 신임의리에 의거해 수정했다. 그리하여 김일경 등 소론 과격파에 협력한 소론 강경파 일부의 죄를 분명히 밝힌 『경종수정실록』이 세상에 나오게 되었다.

이어서 정조는 자신의 즉위를 방해한 신하들을 처단하고 즉위를 도운 신하들을 표창했다. 그 내용은 세손을 보호한 친세손 세력과 반세손 세력의 대결 과정을 기록한 『명의록明義錄』에 잘 나타나 있다. 여기서 세손을 보호한 세력은 영조의 승계 구도를 존중해 이를 관철시킨 정순왕후, 세손의 궁료인 홍국영과 정민시, 이들 궁료와 연

임진년 금속활자로 찍은 『명의록』 『명의록』은 정조의 대리청정을 반대하던 홍인한과 정후겸 등을 사사하고 정조를 옹위한 홍국영 등을 충절로 선양한 일을 기록한 책이다. 이 책은 영조 대에 주조한 활자본인 임진자본으로 찍었다. 『명의록』은 1776년, 임진자본은 1772년. 국립중앙박물관 소장. 임진자본 각 가로 1.35센티미터, 세로 1.31센티미터, 높이 0.68센티미터.

결되어 있었던 소론 서명선 등이다. 그들의 적은 영조 대 후반 세손에게 맞서고 대리청정까지 저지했던 홍인한·홍계희 계열 노론 탕평당^{북당}과 정후겸 등 소론 탕평당의 연합 세력이었다.

『명의록』의 편찬은 정조의 즉위와 관련된 새로운 국시를 확정하고 정조를 중심으로 정계를 재편하는 의미가 있었다. 『명의록』에서 충과 역을 가르고 그 논리적 근거를 적시한 것은 청론을 자부하는 노론 남당의 김종수와 유언호였다. 그들은 앞서 살펴본 것처럼 사대부의 공론을 중시하지 않는 영조와 대립각을 세운 적이 있으나, 공론을 강조하는 정조에게는 협력해 그의 즉위 과정과 관련된 의리를 제공하게 된 것이다. 여기서 주의할 점은 정조의 세손 시절 그의 대리청정을 방해하는 등 정조의 즉위를 저지한 행위에 한정해 『명의록』에 반역 세력으로 기재했을 뿐, 사도세자나 신임의리 문제로 기재 범위를 소급하지 않았다는 것이다.

이처럼 정조 시대의 국시인 『명의록』이 완성되자 반정조 세력으로 몰린 자들이나 그 후손들은 불만을 품고 정조에게 도전했다. 특히 홍계희·홍계능의 자손들은 정조를 제거하기 위해 궁궐에 자객을 들여보내기도 하고 정조에 대한 저주를 행하기도 했다. 그들은 정조를 시해하고 정조의 동생인 은전군을 추대하려고 했다. 이 일련의 자객·저주·추대 사건을 '삼대역모사건'이라 한다.

정조는 그 주모자들을 대거 처단하고 『속명의록』을 편찬해 그 내용을 기록했다. 여기서 홍계희 계열은 물론이고 세손 시절 정조의 대리청정을 극력 저지했던 홍인한 계열이 추상같은 단죄의 대상이 된 것은 당연하다. 그러나 정조는 홍인한의 형인 홍봉한 계열은 보호해 주었다. 정조는 홍봉한의 아들 홍낙임을 친히 국문해 그가 은전군 추대 음모에 관여되었다는 혐의가 근거 없는 것임을 밝히기도 했다.

홍봉한은 홍인한·홍계희와 함께 노론 탕평당의 본류라 할 수 있는데 정조는 왜

영조 말에서 정조 초의 정파 구도 정조는 『명의록』에서 충과 역을 논리적으로 명확하게 나눴다.

그에게 어떤 죄도 묻지 않았을까? 그것은 정조의 외할아버지인 홍봉한이 세손 시절 정조를 보호했기 때문이다. 또 홍봉한은 정조의 어머니 혜경궁 홍씨의 아버지이다. 정조는 어머니의 처지를 감안해서라도 홍봉한을 처벌하지 않았던 것이다.

홍봉한뿐 아니었다. 정순왕후의 오빠인 김귀주는 노론 남당의 핵심이기는 했지만 영조 대 후반에 세손을 여러 차례 위험에 빠뜨린 바 있었다. 그러나 정조는 그를 역률로 처벌하지 않았다. 김귀주의 여동생인 정순왕후가 세손을 보호해 준 공로를 감안했기 때문이다.

양대 외척으로 영조 대부터 으르렁거렸던 홍봉한과 김귀주 세력은 함께 살아남은 게 불만인 듯 서로 상대방을 겨냥해 공세를 퍼부었다. 예컨대 정조 즉위 직후 김귀주계의 핵심인 정이환은 '홍봉한이 임오화변을 초래하고 은언군·은신군을 추대하려' 했다며 홍봉한을 죽여야 한다고 목소리를 높였다. 그러나 정조는 도리어 정이환을 삭탈관직했다. 같은 김귀주계의 한후익, 홍양해 등도 홍봉한을 성토하지 않은 『명의록』은 '가짜 기록'에 불과하다고 주장하다가 처단되었다.

반대로 홍봉한에 우호적이던 노론 동당과 소론 강경파 일각에서는 김귀주를 탄핵했다. 그들은 '김귀주가 홍봉한을 성토한다는 명목으로 그를 죽이려 들고, 이를 계기로 세손을 위험에 빠뜨려 은전군을 추대하려' 했다고 공격했다. 따라서 『명의록』 후편을 편찬해 김귀주가 반역을 시도한 사실을 명확히 서술해야 한다고 건의했다. 그러나 정조는 이 역시 거부했다.

이처럼 정조는 영조의 신임의리와 임오의리를 계승하는 바탕에서 자신의 즉위를 기준으로 충과 역을 갈라 정국을 장악했다. 조선은 빠르게 정조의 나라로 자리 잡아 가고 있었다.

정조의 조정이
시파와 벽파로
재편되다

정조 대 초반 정조의 분신으로 정국을 주도해 나간 자는 단연 홍국영이었다. 그는 도승지로서 아직 정치력이 부족한 정조를 보좌하고 숙위대장으로서 정조를 호위했다. 나아가 군국 기무와 언론 인사의 권한을 장악하고 각 정파의 영수들과 교류하며 권세를 행사했다. 그는 이런 권세를 등에 업고 자신의 누이를 정조의 빈궁인 원빈으로 들여보냈다. 그때까지 중전이 후사를 낳지 못하고 있었으므로 여차하면 원빈을 중전으로 올리고 자신이 정조의 장인이 될 심산이었다.

그러나 홍국영의 기대와는 달리 원빈은 1779년 갑자기 사망했다. 그러자 홍국영은 정조의 조카인 상계군常溪君[4]을 원빈의 양자로 삼았다. 이를 위해 상계군의 호칭도 완풍군完豊君으로 바꿨다. 그리고 홍국영은 송시열의 후손인 노론 산림 송덕상을 만났다. 홍국영과 밀담을 나눈 송덕상은 정조에게 상소를 올렸다. 중전이 아들을 낳지 못하고 있으니 서둘러 후사를 결정하는 '모종의 방도'를 강구하라는 내용이었다. 원빈을 대신할 빈궁이 재간택되는 것을 막고 홍국영의 외손이 된 완풍군을 후사로 세우려는 계책이었다.

그러나 홍국영의 꿈은 왕실의 강력한 반발로 무산되고, 홍국영은 정조의 눈밖에 났다. 정조는 권세를 믿고 왕실의 후사 문제에 개입한 죄로 홍국영을 전격 축출했다. 정조 초반 국정 전 분야를 장악했던 홍국영의 실각은 정국에 커다란 변동을 초래할 수밖에 없었다.

홍국영에게 집중되었던 권한은 소론, 노론 동당, 노론 남당 등으로 분산되었다. 특히 소론의 입지는 한층 더 단단해져 서명선의 역할이 강화되었다. 서명선은 노론 가운데 평소에 의리 탕평에 적극적인 태도를 보였던 안동 김문金門의 후손 김문순과 연대를 강화했다.

송시열의 후손 송덕상은 홍국영의 '하수인' 노릇을 했다

4 상계군 정조의 동생인 은언군의 장자. 제25대 국왕 철종은 그의 동생 전계군의 아들이다.

노론 남당의 영수 김종수 세손의 필선(弼善)으로 있을 때 외척의 정치 간여를 배제해야 한다는 의리론이 정조에게 깊은 감명을 주어, 뒷날 정조의 지극한 신임을 받았다. 1772년 청명(청렴과 명예)을 존중하고 공론을 회복해 사림 정치의 이상을 이루려는 이른바 청명류의 정치적 결사가 드러날 때, 당파를 없애려는 영조에 의해 그 지도자로 지목되어 유배되었다. 1781년(정조 5) 대제학에 올랐고, 이조판서·병조판서를 거쳐 1789년 우의정에 올랐다. 초상은 일본 덴리대학교 소장.

는 이유로 공격의 대상이 되었다. 산림의 막중한 역할을 저버리고 권세가와 붙어 널리 후계자를 구하려는 왕실의 계획을 방해했다는 것이다. 그러자 노론 남당의 영수 김종수가 송덕상을 변호하고 나섰다. 송덕상이 상소에서 말한 모종의 방도란 중전을 치료하고 후궁을 간택하자는 뜻이었을 뿐이라는 논리였다. 그러나 서명선이 주도하는 노·소론 탕평 세력은 집요하게 송덕상을 탄핵해 끝내 그를 유배 보내고야 말았다.

그런데 송덕상은 비록 학문적 역량은 뛰어나지 않아도 충청도 지역을 중심으로 상당한 영향력을 가지고 있었다. 송시열의 후손이라는 후광을 안고 있었고 산림이라는 상징성도 있었기 때문이다. 충청도와 황해도 지역 유생들은 송덕상에 대한 처벌을 산림에 대한 부당한 탄압으로 인식했다. 그리하여 송덕상 신원 운동을 전개하고 나아가 군사를 일으키는 반역까지 하기에 이르렀다.

사태가 이에 이르자 정조가 교통정리에 나섰다. 그는 송덕상이 반역 행위를 한 것이 맞다고 못을 박았다. 송덕상이 말한 모종의 방도란 김종수의 변호와는 달리 왕실에 양자를 들이라는 뜻이었고, 이것은 명백히 홍국영과 더불어 왕실의 후사 문제에 개입한 반역 행위라는 것이다. 정조는 윤음을 반포해 송덕상을 구원하러 나서는 자는 처벌을 면치 못할 것이라고 강력히 경고했다.

송덕상을 둘러싼 노·소론 탕평 세력과 노론 남당의 대결은 탕평 세력의 승리로 끝났다. 이 정쟁에서 소론 서명선과 협력한 노론은 북당과 동당이었다. 이처럼 소론이 노론 일부의 협조를 받으며 탕평을 주도하는 정국은 노론 남당에게 큰 우려를 안겨 주었다. 앞에서 살펴본 것처럼 노론 남당은 영조 대에 소외되었다가 정조 대에 들어와 『명의록』 편찬에 참여하면서 정권의 일익을 담당했다. 그런데 홍국영이 쫓겨난 뒤로 소론 서명선에게 정국 주도권을 내준 데다 같은 노론의 일부가 그 서명선에 협력하고 있으니 위기감을 느끼지 않을 수 없었다.

소론 탕평당의 영수 김상철 학덕이 뛰어나 영조의 신임을 받았고, 1766년 영의정에 올랐다. 1786년에 아들 김우진이 상계군 추대 역모의 주역으로 유배되었을 때, 아들을 단속하지 못했다는 죄목으로 삭탈관직되었다. 죽은 뒤 정조의 조처로 복관되었다. 초상은 국립중앙박물관 소장.

노론 남당의 윤득부가 이를 만회하기 위해 반격에 나섰다. 홍국영과 한 몸이던 서명선에게 권세를 허락한 것은 잘못이라고 정조를 비판한 것이다. 나아가 그런 서명선에게 협력하는 노론의 북당·동당계 인사들을 맹렬히 공격했다. 그들이 한때는 홍인한과 연루되어 사도세자를 모함하는 죄를 짓더니 이제는 다시 권세가에게 빌붙고 있다는 것이었다.

윤득부의 주장처럼 노론 남당은 서명선에게 협력하는 노론 세력을 권세에 편승하는 무리라고 몰아붙였다. 그러면서 이들 '지조 없는 노론'을 시류에 편승하는 자들이라는 의미에서 '시배時輩'라고 공격했다. 반면 자신들은 궁벽한 처지에서 의리를 지탱하는 세력이라고 인식했다. 시배로 몰린 자들을 '시파時派'라 하고 스스로 궁벽한 처지를 버티고 있다고 주장하는 자들을 '벽파僻派'라 한다. 홍국영이 쫓겨난 뒤 소론이 주도하는 정국에 대응하는 자세를 놓고 노론이 갈라진 것이다.

노론만 갈라진 것이 아니다. 소론에서도 서명선이 정국을 주도하는 데 반발하는 세력이 생겼다. 그 지도자는 영조 대 후반 이래 소론 탕평당의 영수였던 김상철이다[5].

나아가 이른바 청남계만 살아남았던 남인도 갈라졌다. 남인의 영수 채제공을 둘러싼 대립 때문이다. 당시 노론 시파인 김문순 등은 채제공을 사도세자 추숭 세력의 원흉이자 배후로 지목했다. 정조 즉위 직후 사도세자를 신원하고 추숭해 달라는 건의를 했다가 처단된 자들의 배후에 채제공이 있다는 것이었다. 서명선 역시 의리로 보나 형세로 보나 한 하늘 아래 살 수 없다고 할 정도로 채제공을 배척했다. 이때 서명선 편에 가담해 채제공을 배척한 이들은 노론 시파뿐 아니라 채제공의 조카와 몇몇 제자들까지 거론되고 있었다. 그리하여 남인도 채제공을 지지하는 채당蔡黨과 채제공을 배척하는 반反채당으로 분열되고 있었던 것이다.

5 **서명선과 김상철** 노론 시파와 협력해 홍국영 퇴출 이후의 정국을 이끌어 간 서명선 등을 소론 남당이라 하고, 1781년(정조 5) 이후 그에 반대한 김상철 등을 소론 동당이라 한다.

이처럼 노론이 시파와 벽파로, 소론이 서명선계와 김상철계로, 남인이 채당과 반채당으로 갈라지는 것은 비슷한 이유와 양상으로 같은 시기에 진행되고 있었다. 노론 시파와 서명선계 소론은 인사권을 쥐고 자신들에게 동조하지 않는 세력이 요직에 진출하는 것을 막았다. 그러자 노론 남당, 김상철계 소론, 채제공계 남인은 특정 세력이 국정을 제멋대로 흔든다고 비판했다. 시파에 맞서는 '반反시파 연합'이 형성된 것이다.

남인 청남계의 영수 채제공 1755년 나주괘서사건이 일어나자 사건 심문관인 문사랑으로 활약했다. 사도세자와 영조의 사이가 악화되어 세자 폐위의 비망기가 내려지자 죽음을 무릅쓰고 이를 철회시켰다. 자기 정파의 주장을 충실히 지키면서 정조의 탕평책을 추진했고, 신해통공을 주도했다. 후일 영조는 정조에게 채제공을 가리켜 "진실로 나의 사심 없는 신하이고 너의 충신이다." 라고 했다 한다. 초상은 1792년. 수원화성박물관 소장. 가로 79.8센티미터, 세로 120센티미터. 보물 제 1477-1호.

정조가
조선의 정국을
장악하다

정국을 자기 중심으로 끌고 가려는 탕평 군주 정조는 시파와 벽파의 대립에 어떻게 대처했을까? 1784년에 김하재라는 인물이 일으킨 사건을 다루는 것을 보면 알 수 있다. 이조참판 김하재는 노론 시파에 속한 인물이었다. 그런데 그가 벽파에 속하는 윤득부를 홍문관직에 추천했다. 윤득부는 앞서 살펴본 대로 시파의 편향된 인사 정책을 비판하다가 공론의 배척을 받고 있던 인물이다. 그런 인물을 추천했다가 분란을 야기한 책임을 지고 김하재는 이조참판 자리를 내놓아야 했다.

　그런데 얼마 후 김하재는 상식적으로 납득이 가지 않는 행동을 했다. 정조를 비난하는 내용으로 가득 찬 쪽지를 승지에게 보여 준 것이다. 승지는 당연히 그 쪽지의 내용을 정조에게 알렸다. 정조가 그 쪽지를 바로 태워 버려 내용의 전모를 알 수는 없다. 전하는 바에 따르면 '정조는 영조의 은혜를 잊고 사도세자를 추숭하는 따위의 행동을 했으니 군주의 자격이 없다'고 비난하는 내용이 담겨 있었다고 한다.

　정조는 김하재를 몸소 국문했다. 그 자리에서 김하재는 더욱 충격적인 발언을 쏟아 냈다. 과거 영조의 정통성을 부정하다 처형된 김일경 사후 60년을 맞아 그를 본받는 심정에서 정조를 비난했다는 것이다. 알다시피 김일경은 소론 과격파의 영수로 1722년 당시 세제이던 영조를 겨냥해 임인옥사를 일으킨 인물이다.

　정조는 이 사건을 김하재 단독 소행으로 판단해 일단 본인과 그 친속만 대역부도죄로 처단했다. 그러나 이것은 정조의 정통성을 근본적으로 부정한 사건이었다. 정조는 신하들이 자신을 공격한 김하재의 죄를 근본적인 의리에 입각해 제대로 성토해 주기 바랐다. 그러나 시파와 벽파는 정파 이익을 위해 이 사건을 활용하려 할 뿐, 김하재의 반역 행위를 분명히 밝히려는 노력은 하지 않았다. 시파는 김하재에게 우호적이던 벽파 인사들을 역적으로 처단하는 데만 열중했고, 벽파는 이 사건을 미친 사람의 돌출 행위로 규정하며 정치적 이용을 경계했다.

탕평의 상징 규장각을 그린 「규장각도」 가운데 2층 건물 중 1층이 규장각이고 2층이 주합루이다. '주합(宙合)'은 '천하 고금의 도를 담고 있다'는 뜻이다. 뒤쪽으로 창덕궁의 뒷산인 응봉이 보인다. 김홍도의 그림이라고 전해진다. 정조가 즉위한 1776년에 그려졌다. 국립중앙박물관 소장. 비단에 채색. 가로 115.6센티미터, 세로 144.4센티미터.

정조는 실망했다. 그는 직접 나서서 김하재에게 '거병한 역괴逆魁'에 대한 규정을 적용해 처벌을 확대했다. 이는 영조 때 이인좌 등이 일으킨 무신란의 역적들에게 적용된 것으로 『명의록』의 역적들을 처벌한 것보다 더 엄한 규정이었다. 그에 따라 김하재의 부친 김양택의 벼슬과 작위까지 빼앗고 연좌의 범위도 더욱 넓혀 적용했다.

그때 정조는 '시時'6에는 군주의 뜻이 실려 있으므로 정당한 '시의時議, 특정 시기의 공의'는 따라야 한다고 주장했다. 시파가 의리를 주재하는 데는 정조의 뜻이 반영되어 있으므로 정당한 이유 없이 배척해서는 안 된다는 것이었다. 여기에는 또 시의를 최종적으로 결정하는 주체는 시파니 벽파니 하는 신료 집단이 아니라 군주라는 의미도 들어 있다. 이것은 시파나 벽파가 아닌 정조 자신이 명실상부하게 의리의 주재자임을 보여 준 사건이었다.

이처럼 정조가 정치 의리에서 주도권을 분명히 내세울 수 있었던 것은 홍국영을 축출한 뒤 착실히 진행된 제도 개혁의 성과와도 무관하지 않다. 이 시기에 정조는 국왕을 보좌하는 기관을 새로이 설치해 척신, 권신에 의존하지 않고 문무 신료를 장악할 수 있는 기반을 마련했다. 규장각奎章閣과 장용영壯勇營 등 정조 대의 탕평을 상징하는 새로운 기구가 바로 그것이다.

규장각은 본래 정조 즉위 직후 역대 군왕이 지은 글과 글씨를 봉안하기 위해 설립되었다. 그러나 1781년정조5부터는 그 기능이 확대되었다. 규장각 관리들이 국왕을 가까이에서 모시고 실록의 초고를 집필하며 과거 시험까지 담당했다. 국왕과 신하들이 학문과 국정을 논하는 경연도 규장각의 일이 되었다.

규장각에 소속된 제학·직제학 등 각신閣臣들은 37세 이

6 **시** 시중(時中, 당시의 상황에 딱 들어맞음), 시군(時君, 당시의 군주) 등에 두루 쓰이던 말.

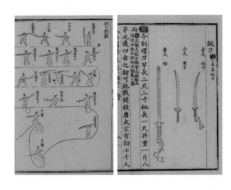

장용영의 교범 『무예도보통지(武藝圖譜通志)』 전투 동작 하나하나를 그림과 글로 해설한 실전 훈련서이다. 총 스물네 가지의 기술이 수록되어 있으며, 근접 전투 기술을 다룬 책으로 활이나 총포의 기술은 담지 않았다. 각 항목마다 병기와 개별 동작 및 전체 움직임에 대해 매우 사실적인 그림과 해설을 붙였다. 1790년. 규장각한국학연구원 소장. 4권 4책.

하의 젊고 재능 있는 중·하급 관리 중에서 초계문신抄啓文臣을 선발하는 권리도 가졌다. 이들 초계문신은 직무를 면제하고 규장각에서 연구에 전념하도록 한 뒤 40세가 되면 졸업시켜 연구 성과를 국정에 적용하도록 했다.

정조는 그들을 친히 교육하고 친히 시험하는 등 인재 육성에 공을 들였다. 군신 간에 정치적 이상을 공유하고 핵심 사대부를 친히 양성해 현자는 등용하고 외척은 멀리한다는 '우현좌척右賢左戚'의 이상을 실현하고자 한 것이다. 정약용, 홍석주 등 당대 최고의 학자와 관료들이 바로 초계문신 가운데 배출되었다.

한편 장용영은 국왕을 호위하는 친위 군영으로 신설되었다. 본래 도성을 방위하는 기능은 금군과 5군영이 담당하고 있었는데, 이들과는 별개의 조직으로 장용영을 설치한 것이다. 장용영의 전신은 홍국영이 관장하던 숙위소를 철폐하고 대신 설치한 장용위[7]였다. 무과 출신 정예병을 국왕이 직접 장악하고 엄격히 훈련시켜 질적 향상을 꾀한 것이다.

정조는 이들 장용위 출신 장교들을 활용해 다른 군영도 장악하고자 했다. 1793년 정조17 장용위를 확대 개편한 것은 그러한 노력의 결실이었다. 장용위가 호위하던 궁성은 장용영 내영을 두어 계속 지키게 하고, 장용영 외영을 따로 설치해 사도세자의 능이 옮겨 간 수원을 지키게 했다. 장용영 외영의 병력은 경기 지방의 향군을 재편해 충당했다.

규장각과 장용영은 왕권을 뒷받침함으로써 정조가 문·무 신료들을 장악할 토대를 제공했다. 정조는 이를 바탕으로 왕권을 흔들 수 있는 어떤 변고에도 주도적으로 대응할 수 있었다.

1786년정조10 문효세자가 홍역으로 사망한 데 이어 세자의 생모인 의빈마저 죽었다. 게다가 그해 12월에는 지난날 홍

7 **장용위** 1782년(정조 6) 훈련도감에 소속된 무과 출신자와 금군 정원의 일부를 재편해 이들을 '무예출신(武藝出身)'이라고 해 국왕을 호위하게 했다. 그 후 이를 꾸준히 늘려 장용위로 개칭한 것이다.

구선복을 응징한 기록 『추국일기』 1646년(인조 24)부터 1882년(고종 19) 사이에 중죄인을 추국(推鞫)한 사실에 대한 기록을 승정원에서 모아 편찬한 책이다. 제6책에 1786년(정조 10) 구선복·구선겸의 흉론(凶論) 건이 수록되었다. 규장각한국학연구원 소장. 30책.

국영의 뜻에 따라 원빈의 양자 노릇을 했던 상계군이 음독자살했다. 세자가 죽고 후사가 없어지자 훈련대장 구선복이 이를 빌미로 상계군을 추대하려고 모의했는데, 그것이 실패하자 목숨을 끊은 것이다.

이 같은 잇단 변고는 특히 노론 시파와 협력 체제를 구축한 소론의 영수들에게 타격을 가했다. 문효세자가 죽을 때 소론 서명선은 왕실의 약 제조와 처방을 책임지는 약방 도제조였다. 따라서 세자의 건강을 잘못 관리했다는 책임론에 시달리지 않을 수 없었다. 그는 비록 죄를 받지는 않았으나 지위는 상당히 약화되었다.

문효세자와 의빈의 죽음에는 독살 의혹도 따랐는데, 그 배후로 의심받은 인물은 서명선과 함께 소론을 이끌던 조시위였다. 같은 소론의 김상철·김우진 부자는 상계군의 자살을 유발한 구선복과 긴밀하게 연계된 사실이 탄로 났다. 그들은 정조의 배려로 겨우 사형을 면했을 뿐 정계에서 완전히 배제되었다. 이처럼 그나마 서명선의 세력이 보존될 수 있었던 것이 다행일 만큼 소론은 큰 타격을 입었다.

이때 가장 주목할 인물은 구선복이다. 그는 영조 대 후반 이래 최고의 지위를 누리던 무신이었다. 노론의 남당과 북당, 소론 척신 세력 등이 모두 그와 밀접한 관계를 유지하고 있었다. 그런데 구선복은 임오화변 당시 영조에게 뒤주를 바치고 그 속에 갇힌 사도세자에게 술을 권하며 희롱한 전력까지 있는 인물이다. 정조에게는 원수도 그런 원수가 없었다. 그러나 구선복이 정계에서 차지하는 비중이 워낙 큰 데다 '영조의 임오의리'를 준수한다는 명분 때문에 정조는 그의 과거를 문제 삼지 않은 채 계속 중용하고 있었다.

그러나 구선복은 사도세자의 죽음에 직접 관여한 경력 때문에 스스로 불안을 느끼며 결국은 정조가 자신을 제거할 것이라는 우려를 품고 있었다. 그러던 중 문효세자가 죽자 이를 기화로 상계군을 내세워 정조에게 선제공격을 가한 것이다. 정조는 홍국영에게 그랬던 것처럼 왕실의 후사 문제에 개입한 신료는 추호도 용서하지 않았다. 불행히도 홍국영과 구선복이라는 희대의 권신權臣들에게 똑같이 이용당한 상계군은 자살하고 구선복도 처형을 면치 못했다.

그런데 문제는 시파와 벽파를 막론한 노론의 영수들과 주요 신료들이 문효세자 사망 후 구선복과 후사를 논의했다는 사실이다. 따라서 이들 모두 상계군을 추대하려 한 역모 혐의에서 완전히 자유롭지 못했다. 그들은 서로 상대방이 이 모의에 연루되었다고 몰아붙이면서 실제로는 매우 신중한 자세로 정조가 내리는 처분을 예의 주시할 수밖에 없었다.

이것은 그야말로 정조가 주요 신료에 대한 생사여탈권을 쥔 것과 같은 형국이었다. 이때 정조는 상계군을 추대하려고 한 역모와 단순한 후사 논의를 구별했다. 그리하여 핵심인 구선복 등을 처형하고 그와 연결된 김상철·김우진을 쫓아내는 선에서 사태를 마무리했다. 그렇게 하지 않으면 구선복과 후사 문제를 논의한 수많은 신하를 모조리 처벌해야 했기 때문이다.

이렇게 구선복 세력을 진압함으로써 정조는 신료들에 대한 장악력을 한 단계 높였다. 그리고 무신의 거두를 제거함에 따라 군영에 대한 장악력도 대폭 끌어올릴 수 있었다. 이렇게 향상된 정치적, 군사적 능력을 바탕으로 정조는 새로운 과제를 설정한다. 조정에 참여하는 정치 세력의 범위를 획기적으로 넓히겠다는 것이었다. 그렇게 할 때 조선은 훨씬 더 강한 에너지를 내뿜게 될 것이 틀림없었다.

규장각의 만추 신료들과 군영을 장악하고 정치적·군사적으로 기반을 다진 정조는 각계각층의 역량을 최대한 끌어모아 조선을 대국으로 이끌어 가고자 하는 포부를 가졌다. 정조의 의지가 담겨 있던 규장각이 무르익은 가을 속에 우뚝 서 있다.

2.
갑자년이
오면

정조의 이상을 담은 화성의 지도 수원 화성은 정조가 아버지 사도세자의 묘를 수원으로 옮기면서 축조한 성으로, 당시 과학과 기술의 성과가 총집결된 건축물이다. 정조는 1804년 갑자년이 오면 세자에게 양위하고 상왕이 되어 이곳에 웅거할 계획을 세웠다. 화성은 1794년부터 공사를 시작해 1796년에 완성했다. 이 「화성도」는 화성이 완공되자마자 도면을 그린 후 행궁과 장대, 암문의 세부를 보충해 1799년에 완성했다. 장안문에서 성안의 도로를 따라 배열된 기와집과 시장이 『수원하지초록』의 내용과 일치한다. 수원역사박물관 소장. 가로 33센티미터, 세로 37센티미터.

1788년^{정조 12} 정조의 집권 2기를 여는 파격적인 인사가 선을 보였다. 그동안 정국을 주도하던 노·소론 시파 세력을 배제하고 '반시파' 인사들을 중용한 것이다. 노론 벽파 김치인, 소론 강경파 이성원, 청남 채제공 등 그동안 시파의 배척을 받아 정국에서 비껴나 있던 이들이 삼정승[1]을 구성하게 되었다.

정조의 파격적인 인사는 여기서 그치지 않았다. 그해 이인좌 등이 영조에 맞서 일으켰던 무신란 진압 60주년을 맞아 정조는 당시 반란 진압에 기여하고도 제대로 평가받지 못한 인사들의 행적을 재평가하는 사업을 벌였다. 그에 따라 남인에 속한 오광운과 홍경보, 소론 강경파의 영수인 이종성 등이 공적을 인정받았다. 이것은 그동안 신임의리의 적으로 몰려 있던 남인과 소론 강경파도 신임의리에 공헌했음을 공인하는 일이었다.

이미 영조 대에 확정된 신임의리는 더 이상 노론의 전유물이 아니라 국시로 인정된 터였다. 따라서 남인과 소론 강경파를 더 이상 국시에 반하는 집단으로 매도할 수 없는 근거가 생긴 셈이다. 이것은 그동안 청요직 등에서 배제되던 소론 강경파와 남인 주요 가문의 후손들을 적극 등용하겠다는 뜻이기도 했다. 이로써 정조는 정치 주도 세력의 기반을 넓힐 수 있게 되었다.

정조는 나아가 이 과정을 아버지 사도세자에 대한 모함을 벗기는 기회로 활용했다. 그동안 사도세자는 신임의리에 대한 생각이 영조와 달라 갈등을 빚은 끝에 비극을 맞은 것으로 알려져 있었다. 특히 노론 벽파는 그렇게 믿고 있었다. 그러나 정조는 사도세자의 신임의리관에는 아무런 문제가 없었는데 김상로, 홍계희 등의 모함으로 영조와 사이가 벌어졌다고 주장했다. 정조가 자기주장의 근거로 삼은 것이 무신란과 관련해 공적을 재평가

1 **반시파 삼정승** 영의정 김치인은 벽파의 영수 김종수의 당숙으로, 영조 대 후반 청명당 사건에 얽혀 퇴직했다. 좌의정 이성원은 영조 대 사도세자 보호 세력의 영수였던 이종성의 후계자였다. 우의정 채제공은 일찍이 사도세자 추숭론자로 지목되어 시파로부터 배척받았다. 그러나 정조는 채제공의 죄목이 모두 근거 없다고 친히 해명해 주었다.

정조가 복관시킨 조덕린의 고택 조덕린은 서원의 남설을 반대하는 상소를 했다가 노론의 탄핵으로 이듬해 제주에 귀양 가던 도중 강진에서 죽었다. 그의 상소문을 발단으로 수차에 걸친 소론의 재집권을 위한 난언·벽서 사건이 일어났다. 고택은 한양 조씨 종택으로, 17세기 말 양반 주택의 대표적 예로 꼽힌다. 살림채는 안동 지방을 중심으로 대거 분포되어 있는 뜰집(ㅁ자집)의 전형적인 평면 구성을 보인다. 경상북도 영양군 일월면 소재. 경상북도민속자료 제42호.

받게 된 조덕린이었다.

소론에 속한 조덕린은 무신란에 대해 공과가 있었으나 공은 인정받지 못했다[2]. 영조는 몇 번이나 그의 사면을 명했지만 노론의 반대로 번번이 보류되곤 했다. 그러던 1760년영조 36 그의 손자 조진도가 과거에 합격하고도 조부의 죄로 인해 합격이 취소되는 일이 일어났다. 그때 사도세자는 조진도의 합격을 취소하라는 요청에 소극적인 태도를 보였다. 김상로, 홍계희 등은 사도세자가 신임의리에 소홀하기 때문에 그런 태도를 보인 것이라고 영조에게 아뢰어 부자 사이를 이간질했다.

정조는 이 사안이야말로 사도세자에 대한 모함의 실체를 드러낼 열쇠라고 보았다. 그래서 중신들을 불러 모아 사건의 진상을 설명했다. 사도세자는 신임의리에 소홀해서가 아니라 과거 합격 취소 같은 중대한 일은 영조의 처분을 받아 처리하고자 했을 뿐이라는 것이다. 그런 일을 사도세자의 신임의리관과 연계시킨 김상로, 홍계희야말로 사도세자를 모함한 역적들이라고 목소리를 높였다. 중신들은 대개 당파를 불문하고 몰랐던 사실을 알았다며 정조의 주장을 수용했다. 조덕린은 벼슬과 작위를 회복하고 조진도의 과거 급제도 회복되었다.

사도세자의 신임의리관에 대한 오해를 바로잡은 정조는 세손 시절부터 대강의 구상을 세워 둔 일련의 계획[3]을 실천에 옮겼다. 1789년정조 13 7월 박명원[4]이 양주 배봉산에 있던 사도세자의 무덤 영우원永祐園을 옮기자고 건의한 것이 이 사업의 신호탄이었다. 박명원은 사도세자를 보호하던 세력의 왕실 측 대표 인사였다. 정조는 그 건의를 받자마자 영우원을 수원으로 옮길 것을 전격 결정하고 현륭원顯隆園으로 격상시킨 후 3개월 만에 공사를 완성했다.

2 **조덕린의 공과** 영조가 즉위한 직후 영조의 정통성에 의혹을 제기하는 듯한 상소를 올렸다가 몇 년 후 영남인들이 무신란에 대거 가담하는 구실을 제공했다. 그러나 정작 무신란이 일어나자 직접 토역 격문을 쓰고 의병 동원에 공을 세우는 등 반란을 진압하는 데 기여했다.

3 **정조의 계획** 사도세자의 무덤을 수원으로 옮기는 것으로 시작해 사도세자와 혜경궁의 회갑인 을묘년(1795)에 사도세자 추숭 사업을 갖는 것으로 일단락되는 계획이었다.

4 **박명원** 영조의 딸인 화평옹주의 남편으로 금성위에 봉해진 왕족. 연암 박지원의 삼종형.

영우원의 사도세자 묘지(墓誌) 1762년 영조가 친히 지은 사도세자의 지문(誌文). 탄생부터 서거까지 주요 일들을 요약정리했다. 국립중앙박물관 소장. 각 가로 16센티미터, 세로 21.8센티미터.

그때 정조는 아버지에 대한 자신의 생각을 담은 「현륭원지문誌文」을 작성했다. '민생과 군제 개혁에 노력한 부친의 공과 효성은 지극했고, 비판 세력의 언론까지 포용할 정도로 부친의 덕은 넉넉했다. 그런 부친과 할아버지 사이를 역적들이 이간질해 임오화변에 이르게 된 것이다. 실제로 임오화변 이후 영조는 이를 후회했다.'

본래의 무덤인 영우원에는 영조가 사도세자의 과오를 중심으로 기술한 묘지문이 묻혀 있었다. 정조는 이를 폐기하고 위와 같은 내용의 지문을 작성한 것이다. 사도세자가 죄인은 아니지만 어쨌든 과오가 있었다는 '영조의 임오의리'를 수정하려는 정조의 뜻이 고스란히 들어 있는 지문이 아닐 수 없었다.

정조는 이 같은 「현륭원지문」을 쓰고 돌에 새기는 일부터 무덤 속에 묻는 일까지 철저한 보안을 유지했다. 지문의 내용 가운데 사도세자의 신임의리관은 앞서 군신 간에 합의를 본 내용이다. 그러나 영조가 사도세자 처분을 후회했다거나, 사도세자에게 추앙받을 만한 공덕이 있었다든가, 사도세자의 역적이 누구이며 어떤 사유였는지 등은 아직 정조의 주장일 뿐이었다. 그러한 주장은 향후 중요한 정치적 계기를 활용해 단계적으로 공개하고 신하들의 합의를 도출하는 방식으로 공식화될 것이었다.

그것이 정조의 방식이었다. 영조는 사도세자가 '죄인은 아니지만 광병으로 인해 실성해 변란의 위험까지 있었기에' 불가피한 처분을 내려야 했다고 규정했다. 정조는 이를 수정하고 재조명의 방향을 제시해 사도세자상을 바로잡으려 했다. 그렇게 되면 그것은 영조의 임오의리가 아닌 '정조의 임오의리'가 될 것이다. 정조는 공론 차원의 합의를 얻어 이를 확정하고자 했다. 이런 과정이 다소 번거롭고 비효율적이기는 하지만, 정조식 의리 탕평에서는 반드시 거쳐야 할 과정이었다. 정조는 조정과 사대부의 공론에 바탕한 합의를 무엇보다 중시한 군주였기 때문이다.

아울러 임오화변을 재조명하고 사도세자상을 바로잡기 위해 정조는 조선 후기에

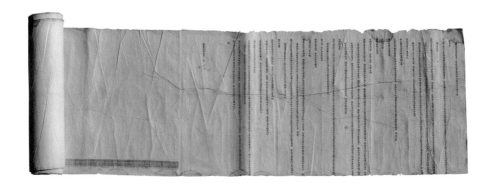

통용되던 공론 조성의 관행을 적극 활용했다. 1792년^{정조 16} 1만여 명의 영남남인이 연명해 상소를 올렸다. 이 만인소^{萬人疏}에서 그들은 사도세자의 모함을 해명하기 위해서는 사도세자의 덕을 천명하는 윤음을 반포하고, 뒤늦게나마 사도세자의 역적들을 처단해야 한다고 주장했다. 이 같은 만인소는 사도세자 추숭론인 청남의 영수 채제공과 정조의 사전 협의나 교감을 바탕으로 이루어진 것으로 보인다.

김희, 서유린 등 노론 시파도 영남남인의 주장에 동조했다. 『명의록』 앞부분에 해당하는 상편을 따로 편찬해 사도세자에 대한 모함의 내용을 적시하고 이를 주도한 노론 남당계 역적들을 처단해야 한다고 주장했다. 이어서 소론 강경파 유생 박하원이 주도해 올린 상소는 사도세자 비판에 가담한 인사들을 실명으로 거론했다. 이로써 반세자 세력에 대한 단죄론은 절정을 이루었다.

이런 과정으로 미루어 사도세자의 덕을 천명하고 역적을 다스리자는 데 노론 시파, 소론 강경파, 남인 세력의 연대가 있었던 것으로 보인다. 그들의 단죄론은 사도세자에 반대했던 노론 남당계를 연원으로 하는 노론 벽파의 존립을 뿌리째 흔드는 사안이었다. 정국에는 한바탕 격랑이 물결쳤다.

그러나 정조는 사도세자의 역적들을 단죄하는 것도, 『명의록』 상편을 편찬하는 것도, 사도세자의 모함을 해명하고 덕을 천명하는 윤음을 반포하는 것도 거부했다. 그 대신 공식성이 약한 구전^{口傳} 하교의 형식을 빌려 정국을 수습했다. '김상로·홍계희 등 역신을 명시적으로 단죄하지는 않았지만, 실질적으로는 영조의 하교나 『명의록』 의리를 빌어 이미 단죄한 것이나 마찬가지이다. 더 이상의 토역은 없을 것이다.'

사도세자를 보호한 세력의 정당성을 인정하면서도, 영조의 임오의리를 대체할 문서를 새로 만들거나 이미 처단된 자 이외에 토역을 확대하지는 않겠다고 못 박은 것이다. 사도세자의 역적이 아닌 비판 세력은 포용하겠다는 뜻이었으리라.

정조가 포용하고자 한 사도세자 비판 세력이란 누구인가? 그것은 주도적으로 사도세자를 모함하고 부자 사이를 이간질한 역적들과 달리 언로를 통해 사도세자에 대한 비판론을 제기한 자들을 말한다. 조선의 정치 전통에서 비판 세력의 언론을 광범하게 받아들여 반성의 자료로 삼는 것은 군주의 주요 덕목 가운데 하나였다.

정조는 「현륭원지문」에서 '사도세자가 자신을 향한 비판에 대해 때로는 그 불순한 의도를 의심해 과도한 반응을 보이기도 했지만, 대부분은 수용해 반성의 자료로 삼았다'고 설명했다. 정조는 이처럼 신하의 비판을 수용하는 '납간納諫의 덕'이야말로 아버지 사도세자의 덕이라고 여겼다. 그리고 자신은 그러한 덕을 계승하는 차원에서 더 이상의 단죄는 없다고 천명한 것이다.

사도세자상을 바로잡자는 주장이 담긴 「사도세자추존만인소」 사도세자를 추존하고 임오년의 의리를 분명히 해 줄 것을 청한 영남 유생 1만 94명의 연명 상소(216쪽). 1792년에 이어 1855년에 두 번째로 올린 것이다. 아래 사진은 서명 부분을 확대한 것이다. 한국국학진흥원유교문화박물관 소장. 가로 9650센티미터, 세로 111센티미터.

화성에서
화합의 축제가
벌어지다

1793년^{정조 17} 정조는 충격적인 문서를 공개했다. 영조가 사도세자를 죽인 것을 후회했다는 사실을 입증하는 문서였다. 그것도 영조가 직접 작성한 것으로 알려진 문서의 이름은 「금등^{金縢}」⁵으로, 그 내용은 이렇다.

> 피 묻은 적삼이여 피 묻은 적삼이여, ^{血衫血衫}
>
> 오동나무여 오동나무여. ^{桐兮桐兮}
>
> 누가 안금장^{安金藏}과 전천추^{田千秋}였던가? ^{誰是金藏千秋}
>
> 나는 귀래망사대^{歸來望思臺}를 마음에 품고 있다. ^{予懷歸來望思}

'피 묻은 적삼'과 '오동나무'는 1757년^{영조 33} 영조와 사도세자의 갈등을 풀기 위해 노심초사하다 병사한 영조비 정성왕후의 상례 때 사도세자가 사용했던 피 묻은 상복과 오동나무를 깎아 만든 지팡이를 말한다. 이것은 사도세자가 비록 친어머니는 아니지만 자신을 아껴 준 정성왕후를 절절히 애도했다는 증거이건만, 역적인 김상로 등은 반대로 사도세자가 그 물건들로 영조를 저주했노라 모함했다는 것이다. '안금장'과 '전천추'는 당 중종과 한 무제 당시 태자를 모함하는 세력에 맞서 목숨 바쳐 간언한 충신이고, '귀래망사대'는 한 무제가 뒤늦게 모함을 깨닫고 이미 죽은 태자를 위로하기 위해 세운 건물이다.

정조는 이 글에 영조의 지극한 자애와 사도세자의 지극한 효심이 담겨 있다고 해석했다. 영조가 반세자 세력의 모함을 깨닫고 사도세자의 효성을 인정해 뒤늦게 자신의 처분을 후회하는 자애로움을 표현하기 위해 이 문서를 남겼다는 것이다.

5 **금등** 본래 『서경(書經)』 주서(周書) 「금등편」에 수록된 고사. 주 무왕이 위독해지자 아우인 주공이 쾌유를 비는 「금등지서」를 지어 자신을 대신 죽게 해 달라고 빌자 무왕이 회복되었다. 무왕이 죽은 뒤 주공은 조카인 성왕을 보좌하다가 아우인 관숙 등에게 모함을 받고 동쪽으로 추방당했다. 관숙 등이 잡혀 죽은 후 성왕이 「금등지서」를 읽어 보고 주공의 진심을 알게 되어 그를 더욱 존경하자 재해가 그치고 다시 풍년이 들었다고 한다.

왕세자 휘지 사도세자가 1749년(영조 25)부터 대리청정을 할 당시 명령을 내릴 때 사용했던 증표이다. 사진의 왼쪽은 휘지의 앞면, 오른쪽은 뒷면이다. 앞면에는 '휘지(徽旨)', 뒷면에는 영조의 자필을 새긴 도장이 새겨져 있다. 정조는 사도세자의 덕을 찬미하며 의리를 세웠다. 1749년. 국립중앙박물관 소장. 가로 5.5센티미터, 세로 8.9센티미터.

이를 근거로 정조는 '양조덕미론'을 제기했다. '양조兩朝'란 대조大朝인 영조와 소조小朝인 사도세자를 가리키는 말로, 영조의 자애로움과 사도세자의 효심을 찬미하는 말이다. 이렇게 되면 정조는 영조의 임오의리를 제멋대로 수정해 사도세자의 공덕을 천명하는 것이 아니다. 영조도 뒤늦게 후회하면서 사도세자의 덕을 인정했으니, '정조의 임오의리'는 영조의 참뜻을 드러내는 작업이 되는 것이다.

처음 「금등」이 공개될 무렵에는 각 붕당 간에 이를 둘러싸고 일촉즉발의 긴장이 조성되었다. 정조에게 「금등」을 공개하도록 상소를 올린 것은 남인 채제공이었다. 그러자 노론 벽파 김종수는 채제공이 영조의 유훈을 거스르고 반대파를 제거하려는 의도에서 그런 상소를 올렸다고 공격했다. 그러나 정조가 「금등」을 공개하며[6] 전후 사정을 설명하자 김종수도 채제공의 본뜻이 반대파 제거에 있는 것이 아니라 영조와 사도세자의 미덕을 천명하는 데 있었다는 것을 인정했다. 이로써 사도세자 보호 세력과 비판 세력의 충돌 위기는 일단락되었다. 아울러 사도세자의 덕과 영조의 은혜를 동시에 찬양하는 것도 가능해졌다.

정조가 양조의 미덕을 천명한 것은 영조와 사도세자를 위해서만은 아니었다. 정조 자신을 위한 것이기도 했다. 사실 정조는 즉위 직후부터 여러 가지 공격을 받고 있었다. 소론 강경파는 사도세자가 받은 모함을 정조가 방치하고 있다고 주장했다. 노론 벽파는 영조의 삼엄한 의리를 사적인 정에 치우쳐 변경하려 한다고 공격했다. 또 세손의 다짐을 믿고 즉위를 도운 정순왕후의 은덕을 배반하려 한다는 공격도 있었다. 할아버지와 아버지의 미덕을 함께 찬미하는 것은 이러한 공격으로부터 정조 자신을 보호하는 데도 필요했다.

6 **「금등」의 공개** 영조의 후궁으로 사도세자를 모함한 숙의 문씨를 정조가 처벌할 때 채제공이 '금등의 일'을 보고했다는 말로 보건대, 「금등」이 존재한다는 사실은 즉위 직후 채제공에 의해 이미 알려진 듯하다. 그러나 정조는 이를 공개해도 파장을 감당할 수 있고 정국을 제어해 임오의리를 수정할 수 있는 시기를 선택한 것으로 보인다. 이런 맥락에서 「금등」의 실재 여부를 의심할 만한 이유는 없으며, 「금등」 공개 이후 그 실재 여부에 대해 논란을 벌인 사실도 없다.

『장헌세자혜빈상존호도감의궤』 중 옥책 금인 사도세자와 혜경궁 홍씨에게 시호(諡號)를 올리는 가례 의식 절차를 기록한 의궤이다. 절차를 각각의 항목으로 나누고 날짜별로 기록했다. 사진은 사도세자와 혜경궁 홍씨에게 올렸던 옥책 금인의 도설이다. 1855년. 한국학중앙연구원 소장. 1책.

이처럼 양쪽에서 쏟아지는 모함으로부터 벗어나는 것은 나아가 신하들을 위해서도 필요했다. 그동안 여러 신하가 온갖 이유로 정조를 비난하거나 정조와 맞서다가 역적으로 처단되었다. 또 붕당들 상호 간에도 각박한 의리론으로 상대를 배척하며 피해를 주고받은 사례가 많았다. 이처럼 국시 차원에서 정리되어야 할 문제가 남아 있는 것은 국가적으로 큰 손실을 초래하는 일이다.

이런 맥락에서 정조는 임오의리를 수정해 정국 운영의 근본을 수정하고자 했다. 영조의 임오의리가 사도세자의 잘못을 부분적으로 인정한 것이었다면, 이를 수정한 '정조의 임오의리'는 사도세자가 잘못한 것이 없으며 영조도 이를 인정했다는 논리를 담고 있었다. 이 같은 수정이 공식화되면 그동안 서로 정당성을 인정하지 않았던 사도세자 보호 세력과 비판 세력을 폭넓게 수용할 수 있게 된다. 영조 대의 탕평은 노·소론 온건파 위주로 전개된 데 비해 정조 대의 탕평은 이처럼 공론을 통한 의리의 조율을 통해 그 주도 세력의 범위가 계속 확대되었다. 전반기에는 노·소론 시파가 주도하더니 후반기에는 소론 강경파·남인·노론 벽파가 주도했다. 전자는 주로 사도세자 비판 세력이고 후자가 주로 사도세자 보호 세력이다. 그리고 이제 두 세력이 정조를 중심으로 힘을 모을 수 있는 계기가 마련된 것이다.

정조는 마침내 「현륭원지문」과 「금등」에 걸맞은 추숭 의식을 시행했다. 정조는 추숭의 목적이 전설의 성군인 순舜의 덕과 탕湯[7]의 공에 비견되는 사도세자의 공덕을 천명하는 데 있으므로, 애초에 사도세자를 위한 사사로운 숙청은 있을 수 없다고 공표했다. 정조는 사도세자에게 '장륜융범章倫隆範 기명창휴基命彰休'라는 여덟 자 존호를 올렸다. '인륜을 밝히고 규범을 드높여 왕조의 기업基業을 아름답게 빛내셨다'는 뜻이다. 정조가 「지문」에서 구체적으로 밝힌 대로 사도세자가 효성·정치·경제·군사·학문 등 여러 방

7 **탕** 중국 상고시대에 상(商)을 세워 태평성대를 이끈 현명한 군주로, 유가에서 성인으로 받드는 인물.

장조비 헌경왕후 옥책함 정조가 어머니 혜경궁 홍씨에게 '휘목(徽穆)'이라는 존호를 추증할 때 제작했던 옥책의 보관 상자이다. 겉면에 주칠을 한 후 금니(金泥)로 매화, 대나무 등 다양한 문양을 장식했다. 1795년. 국립고궁박물관 소장. 가로 33.5센티미터, 세로 24센티미터, 높이 34.5센티미터.

면에서 드러낸 공과 덕을 집약한 것이다. 이는 사도세자를 추숭하는 것이 사친私親에 대한 사사로운 효심의 발로가 아니라 천하 공공의 의리에 입각해 공덕을 밝히는 데 있음을 분명히 한 것이다.

사도세자와 혜경궁에게 올린 '옥책玉册 금인金印'은 국왕에게 올리는 옥책 금보金寶는 아니기 때문에 추왕에는 조금 못 미친다. 그런데 존호의 형식은 국왕에게나 올리는 여덟 글자였다. 이는 조선의 역대 세자와 세자빈에게는 없었던 것으로, 최대한의 격식을 갖춰 새롭게 창출된 형식이었다.

본디 세자의 신분에는 옥책이 아니라 죽책竹册을 올리는 것이 관례였다. 그런데 죽책 대신 국왕에게나 합당한 옥책으로 바꾸어 올리자고 건의한 것은 놀랍게도 그동안 추숭을 '그리도 막던' 김종수였다. 이러한 형식의 추숭에 대해서는 정순왕후도 동의했다. 당시까지 정순왕후의 아버지와 오빠, 즉 김한구와 김귀주는 사도세자와 세손을 폐위시키려는 음모에 간여한 의혹을 받고 있었다. 정조는 정순왕후의 동의를 이끌어 내기 위해 그들의 명예 회복을 분명하게 약속했다고 한다.

정조는 이러한 추숭 의식이 예법상에서 확실한 근거를 찾을 수 없다는 것을 인정했다. 그러나 예는 인정에서 출발한다는 원리에 따라 마음에서 우러나는 대로 시행했노라 설명했다. 물론 이와 같은 변례變禮를 시행할 때에는 더더욱 공론의 동의가 필요했다. 이를 위해서 정조는 왕실로부터 시작해 주요 정파 영수들에 이르기까지 수많은 사람의 협력을 이끌어 냈던 것이다.

사도세자 추숭에 반대하는 세력의 핵심인 김종수와 정순왕후가 동의했다는 것은 정조의 조정에 참여한 모든 세력의 합의 아래 추숭이 이루어졌음을 의미한다. 을묘년1795의 현륭원 행차 당시 노론, 소론, 남인의 신하들이 대거 참여해 축제와 화합의 분위기를 연출한 것은 이와 같은 왕실의 대화합을 전제로 한 것이었다.

을묘년의 현륭원 행차를 그린 「화성능행도」 1795년 현륭원 행차를 8폭의 병풍에 담은 기록화이다. 행사에서 가장 기억할 만한 장면을 골라 화려하고 정교하게 그렸다. 어가가 지나가는 길 주변에는 수많은 사람들이 자유로운 모습으로 구경을 하고, 먹을 것을 파는 행상도 있다. 왕의 행차가 백성들에게 구경거리를 제공하는 열린 행사였음을 알 수 있다. 맨 왼쪽의 「화성성묘전배도」는 정조가 화성에서 가진 첫 공식 행사를 그린 것으로, 공자의 위패를 모신 화성향교 대성전에서 전배하는 모습을 담았다. 두 번째는 봉수당에서 혜경궁의 회갑연을 기념해 진찬례를 올리는 모습을 그린 「봉수당진찬도」, 세 번째는 정조가 서장대

에 행차해 군사 조련을 실시하는 모습을 그린 「서장대야조도」이다. 네 번째는 정조가 득중정에서 신하들과 함께 활쏘기를 한 다음 저녁에 혜경궁을 모시고 불꽃놀이를 구경하는 모습을 그린 「득중정어사도」이다. 마지막 「환어행렬도」는 서울로 올라오 면서 시흥행궁 앞에 다다른 정조가 행렬을 잠시 멈추고 몸소 혜경궁에게 미음과 다반을 올리는 장면을 담고 있다. 김득신 등 당 시 규장각의 내로라하는 차비대령화원 7인이 그렸다. 삼성미술관 Leeum 소장. 비단에 채색. 각 가로 62센티미터, 세로 142센 티미터. 보물 제1430호.

갑자년이 오면
화성에서
대개혁을 펼치리라

영조가 일련의 탕평 정치를 통해 정치권을 통합한 것은 균역법 시행, 준천 등 일련의 개혁을 강력히 추진하는 동력이 되었다. 마찬가지로 정조도 사도세자 추숭을 매개로 정치권을 통합하는 데 성공하자 마음에 품은 개혁을 본격적으로 추진하려 했다. 그러기 위해 그가 넘어야 할 봉우리가 하나 더 있었다. 그것은 사도세자를 왕으로 온전히 추숭하는 것, 즉 추왕을 단행하는 일이었다.

그런데 이것은 보통 어려운 일이 아니었다. 일찍이 영조가 가장 경계했던 일이고 정조 또한 할아버지의 뜻에 따르겠다고 누차 다짐했던 일이다. 그 뜻을 거슬러 사도세자를 추왕한다면, 정조는 효장세자도 계승하고 사도세자도 계승하는 셈이 된다. 승통承統을 둘로 하는 문제인 것이다.

정조는 이 문제를 해결하기 위해 자신의 왕위를 걸고 새로운 구상을 했다. 자신은 세손 시절부터 영조의 뜻을 따르겠다고 했으니 약속을 지켜야 한다. 그러나 그 약속은 정조 대에 유효할 뿐 엄밀히 말해 다음 왕까지 이를 준수할 의무는 없었다. 승통이 둘로 되는 문제는 변례[8]를 적용해 해결할 수 있을 터였다.

그렇다면 정조 자신이 죽고 난 다음에 새 국왕이 사도세자를 추왕한다는 계획인가? 그렇지 않았다. 정조는 원자^{훗날의 순조}가 성년을 맞는 갑자년¹⁸⁰⁴이 오면 자신은 상왕으로 물러나고 새로운 국왕이 새로운 시대의 의리에 입각해 사도세자 추왕을 성취한다는 기대를 품었다. 시대가 바뀌면 의리도 변경된다는 수시변역隨時變易의 원리에 따라, 새 국왕의 시대에는 사도세자를 추왕할 수 있다고 본 것이다. 이를 '갑자년 상왕 구상'이라 한다.

1794년^{정조 18}에 시작된 수원 화성華城 건설 사업은 바로 상왕이 될 정조가 거처하며 개혁을 추진할 도시로 구상된 것

8 **변례** 사도세자 사망 뒤 영조가 세손의 승통을 효장세자로 변경하고 훗날 효장세자를 국왕으로 추숭하도록 한 결정도 예학적 근거는 없었다. 세손이 영조를 곧장 승계하는 조손(祖孫) 승통이 정론(定論)이었지만, 영조는 훗날 제기될 수 있는 사도세자 추왕론을 불식시키기 위해 이처럼 독단적 결정을 내렸다. 영조도 그 결정이 신하들과 상의하거나 고례를 널리 상고한 것이 아니라, 순전히 자신의 마음에서 나온 것이라고 고백한 바 있었다.

갑자년을 기다리던 화성의 위용 화성의 성벽은 서쪽의 팔달산 정상에서 각각 남북 산등성이를 따라 내려와 동쪽의 낮은 구릉으로 이어진다. 성벽의 길이는 약 5.4킬로미터이며, 동서로 길게 지세를 따라 이어진다. 사적 제3호. 유네스코 세계문화유산.

이다. 정조는 말년에 이 구상을 핵심 신하들에게 누차 말해 주었다고 한다. 그러나 이를 실현하기 위해서는 추왕 반대 세력을 최대한 설득해 공론의 합의를 얻는 일이 선결 과제였다. 만약 그런 노력 없이 독단으로 추왕을 단행한다면, 그 성패 여부를 떠나 정국에는 일대 파란이 일어날 수밖에 없었다.

이러한 구상을 성취하기 위해 정조는 을묘년[1795]의 대축제 후 다시 한 번 정국 구도 재편을 단행했다. 그 핵심은 사도세자 추숭 과정에서 한껏 위축되었던 추숭 반대 세력, 즉 노론 벽파를 끌어안는 것이었다. 이에 따라 유언호, 윤시동, 심환지 등이 잇달아 정승으로 등용되었다. 가히 '환국'이라 할 정도의 정국 변동이었다.

이러한 정국 변동의 계기는 정조의 오랜 측근으로 사도세자 관련 사업을 도맡아 하던 소론 강경파 정동준이 자살한 사건이었다. 그는 정조의 환국 구상을 마음대로 누설하고 거기에 사견을 덧붙여 불신 풍조를 조장하다가 언론의 탄핵을 받던 중 을묘년 그해 음독자살했다.

정조는 정국을 혼란시킨 책임을 물어 정동준의 벼슬과 작위를 빼앗고, 그와 연계된 노론 시파의 영수들을 조정의 요직에서 배제했다. 그때 쫓겨난 서유린 형제 등은 사도세자를 추숭하는 과정에서 노론 벽파를 단죄하자고 주장하던 사람들이었다. 이로써 1792년 영남 만인소 이래 정국을 주도하던 이들이 모두 배제되고, 유언호 등 노론 벽파가 그 역할을 대신하게 되었다.

그러나 이때의 환국은 숙종 때처럼 한 세력을 전면적으로 배제하는 것이 아니었다. 노론 벽파의 단죄보다 추왕을 중시하던 남인 채제공은 계속 정승직을 유지했다. 즉 환국의 범위는 노론 가운데 시파와 벽파의 교체에 한정된 양상이었다. 그렇게 볼 때 정조의 목적은 벽파에 대한 단죄론을 제어하고, 오히려 벽파를 가까이 끌어들여 추왕에 대한 호응을 타진하려는 데 있었던 것으로 보인다.

그때 등용된 벽파의 중심, 즉 노론 남당계 지도자들은 정조의 구상에 꽤 호응한
것으로 보인다. 그에 따라 정조의 갑자년 상왕 구상은 한층 탄력을 받고 진행되었다.
정조는 수원 지역에 이를 위한 거주 공간을 마련하는 과정에서 여러 가지 개혁 과제
를 실험했다. 10년을 기한으로 착공했던 화성은 채제공, 정약용 등의 활약으로 2년 만
인 1796년^{정조 20} 완공되었다.

화성에 세워진 성곽, 둔전, 수리 시설 등은 조선 후기 사회 개혁이 지향하던 공공
성과 미래지향성을 두루 갖추고 있었다. 정조는 화성을 단순히 왕권 강화의 표상이
아니라 제도 개혁의 시험장으로 만들고자 했다. 화성에서 입증된 성과를 전국으로 확
산시켜 국가 개혁의 모범으로 삼으려는 것이었다.

그에 따라 화성에는 북학과 서학의 최신 성과까지 두루 활용해 새로운 유형의 성
곽을 쌓고 각종 도시 시설과 상업 시설을 마련했다. 조선 후기 군제 개혁의 성과로 꼽
히는 장용영 외영을 이곳에 배치하고 그것을 지탱할 둔전 제도와 수리 시설 등을 화
성 안팎에 집중시킨 것은 정조의 개혁 구상과 실천이 있었기 때문에 가능했다.

특히 조선 후기의 숙원이던 군제 개혁의 결정판으로 장용영을 주목할 필요가 있
다. 장용영은 상왕을 호위할 친위 부대로 양성되었으므로 왕권 강화를 상징하는 것임
은 말할 나위 없다. 그러나 정조는 단지 왕권 강화를 위해 하나의 군영을 추가하려는
것이 아니었다. 그는 장용영이라는 신제도를 매개로 고질이던 군역의 모순을 시정하
려 한 것이다.

정조는 장용영에서 조선 전기 오위제의 원리였던 병농 일치의 이념을 조선 후기의
현실에 맞게 조정해 실험했다. 군사들이 둔전에서 농사를 지으며 스스로 군비를 해결
하고 본연의 방위 업무도 충실히 이행하는 것이 병농 일치의 이념이다. 장용영 모델은
고질이 된 군역의 모순을 시정하면서 군영의 충실도 기대할 수 있는 것이었다.

노론 벽파의 영수 심환지 철저한 노론계 인물로 신임의리를 고수했고, 사도세자의 죽음이 정당했다고 주장하는 벽파의 영수였다. 정조가 죽은 후 장용영을 혁파했고, 나이 어린 순조의 원상(院相)이 되어 정권을 장악하고 신유사옥을 일으켰다. 그러나 정조는 심환지에게 비밀 편지를 보내 정책을 미리 의논하고 추진한 것으로 밝혀졌다. 초상은 경기도박물관 소장. 19세기. 가로 89.2센티미터, 세로 149센티미터. 보물 제1480호.

화성에서 각종 개혁의 실험이 진행되는 가운데 정조가 상왕이 되어 그곳으로 옮겨 가려는 갑자년 1804이 다가오고 있었다. 그에 따라 정조도 사도세자의 추왕에 정치권의 총의를 모으려는 노력에 박차를 가했다. 그의 구상은 노론 벽파의 영수였던 심환지가 호응함에 따라 실현되는 듯했다. 심환지는 사도세자 추왕이 가능하다면 노론 벽파인 자신들이 받들어 실행해야지 다른 이들에게 기대할 수는 없다고 말하기도 했다.

정조가 심환지에게 몰래 보낸 편지, 이른바 '정조-심환지 어찰'은 당시의 정책 조율 과정을 잘 보여 준다. 정조는 자신의 뜻을 받들려는 심환지의 의사를 확인한 뒤 추왕론을 공개적으로 제기할 기반을 마련하기 위해 심환지와 편지로 내밀하게 소통했다. 실제로 노론의 시파와 벽파를 교체한 을묘년1795 환국 이후 정조와 심환지는 크고 작은 정치적 과제들을 해결하는 과정을 통해 신뢰를 구축해 가고 있었다.

그러나 이 무렵 정치적 동력은 크게 소진되고 있었다. 1798년정조 22 겨울에 창궐한 전염병으로 인해 이듬해 남인 채제공, 노론 벽파 김종수 등 핵심적인 정치 지도자들이 연이어 사망했다. 화성이 착공되던 1794년 부스럼이 피부를 파고드는 절후癤候에 걸렸던 정조의 병세도 이전보다 더 심각하게 진행되고 있었다. 어떤 세력도 신하로서 위험을 각오해야 하는 추왕의 과제를 감당하지 못한 채 시간이 흘렀다. 이때 심환지가 제 역할을 다하고 있었는지도 분명치 않다.

결국 정조가 직접 나섰다. 1800년정조 24 5월 그믐, 그는 주요 신료가 모인 경연 자리에서 장차 천명될 추왕의 의리를 설명하는 「연설筵說」을 내리고, 신료들에게 의견을 표시하라고 요구했다. 정조의 정국 운영 방식으로 볼 때, 이 중차대한 의리를 결정하는 과정은 찬반 의견이 격렬하게 맞부딪치는 대결 구도 속에서 정조가 최후의 결단을

세자의 장인이자 노론 시파의 영수인 김조순 정조 때 여러 관직을 역임했고, 1802년 (순조 2)에 딸이 순조의 비로 책봉되면서 안동 김씨 세도정치의 기틀이 마련되었다. 정조의 신임이 두터웠으며, 정조 사후 어린 순조를 도와 30년간 보필했다. 초상은 개인 소장.

내리는 형식이 될 것이었다.

이에 대해 노론 벽파의 중진으로 심환지와 깊이 교유하던 이서구가 나섰다. 정조가 제시하는 새로운 통합의 군신 의리에 호응해야 하며, 군주에게 영합한다는 혐의를 피하려고 침묵을 일삼는 자들이나 군주와 다른 별개의 의리를 내세우는 자들은 비판받아야 한다는 의견이었다. 정조는 이서구가 신하로서 분명한 의리를 제시했다며 대단히 만족해 했다.

한편 정조는 김조순을 중심으로 하는 장래의 외척 세력에 대해서는 강력한 견제 조치를 취했다. 김조순은 안동 김문 출신으로 노론 시파에 속하는 인물이었다. 김조순의 인척인 김이익은 국왕의 장인인 국구國舅로 내정된 그의 힘을 믿고 단죄론을 전개하며 정국에 파장을 일으킬 계획을 꾸미고 있었다. 정조는 이에 대해 엄중한 경고를 내린 것이다. 이는 조만간 추진될 추왕의 과정에서 조성될 새로운 차원의 공론 대결을 앞두고 이를 왜곡할 수 있는 척신 세력을 단속하기 위한 조치로 보인다.

그러나 정조가 유도한 공론 대결은 일어나지 않았다. 신하들은 침묵 속에 눈치만 살피는 지루한 정국이 이어졌다. 이러한 상황에서 그의 건강은 더 이상 정국을 끌고 갈 수 없을 정도로 급속히 악화되어 있었다. 정조는 마지막 「연설」을 내린 지 28일 만에 49세의 나이로 훙서했다. 아직 성년이 되지 않은 세자가 왕위에 오르고 정순왕후가 수렴청정에 나섰다. 정조가 꿈꾼 개혁이 미완의 과제로 남은 가운데 조선이 어디로 움직일지는 아무도 알 수 없었다. 갑자년을 4년 앞둔 1800년의 일이었다.

우뚝 서 있는 화성의 서북공심돈 공심돈(空心墩)은 '속이 빈 돈대'라는 말이다. 성벽을 돌출시키고 그 위에 벽돌로 돈대를 쌓은 후 꼭대기에 군사들이 머물 공간을 만든 건물이다. 석축에는 현안을 두고 돈대에는 층마다 총구멍을 뚫었다. 서북공심돈은 바로 옆에 있는 화서문과 함께 화성의 독특한 이미지를 만들어 내고 있다. 높이 13미터. 사적 제3호.

화성과 북경성

연행은 정조 대의 대표적 국책 사업인 화성의 건설에 직접 영향을 미쳤다. 정조는 화원인 김홍도를 파견해 연행길을 그려 오게 했는데 이 그림에서 주목되는 것은 벽돌로 지은 중국 성을 자세히 묘사해 화성 건설에 참고한 점이다. 이런 주장의 근거가 되는 기록은 다음과 같다.

(왕이) 판부사 서명선, 이복원, 이성원, 영의정 김익, 좌의정 이재협, 우의정 채제공을 이문원에서 소견했다.

– 문안을 드리기 위해 왔기 때문이다. 이성원이 동지정사로서 아뢰기를 "김홍도와 이명기를 이번에 마땅히 데리고 가야 하는데 정원에는 자리가 없기 때문에 김홍도는 신의 군관으로 추가해 주기를 계청했고, 이명기는 이번 당번 화사 외에 추가로 차정해 데리고 가는 것이 어떻습니까?"라고 했다.

– 『일성록』 1789년(정조 13) 8월 14일

화성 장안문과 산해관 동라성(오른쪽) 화성의 북문인 장안성은 산해관의 동라성과 문의 위치만 다를 뿐 거의 유사하다. 화성은 우리나라 전통의 석성 축조 방식으로 지었기 때문에 중국의 성과 유사한 점도 있지만 다른 점도 있다.

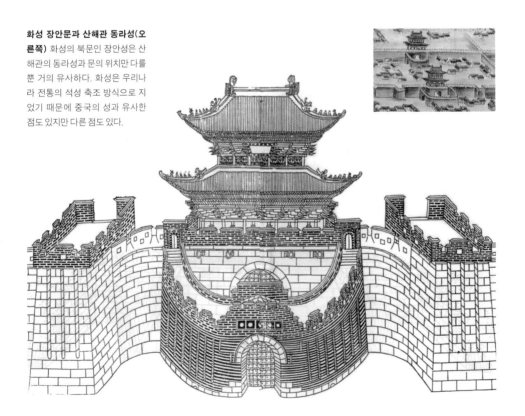

화성 포루와 북경 조양문(오른쪽) 포루는 성을 방어하기 위해 성벽의 일부를 돌출시킨 구조물로, 화성의 포루는 북경 조양문의 포루와 유사하다.

이 기록에 근거해 이성원의 요청으로 당대의 화원이던 김홍도와 이명기는 원래 동지사의 화원으로 정해지지 않았으나 동지사행에 추가되었다. 이후 이들이 동지사행으로서 활동한 기록은 아직 발견되지 않으나 여러 가지 정황으로 미루어 보아 김홍도가 이 당시 동지사행에 참여한 것은 거의 분명한 사실로 보인다.

종래에는 김홍도의 중국행과 관련해 수원 용주사 대웅전의 후불탱화가 논란이 되었다. 이 탱화의 서양 화법이 언제 그려진 것인지에 대한 논란이었다. 그런데 문제는 서양 화법으로 그린 것이 용주사 대웅전의 후불탱화만이 아니라는 사실이다. 후불탱화를 조성하는 작업을 하기 전에 이미 김홍도는 연행에 참여해 서양 화법과 중국에 대해 많은 정보를 가지게 되었다. 그는 어떻게 연행에 참여했을까?

앞의 기록에 따르면 김홍도가 동지사에 참여한 것은 이성원의 계청에 의해 이루어진 일로 되어 있으나, 사실은 정조의 요청에 의한 것으로 봐야 한다. 왜냐하면 김홍도는 보통 화원이 아니라 규장각의 차비대령화원으로 정조가 특별히 하명해 주문한 그림을 그리는 특별 화원이었기 때문이다. 김홍도가 동지사행에 포함되기 1년 전인 1789년 9월에도 김홍도는 정조의 명에 따라 금강산을 그리기 위해 김응환과 함께 아홉 개 군을 다니며 곳곳의 경치를 묘사해 오기도 했다. 그런 김홍도를 중국에 파견한 데는 화성 건설에 중국의 대표적 도시인 북경의 성곽을 직접 참고하기 위한 정조의 의도가 반영되어 있었다고 할 수 있다.

북경으로 가는 길에 오른 김홍도는 새로운 정보의 수집과 관련되는 곳을 상세하게 그렸다. 곧 연행 중에 방문한 장소 가운데서도 조양문, 산해관 동라성, 정양문 등은 모두 성곽의 제도와 관련해 매우 주목되는 곳이었기 때문에 자세하게 그렸다.

1789년은 사도세자의 무덤인 영우원을 수원으로 옮기는 것이 결정된 해였다. 당시 금성위 박명원의 상소로 무덤의 천장이 결정된 것은 김홍도가 동지사행에 포함되기 한 달 전의 일이었다. 따라서 읍성을 새로 건설해야 하는 상황이 곧 닥치는 때여서 중국의 성제城制에 대한 관심은 충분히 있을 수 있는 일이었다. 실제 화성은 김홍도가 그려 온 산해관의 동라문이나 북경성의 조양문과 매우 유사한 형태를 띠었고, 벽돌을 활용해 지은 것도 중국 성의 특징을 받아들인 것이다.

또 김홍도의 『연행도』에는 중국의 국립 대학인 태학을 가리키는 벽옹辟雍이 그려져 있다. 벽옹은 청 대 들어 강학을 담당하던 이륜당彛倫堂 남쪽에 새로 지어진 건물로 고대의 원형을 그대로 재현하고 있었다. 벽옹은 주 대의 기록에 따르면 벽璧처럼 둥글고 물을 두른 형태를 갖추었다고 한다. 이 모습을 재현하기 위해 벽옹은 원형의 연못 위에 자리 잡고 돌다리를 놓아 주위 사방과 연결했다.

이러한 벽옹은 1783년청 건륭 48 건륭제가 친제親祭를 행한 뒤 건축을 명해 이듬해 완성되었다. 건륭제가 벽옹을 짓도록 한 것은 즉위 50년이 되는 1785년을 기념해 태학에서 석전제釋奠祭를 행하고 벽옹에서 학문을 강론하려 했기 때문이다. 건륭제가 지향한 정치

는 유교에서 이상적으로 추구한 왕통과 도통의 일치였다. 그는 성인聖人에 의한 정치, 요순의 정치를 자신이 실현한다는 것을 안팎에 과시하고 싶은 욕구에서 벽옹을 의욕적으로 건설한 것이다.

'만천명월주인옹'이라는 호를 사용해 군사君師를 자임했던 정조는 건륭제의 이러한

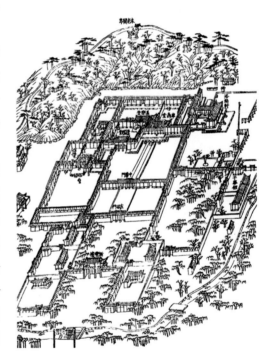

화성 행궁과 벽옹(아래)
건륭제는 자신의 즉위 50주년을 기념해 태학에 가서 석전제(釋奠祭)를 행하고 벽옹에서 학문을 강론하기 위해 고대 원형을 그대로 복원한 벽옹을 새

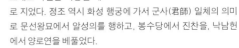

로 지었다. 정조 역시 화성 행궁에 가서 군사(君師) 일체의 의미로 문선왕묘에서 알성의를 행하고, 봉수당에서 진찬을, 낙남헌에서 양로연을 베풀었다.

행적을 연행사들의 보고를 통해 자세히 파악하고 있었으며 이후 치러지는 행사에서 여러 차례 참고했다. 1795년 을묘년에 혜경궁 홍씨의 회갑연을 화성에서 치르는 과정을 보면 건륭제의 즉위 50주년 행사를 적지 않게 참고했던 것을 볼 수 있다.

건륭제가 덕을 쌓은 노인들을 가리키는 기로耆老들에게 연회를 베풀고 석전제를 행하고 벽옹에 친림해 학문을 강론한 것을 모델로 삼아서 정조도 화성에 가서 행궁의 봉수당奉壽堂에서 혜경궁에게 진찬 의례를 행한 다음 날 낙남헌落南軒에서 양로연을 베풀었다. 여기에는 영의정 홍낙성 등 61세가 되었거나 70세 이상 된 수가노인隨駕老人 15명과 수원부에 거주하는 노인 384명이 참석했다. 또 공자의 사당인 문선왕묘文宣王廟에 가서 성현을 알현하는 알성의謁聖儀를 행했는데, 이는 화성 행궁에 도착해 가장 먼저 행하는 의례였다. 이 의례를 위해 1795년 5월 정조는 문선왕묘를 전면 개축하도록 명한 바 있었다.

「낙남헌양로연도」와 「문선왕묘도」 건륭제 즉위 50주년 행사에서 건륭제가 기로들에게 연회를 베푼 것처럼 혜경궁 홍씨의 회갑연에서도 진찬례를 행한 후 낙남헌에서 양로연을 열었다. 양로연에 참석한 노인들은 모두 노란 수건으로 감싼 지팡이를 들었는데, 이는 노인들의 장수를 기념해 왕이 직접 내린 것으로 추정된다. '낙남헌'은 후한의 광무제가 낙양으로 도읍을 옮기고 궁궐 이름을 '남궁(南宮)'이라 한 데서 따온 이름이다. 오른쪽은 알성의를 행했던 문선왕묘이다.

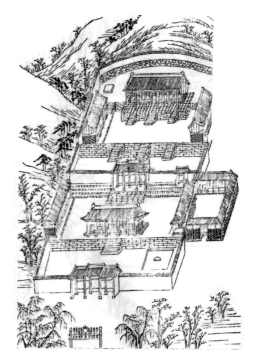

3.
서울에
난전을 허하라

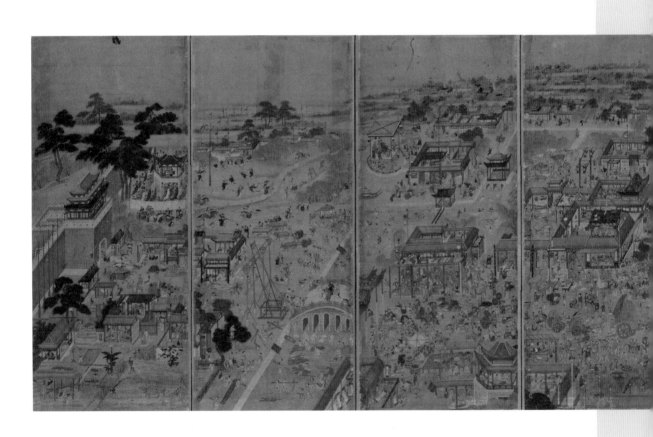

상업도시로 발전하던 18세기 서울을 그린 「태평성시도」 성으로 둘러싸인 도시에서 생활하는 사람들의 모습을 그린 그림. 화려한 상점이 늘어선 거리에 인파가 가득하고, 떠들썩한 시장의 분위기를 생생하게 묘사했다. 정조는 1791년에 사상 (私商)에 의한 난전(亂廛)을 합법적인 상업 활동으로 인정하는 신해통공을 실시해 폐쇄적이던 조선의 상업 체계에 숨통을 터 주었다. 국립중앙박물관 소장. 18세기 후반. 비단에 채색. 가로 392.8센티미터, 세로 113.6센티미터.

지금까지 살펴본 영·정조 대의 개혁은 근본적으로 성리학에 입각한 이상 국가로 나아간다는 지향점을 갖고 있었다. 그런데 성리학은 어디까지나 농업 중심의 사회경제를 전제로 하기 때문에 조선 후기 들어 성장하던 상업의 발달은 영·정조에게 다루기 곤란한 대상이 아닐 수 없었다. 그렇다고 해서 전기처럼 시장경제를 무조건 경시할 수만은 없다는 데 영·정조의 고민이 있었다. 18세기에 성리학적 이상 국가라는 왕조의 지향과 상업의 발달이라는 새로운 현상은 어떤 관계를 맺어 나갔을까? 이를 살펴보면서 조선이 실제로 가고 있던 길을 탐색해 보자.

조선은 농업이 본업이고 상업은 말업末業이라는 인식을 가지고 있었다. 농업만이 백성의 생명과 관련된 중요한 산업이라고 본 것이다. 따라서 당시의 산업관은 "생산하는 이는 많고 먹기만 하는 이는 적어야 하며, 만드는 이는 빨리 만들고 쓰는 이는 천천히 해야 재화가 항상 풍족하다."라는 데 있었다.

그렇다고 해서 상인을 아예 없앨 수는 없었다. 생계를 위한 소상인의 활동이나 지방의 지주들이 잉여 곡식을 판매하는 것은 허용했다. 대신 그들에게 무거운 세금을 부과해 아무나 상인이 되지 못하게 했다. 특히 대규모 화물을 운반하는 선상船商에게 큰 배는 저화楮貨[1] 100장, 중간 배는 50장, 작은 배는 30장씩 세금을 물렸다. 이에 반해 시전市廛의 좌고坐賈, 즉 점포 상인에게는 저화 4장만을 거두었다. 당시 가장 규모가 큰 상인이 시전 상인이었음을 감안하면 매우 불합리한 수세 행정이 아닐 수 없었다.

아울러 조선 정부는 상인과 그 자식에게는 관료가 될 수 있는 자격 자체를 박탈했다. 조선 사회는 양반 사회였고, 양반의 품위를 유지하려면 어떤 형태로든 관직에 나아가야 했다. 따라서 이 조치만으로도 양반이 상업에 종사할 수 없도록 커다란 족쇄를 채운 셈이었다. 양반은 굶어 죽을지언정 상인이 될 수 없었다.

1 **저화** 고려 말·조선 초에 닥나무를 원료로 해서 발행한 지폐.

시전이 독점 판매하던 비단으로 만든 옷 조선 관원이 평소 집무복으로 착용한 단령. 옷깃이 둥글기 때문에 붙여진 이름이다. 고급 비단으로 만들었다. 단국대학교석주선박물관 소장. 길이 137.5센티미터, 화장 117.5센티미터, 품 63센티미터, 진동 45센티미터.

조선 정부는 이와 같은 정책을 통해 상인의 수를 최대한 억제하는 데 주력했다. 그리고 상업은 전문 집단을 지정 육성해 그들에게 맡기고, 이들의 활동을 국가가 파악한다는 방침을 세웠다. 그리하여 서울과 중요한 행정 도시에는 시전을 두고 거기에 속한 상인들을 지정했다. 서울에서는 주로 지금의 종로 주변에 시전들이 있었다. 이들은 관수품을 조달하고 국고 잉여품을 처분하는 한편, 그곳에 거주하는 사람들의 생필품을 공급하는 기능을 담당했다. 이들이 시전 상인이었다.

서울에서 활동하는 시전 상인들은 특정 상품을 독점 판매할 수 있는 권리가 있었다. 예를 들어 입전立廛이라는 시전은 중국에서 수입한 비단에 대한 독점 판매권을, 면주전綿紬廛은 국산 비단의 독점 판매권을 갖고 있었다. 그렇다고 해서 이들이 해당 상품을 독점적으로 거래하는 것은 아니었다. 지방에서 서울로 물건을 팔러 오는 상인도 있었고, 골목을 누비며 생선이나 빗을 파는 상인들도 있었다. 그러나 서울에 물건을 팔러 온 상인은 반드시 그 상품에 대한 독점권을 가지고 있는 시전 상인에게 팔아야 했고, 서울에서 행상을 하는 사람은 반드시 시전에서 구입한 물건을 팔아야 했다.

가령 어느 집안에 혼례가 있어 비단이 필요한데 집에 있는 거라곤 쌀 밖에 없다고 치자. 그러면 그 집 사람들은 먼저 싸전에 가서 쌀을 팔아 생긴 돈으로 입전이나 면주전에 가서 비단을 사야만 법적으로 하자가 없었다. 특정 물건에 대한 독점 판매권을 시전 상인이 갖고 있다는 것은 그런 의미였고, 이러한 권리가 금난전권禁亂廛權이었다.

시전 상인이 조선 전기부터 금난전권을 가졌던 것은 아니다. 시전 상인이 금난전권을 행사하게 된 것은 조선 후기 들어 상업이 발전한 결과였다. 전기에는 시전 상인의 상권을 위협할 만한 경쟁 상인이 없었다. 시전 상인들은 굳이 금난전권이라는 특권에 의지할 필요가 없었다. 그들은 정부가 필요로 하는 물자를 조달하는 시역市役을 부담하는 대신 관에서 공식적인 영업을 허가받은 상인이었다. 조선 정부는 이들을 매개

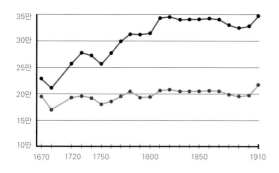

조선 시대 서울의 인구 변화 조선의 인구는 16세기부터 증가하기 시작해 17세기와 18세기를 거치며 크게 증가했다. 특히 도성의 인구가 크게 증가했다. 『서울역사박물관』에서 인용.

그래프 범례:
● 고동환(KAIST 교수) 추정
● 조선 시대 국가 통계

로 전국의 상업과 상인을 관리하고 통제한다는 억말抑末 정책을 펴고 있었기 때문에, 시전 상인들은 집중적인 보호와 육성의 대상이었다. 이에 따라 시전 상인은 도성 안의 상품 유통을 독점할 수 있었다.

시전이 도성의 상품유통을 독점하는 것은 법으로 규정된 일은 아니었다. 그러나 그들의 상권을 위협할 만한 사상私商이 아직 성장하지 못한 상황에서 그러한 독점은 자연스럽게 이루어졌다. 정부가 필요로 하는 물자를 조달하는 것은 시전의 의무였다. 그것도 대가가 제대로 지불된다면 막대한 이익이 보장되는 거래였다. 그뿐 아니라 조선 정부는 미곡이나 공물 가운데 잉여물이 생기면 시전 상인들에게 우선 처분했다. 이 역시 많은 이윤을 보장했다[2].

그런데 16세기 들어 도성 안의 인구가 늘어나기 시작했다. 당시 조선 전체 인구가 증가한 탓도 있지만, 그보다는 흉년 등으로 일자리와 먹을 것을 찾아 도성으로 유입되는 인구가 크게 증가했기 때문이다. 이렇게 서울로 유입된 인구 중 상당수는 상업으로 생계를 이어갔다. 당시 관리들이 서울의 인구 증가 현상을 염려했던 것 가운데 하나가 '축말逐末' 즉 농민이 본업을 버리고 상업에 투신하는 경향이 강해진다는 것이었다. 이러한 현상은 서울 근처에서 특히 심해, 토지를 가진 자도 토지를 팔아 버리거나 다른 사람에게 토지를 빌려주고 자신은 서울로 가서 상업에 투신하는 일이 많았다.

임진왜란 이후 이러한 상황은 더욱 심화되었다. 게다가 전쟁의 여파로 시전 상인들이 뿔뿔이 흩어져 공백 상태가 되자 그 틈을 타서 서울에서 상업을 하는 상인이 증가했다. 이른바 난전亂廛 상인이 늘어난 것이다. 난전 상인은 시전 상인처럼 국가에 일정한 세액을 납부하는 부담을 지지 않았기 때문에 그만큼 시전 상인에게는 위협적인 존재였다. 시전 상인은 당연히 이들이 서울에서 상업 활동을 하지 못하

2 권력과 유착한 시전 상인의 상업 활동 시전 상인은 정부 조달의 독점 외에도 조선 초부터 공물의 방납에 깊숙이 관여했다. 그리고 대외무역에서 사신의 수행을 빙자한 사무역에 적극적으로 개입하기도 했다.

군영과 난전의 결탁에 관여했다 실각한 무신 이장오 1755년(영조 41) 총융사, 금위대장을 지낸 뒤 1776년 훈련대장이 되었다. 그해 민가를 약탈한 혐의로 교동에 충군(充軍)되었다가 진도에 위리안치되고 다시 장성으로 옮겨졌다. 1780년(정조 4) 풀려났다.

도록 막으려 했다.

한편 조선 정부는 양란을 겪으면서 재정이 악화되었고, 그 부담의 일부를 시전 상인에게 전가했다. 시전 상인은 조선 전기보다 훨씬 더 많은 부담을 떠안게 되었다. 그에 따라 국가 재정에서 시전 상인이 차지하는 비중이 더욱 커졌다.

시전 상인은 경쟁 상인을 배제할 수 있는 독점 영업권이 필요하고, 조선 정부는 재정 확보를 위해 시전 상인의 존재가 절대적으로 필요한 상황이었다. 그러므로 양자는 각각의 필요에 따라 서로 이익이 되는 방법을 모색하게 되었다. 그 결과가 '금난전권'이었다. 정부는 시전에 소속되지 않은 상인의 활동을 금지하고 시전 상인의 독점권을 인정함으로써 시전의 이익을 보호했다. 처음에 금난전권을 부여받은 시전은 열네 개였다. 그중 아홉 개는 한성부에서 해당 난전 상인을 단속하고 다섯 개는 시전 상인이 직접 난전 상인을 단속하도록 했다. 이들 열네 개가 구체적으로 어떤 시전이었는지는 확실하지 않다. 그리고 당시에는 시전이 독점권을 갖는 품목이 무엇인지 구체적으로 규정하지 않았다. 다만 해당 시전에서 주로 판매하는 품목을 보호한 것으로 추정된다.

이처럼 시전에 금난전권이 주어지면서 서울의 빈민, 인근의 영세농 등 소소한 상품을 매매하는 소상인이 독자적으로 벌이는 난전 활동은 위축되었다. 반면 어느 정도 규모의 자본을 가지고 권력과 결탁한 자들이 난전 상인으로 활동했다. 그들은 주로 군문軍門의 군졸이나 권세가의 노복이었다.

그들의 난전 활동은 소속 군영이나 권세가의 비호를 받았다. 시전 상인이 군졸의 난전을 단속하다가 오히려 군영에 잡혀가 욕을 보는 일이 많았다. 이처럼 군영이 군졸의 난전 행위를 비호한 것은 이윤의 상당 부분이 군문의 고위 관료에게 돌아갔기 때문이다. 난전 상인과 군영의 결탁 관계는 정치적 사건이 일어날 때마다 빌미가 되었다. 구선복, 장지항, 이장오 등 영조 연간에 주요 군문 대장을 역임한 사람들이 정조 초년의 정국 변동 과정에서 숙청을 당한 것이 그 예다. 그들은 주로 자신이나 노복의 부정한 상업 행위에 발목이 잡혀 실각하고 말았던 것이다.

그러나 당시의 난전은 어디까지나 불법이었으므로 권력으로 시전의 금난전권을 저지하는 데는 한계가 있었다. 그것은 권력층에게도 정치적 부담이 되었다. 그러므로 군졸이나 궁방 세가의 노복들은 상행위의 합법성을 인정받기 위해 새로운 시전을 만들어 시전 상인으로 탈바꿈했다. 이는 상품경제가 발전해 새로운 상품이 생겨남으로써 명분상으로나 실질상으로나 시전을 창설할 수 있었기 때문에 나타난 현상이다.

아울러 정부는 악화되던 재정을 충당하는 방안의 하나로 난전 상인을 시전 체제 내로 끌어들여 상업이윤을 활용하고자 했다. 개별적이면서도 유동적으로 상업 활동을 하는 난전 상인에게 정부가 일일이 세금을 걷기는 현실적으로 어려웠기 때문이다. 또한 난전에게 세금을 받아 그들의 상업 활동을 보장하는 것은 명분상으로도 곤란한 일이었다. 기존 시전의 반발을 막아낼 명분이 없었기 때문이다.

그리하여 조선 정부는 일정한 재정 부담을 조건으로 새로운 시전의 창설을 허용했다. 금난전권도 처음의 열네 개 시전에서 모든 시전으로 확대 적용되었다. 그 결과 18세기 전반에는 도성 안에만 설치되어 있던 시전이 도성 밖, 나아가서는 한강 연안까지 확대되었다. 쌀, 어물 따위 일용 필수품을 취급하는 시전은 도성 안팎으로 몇 개가 더 생겼다. 어물전은 내어물전과 외어물전, 싸전의 경우는 상미전·하미전·문외미전·서강미전·마포미전 등이 있었다. 그뿐 아니라 소소한 상품에 대해서까지도 판매 독점권을 가진 시전들이 있었고, 서울에서 판매되는 거의 모든 상품이 금난전권의 대상이 되었다.

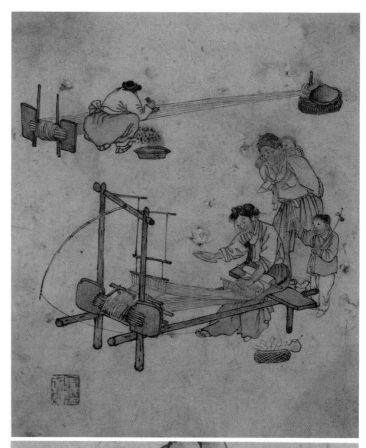

상업 발달의 원천은 수공업의 발달 조
선 시대 농민 여성들은 농사 외에 길쌈을
해서 가족들이 입을 옷감을 만들거나 국
가에 바치기도 했다. 농업을 하지 않는 서
민들은 대장간과 같은 수공업에 종사하
기도 했으며, 수공업의 발달은 상업의 원
천이 되었다. 18세기. 김홍도의 『단원풍
속화첩』에 실려 있는 길쌈으로 옷감을
짜는 모습(위)과 대장간 풍경. 국립중앙
박물관 소장. 종이에 담채. 「길쌈」 가로
35.2센티미터, 세로 53.9센티미터. 「대
장간」 가로 22.7센티미터, 세로 27센티
미터. 『단원풍속화첩』 보물 제527호.

성장하는 상업과
시전의 독점권
사이에서

이와 같이 금난전권을 가진 시전이 많이 생겨나면서 서울 상업계는 심한 경제적 혼란을 겪게 되었다. 무엇보다 심각했던 것은 영세 상인이나 소상품생산자들이 입는 피해였다. 시전 상인들은 권세가의 노비가 하는 난전은 단속하지 못했다. 잘못 단속했다가는 되레 그들이 권세가에 잡혀가 심한 고초를 당했고, 심지어 매질까지 당하기도 했다. 그들은 주로 힘없고 약한 소규모 행상이나 소생산자들을 대상으로 금난전권을 행사하고, 불법적인 행동도 서슴지 않았다. 그들의 행패 때문에 서울로 들어가는 길목인 동대문이나 남대문 근처에서는 매일 울음소리가 끊이지 않았다. 계란 몇 꾸러미, 생선젓 한 단지라도 팔아 양식을 구하려 했던 사람들이 동대문이나 남대문 근처에서 지키고 있던 시전 상인들에게 물건을 뺏기고 신세를 한탄하며 우는 소리였다. 시전 상인들은 그들에게 시가의 반도 안 되는 돈을 주며 물건을 팔라고 한 뒤 그것을 거절하면 번번이 난전이라고 해 물건을 강제로 빼앗기까지 했다.

금난전권으로 인한 피해는 소비자들에게도 미쳤다. 서울로 상품이 공급되는 길목을 시전 상인이 차단하고 있었기 때문에 물자 유통이 원활하게 이루어지지 못했다. 그뿐 아니라 시전 상인들은 금난전권을 바탕으로 가격을 조종하기도 했다. 그리하여 서울의 물가가 폭등해 도시 빈민의 생활에 큰 위협을 주었다. 특히 큰 흉년이 들었을 때 이는 커다란 사회적 문제를 야기했다.

조선 정부가 시전 상인에게 금난전권을 준 이유 가운데 하나는 정부가 장악할 수 있는 상인들을 통해 서울의 물자 유통을 원활하게 하려는 것이었다. 그런데 시전 상인의 금난전권이 오히려 서울의 원활한 물자 유통에 장애가 되었던 것이다. 이에 정부 내에서 시전의 금난전권을 일부 완화하거나 혁파하려는 논의가 나오기 시작했다. 누구나 자유롭게 상품을 사고팔 수 있게 하는 통공通共 정책을 주장하는 것이었다. 종래에는 난전 상인의 성장으로 위협받는 시전 상인을 보호하는 정책을 펴던 조선 정부가 이

통공 정책을 최초로 제안한 이보혁의 신도비 이보혁은 1728년(영조 4) 성주목사로 있을 때 이인좌의 난이 일어나자 이를 토벌하는 데 공을 세워 분무공신이 되고 인평부원군에 봉해졌다. 신도비는 1768년(영조 44)에 건립되었다. 경기도 가평군 대곡리 소재. 비신 높이 236센티미터.

제는 시전이 행사하는 금난전권에 대해 소생산자층과 소상인층, 그리고 도시 소비자층을 보호하는 정책을 입안할 필요성을 느끼기 시작했던 것이다.

비교적 이른 시기에 시전의 금난전권을 일부 제한하고 통공 정책 시행을 주장한 사람은 한성좌윤을 지낸 이보혁이었다. 그는 1741년영조 17 국왕과 정책을 논의하는 자리에서 통공 정책의 시행을 건의했다. 그는 서울 상업의 폐단을 크게 두 가지로 파악했다. 하나는 권세가의 노비들이 난전을 하는 것이고, 둘째는 새로 만들어진 시전이 지나친 금난전권을 행사해 소상인이 피해를 보는 것이었다.

그리고 그 대책으로 세 가지를 제시했다. 첫째는 크고 중요한 상품에 대한 금난전권은 인정하되, 새로 생기거나 중요하지 않은 상품을 취급하는 시전의 금난전권은 혁파하는 것이었다. 두 번째는 금난전권의 행사 범위를 서울의 금표禁標 안으로 제한하는 것이었다. 금표 안은 대략 연신내, 한강, 중랑천 그리고 북한산을 잇는 지역이었다. 이 대책은 금난전권을 행사할 수 있는 시전의 수를 대폭 축소하는 한편 그 행사 범위를 금표 안으로 제한하는 것이었다. 이는 육의전을 비롯한 큰 시전의 이익을 보장하는 동시에 영세 상인의 이익도 보장하려는 의도였다. 이 조치의 시행으로 활동이 위축될 이들은 난전 상인으로 활동하다가 새로운 시전을 창설해 시전 상인으로 전환한 상인들이었다. 세 번째 대책은 독점 행위를 엄금하는 것이었다. 당시는 시전 상인뿐 아니라 자본 규모가 큰 난전 상인도 독점을 통해 시가를 조종하고 이익을 독점하고 있었다. 이보혁은 시전 상인뿐 아니라 난전 상인의 독점도 엄금해 서울의 상품유통을 원활하게 하고, 물가 폭등으로 인한 소비자의 피해를 줄이려 했던 것이다.

이 같은 이보혁의 주장은 이후 시행된 통공 정책의 골격을 제시한 것으로, 신구 경제 논리를 절충한 것이었다. 당시 서울의 상품경제는 시전의 금난전권과 같은 좁은 틀을 넘어서고 있었다. 금난전권은 이미 서울의 상품유통에 질곡으로 작용했다. 따라서

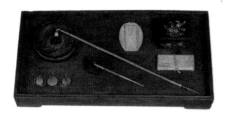

조선 후기의 인기 신상품 담배 상품유통이 활발해지면서 상품화를 전제로 하는 상업 작물이 재배되었으며, 특히 담배는 인기 있는 상업 작물이었다. 담배와 함께 각종 담배 용구의 인기도 덩달아 올라갔다. 서울역사박물관 소장.

이를 뛰어넘는 새로운 논리, 즉 자유로운 사업을 용인하는 논리가 필요했다. 하지만 조선 정부는 육의전처럼 국가 재정에 중요한 역할을 담당하던 시전의 독점적 지위를 부정할 수 없었다. 당시 상품경제를 통해 얻어지는 이윤의 일부를 국가 재정으로 흡수하는 통로는 시전과 공인이었고, 국가 재정이 악화될수록 그 비중은 커지고 있었기 때문이다. 그래서 통공 정책은 기존의 경제 논리이던 시전 보호 정책을 육의전과 같은 대시전에 제한하고, 생활필수품은 자유로운 상업을 용인하는 방식을 취했다.

그러나 이보혁의 건의는 시행되지 못했다. 그것은 무엇보다 국왕인 영조가 난전 상인에 대해 부정적인 인식을 가지고 있었기 때문이다. 1755년 영조는 통공 정책을 시행하자는 건의에 대해 다음과 같이 부정적인 입장을 취했다.

"시전 상인은 서울의 근본이 되는 백성들인 반면 난전 상인은 세력을 믿고 거들먹거리는 무뢰배들이므로 통공 정책을 시행할 수 없다."

따라서 시전 상인의 금난전권은 보호하되 물건의 원활한 유통을 방해하지 못하게 단속하는 정책을 택했다. 상인들이 상품의 유통권을 장악해 상품을 감추어 두고 가격을 올리는 행위는 효시梟示3를 해서라도 막아야 한다는 것이었다.

그러나 그로부터 채 10년이 지나지 않은 1764년 홍봉한이 통공 정책 시행을 건의하자, 영조의 반응은 사뭇 달라져 있었다. 그는 "시전 상인도 나의 백성이요, 난전 상인도 나의 백성이다."라면서 홍봉한에 동의했다. 그리하여 그해 육의전 등 몇 개의 시전을 제외한 모든 시전의 금난전권을 혁파하는 통공 정책이 최초로 시행되었다. 이때 시행된 통공 정책의 내용은 대략 다음과 같다.

첫째, 금난전권의 행사 범위를 서울의 금표 안으로 제한했다. 시전 상인이 금표 밖까지 나가 금난전권을 빙자해 소상인을 침해하는 것을 금지했다.

3 **효시** 목을 베어 높은 곳에 매달아 놓아 뭇사람에게 보임.

매점매석 행위를 생생하게 묘사한 『허생전』 박지원의 『열하일기』 중 「옥갑야화(玉匣夜話)」에 실려 있다. 허생은 남산골에서 공부를 하다가 돈 1만 냥을 빌려 그 돈을 밑천으로 장사를 벌여 크게 돈을 벌었다. 매점매석을 생생하게 묘사하는 가운데 부국 이민(富國利民)과 인본주의를 드러내고 있다. 규장각한국학연구원 소장.

둘째, 특정 시전에만 금난전권을 인정했다. 원래 한성부에서 직접 난전 행위를 단속하던 아홉 개의 시전은 종전대로 인정하고, 어물전을 포함한 여덟 개의 시전은 시전 상인이 직접 난전 상인을 붙잡아 한성부로 넘기게 했다. 그리고 이 외의 모든 시전은 금난전권을 혁파했다.

셋째, 소소한 상품을 판매하는 소상인은 난전 상인으로 금하지 못하게 했다.

넷째, 이러한 조치에 편승해 매점매석都賈4하는 행위를 엄금했다. 다만 이를 빙자해 한성부나 시전이 횡포를 부릴 염려가 있으므로, 매점매석 행위를 한 자는 시전 상인의 고발을 받아 평시서平市署5에서 사실 여부를 조사한 다음 처리하도록 하는 것 등이다.

이러한 조치는 앞서 이보혁의 주장이나 이후에 시행된 신해통공과 그 내용이 거의 똑같다. 그런데 이 조치는 아주 잠깐 동안만 시행되었다. 불과 4년 뒤인 1768년영조 44 2월에 다시 통공 정책이 논의되고 있는 데서 알 수 있다. 그해는 전년의 흉년으로 인해 서울에 물자 공급이 원활하게 이루어지지 않아 물가가 폭등했다. 정부는 그 원인을 시전 상인의 금난전권 행사로 인해 상인들이 서울로 상품을 가져오지 않기 때문이라 판단했다. 이에 육의전을 제외한 어물전이나 소금, 젓갈 등 생필품을 다루는 모든 시전의 금난전권을 혁파하는 정책을 시행했다. 그러나 이 조치 후에도 물가 폭등은 여전히 진정되지 않았다. 더욱이 시전 상인들이 국가 재정에서 차지하는 비중이 커서 그들의 반발도 무시할 수 없었다. 그래서 이 조치 역시 시행한 지 1년도 안 된 그해 12월 철회되고 말았다.

이렇게 불발에 그친 통공 정책은 1786년정조 10에 다시 시행되었다. 그때에도 시전의 규모와 취급 물종, 특히 국가에 지는 국역 부담 유무 등을 기준으로 그 시전에 금난전권을

4 **도고(都賈)** 조선 후기에 상품을 한꺼번에 사들여 가격 상승과 매매 조작을 노리던 상행위의 한 형태, 혹은 그러한 상행위를 하던 상인이나 상인 조직.
5 **평시서** 시전, 도량형, 물가 등에 관한 일을 관장한 관청.

인정할 것인지 말 것인지를 결정했다. 그러나 이때의 통공 정책 역시 시전의 반발 때문에 얼마 안 되어 철회되었다.

이처럼 18세기 들어 1786년까지 세 차례 시행된 통공 정책은 모두 철회되었다. 그 정책은 모두 흉년으로 인해 서울의 물자 유통이 원활하지 않은 상황을 타개하기 위한 임시 조치였기 때문이다. 또 시전 상인의 반발을 무시할 수 없었기 때문이기도 했다. 시전 상인의 청탁을 받은 정치 세력들이 금난전권의 회복을 적극 지원했던 것도 또 다른 원인이었다.

김홍도의 『단원풍속도첩』에 그려진 18세기 상인 봇짐을 지고, 말을 타고, 배를 타고 장사를 하는 조선의 상인이 그려져 있다. 맨 위의 「장터길」은 장터에서 물건을 다 팔고 돌아가는 상인 무리를 그렸다. 그 아래 「나룻배」는 사람들과 가득 실은 짐으로 보아 시장으로 가고 있는 것 같다. 맨 아래 그림은 행상을 떠나는 상인이 부인과 헤어지는 모습을 그린 것으로 보인다. 18세기 상업에 종사한 사람들의 애환이 느껴진다. 국립중앙박물관 소장. 종이에 담채. 「장터길」 가로 49.4센티미터, 세로 28센티미터. 「나룻배」 가로 23.9센티미터, 세로 28센티미터. 「행상」 가로 23.7센티미터, 세로 27.7센티미터. 『단원풍속화첩』 보물 제527호.

경강상인이
시전 상인을 넘어
유통을 장악하다

합리적 경영이나 정상적인 거래보다는 독점권에 의지한 시전 상업은 점차 도전자들의 공격을 이겨 내지 못했다. 특히 한강 연변에서 성장한 경강상인京江商人들은 서울 도성 안의 중소 상인, 외곽의 장시, 지방의 상인들과 결탁해 18세기 후반에는 시전 상인을 밀어내고 서울의 상품유통권을 장악했다.

경강상인은 주로 배를 이용해 전국을 무대로 상업을 했다. 그들은 뛰어난 조선술과 항해술을 바탕으로 부를 축적했다. 당시 조선은 도로가 잘 닦여 있지 않아서 다량의 상품을 운반하는 데는 육로보다는 수로가 제격이었다. 따라서 항해술도 뛰어나고 배도 튼튼하게 만들 수 있는 경강상인은 상업에 여러모로 유리했다. 그들은 배를 타고 여러 곳을 다녔기 때문에 물가의 변화와 차이를 신속하게 알 수 있었다. 그리고 시세 차익을 이용해 많은 이익을 얻었다.

그뿐 아니라 경강상인은 국가의 세곡 운송에도 참여했다. 조선은 세곡이 제대로 운반되어야 정부의 재정 운용이 원활해질 수 있는 나라였다. 이를 위해 항해술이 탁월한 경강상인에게 세곡을 운송시켰다. 그러나 경강상인은 세곡을 운송하고 운송비를 받는 데 만족하지 않았다. 그들은 관리와 결탁해 부정한 방법으로 더 많은 이익을 얻었다. 대표적인 방법이 투곡偸穀, 화수和水, 고패故敗와 같은 것이었다. 투곡은 관리와 짜고 세곡을 빼돌리는 것이었다. 그리고 이를 감추기 위해 항해 도중에 일부러 배를 난파시켰다. 이것이 고패였다. 화수란 세곡을 싣고 가는 동안에 일부를 빼돌리고, 이를 감추기 위해 쌀에 물을 부어 불리는 것이다.

이렇게 부를 축적한 경강 선상들은 좀 더 많은 이윤을 확보할 새로운 방법을 찾았다. 아울러 난파의 위험이 늘 도사리는 선상보다 좀 더 안전한 방법을 찾으려고 했다. 그리하여 그들은 한강 연변에 영업장을 만들고 여객 주인으로 변신하는 방법을 택했다. 즉 선상 활동은 다른 사람들에게 맡기고 자신은 여객 주인이 되는 것이다. 이 시기

상거래에 쓰인 주판과 수표 물건을 사고파는 데에는 셈을 쉽게 하기 위한 도구와 서로 신용을 지키기 위한 여러 기록이 필요했다. 왼쪽은 현대의 계산기와 같은 주판, 오른쪽은 현대의 영수증과 같은 수표(手標)이다. 서울역사박물관 소장. 주판 가로 29센티미터, 세로 17센티미터. 수표 가로 10.4센티미터, 세로 25센티미터.

선상들을 보면 선주나 물주는 주로 자본력이 큰 상인이나 양반이었고, 직접 선상 활동에 나서는 사람들은 신분이나 경제력이 낮았다.

원래 한강 연안의 여객 주인이란 시골에서 배를 타고 상품을 팔러 오는 상인들의 물건을 대신 팔아 주고 수수료口文6를 받거나, 지방 상인인 향상鄕商에게 숙식을 제공하고 그 대가를 받아 생활하던 사람들이었다. 여객 주인과 지방 상인 사이에 일종의 주종 관계는 없었다. 다시 말해 지방 상인은 마음 내키는 대로 자기가 거처하고 물건을 맡길 여객 주인을 정할 수 있었다. 따라서 여객 주인은 지방 상인에게 수수료를 받아 생활하는 정도였지, 경제적으로 그다지 유리한 위치는 아니었다. 여객 주인은 창고를 만들어 지방 상인이 싣고 온 물건을 임시로 보관해 주고, 또 시전 상인과의 거래를 주선했다. 그리고 거래가 이루어지면 수수료를 받았는데, 그 액수는 일정치 않지만 대개 총거래액의 10퍼센트 수준이었다.

그런데 서울로 반입되는 물건의 양이 많아지고 또 여객 주인으로 살아가는 사람들의 수가 많아지자 점차 경쟁이 붙게 되어 서로 서울로 들어오는 지방 상인을 자기의 고정 고객으로 삼으려는 경향이 생겼다. 즉 특정 지방 상인이 상품을 가지고 서울로 들어올 때는 반드시 특정 여객 주인의 집에 물건을 맡기기로 계약하는 관계가 성립하기 시작했다. 서울로 올라온 지방 상인을 가리키는 여객과 그 주인이라는 관계가 성립하기 시작한 것이다. 여객 주인과 지방 상인 간의 관계가 고정되기 시작하면서 여객 주인권이 갖는 경제적인 의미가 커졌다. 특히 물종별, 지역별 전관제專管制가 성립하면서 그 의미는 더욱 커졌다. 여객 주인들은 자신의 여객이 될 수 있는 대상을 굳이 상인에만 한정하지 않았다. 처음에는 개별적인 한 사람 한 사람과 계약을 맺는 단계에서 다음에는 특정 지역의 세곡에 대

6 **구문(口文)** 흥정을 붙여 주고 그 보수로 사고판 양쪽으로부터 받는 돈. 구전(口錢), 두전(頭錢).

목포집 음식점이나 술집 이름에 지방 도시 이름을 상호로 하는 것은 지방 상인과 독점적으로 거래하는 여객 주인을 뜻하는 것에서 유래되었다. 사진은 한강 가까운 곳에 있는 경기도 고양시의 '목포집'.

한 독점, 즉 어느 지역 세곡은 반드시 자기 집에서 하역하도록 하는 관계를 맺었다. 나아가서는 특정 지역에서 생산되는 물건을 싣고 오는 상인은 반드시 자기하고만 거래를 해야 한다거나, 서울에 들어오는 북어, 삼베 따위 특정 물건은 반드시 자기에게 넘겨야 한다는 관계를 맺기에 이르렀다. 요즘에도 음식점이나 술집에 '강진집'이니 '목포집'이니 하는 지방 도시 이름을 상호로 하는 사례를 종종 본다. 특히 강이나 바다 근처에 있는 도시에서 그런 경향이 강하다. 이러한 상호가 바로 여객 주인의 자취이다. 가령 조선 후기에 '목포집'이라는 것은 목포에서 올라오는 지방 상인과 독점적으로 거래하는 여객 주인을 뜻하는 것으로 사용되었다.

이렇게 여객 주인의 구성과 역할이 강화되면서, 그들은 시전 상인과 서울의 상권을 두고 경쟁하기 시작했다. 원래 서울의 상품유통 구조는 시전을 정점으로 했다. 즉 지방에서 물건을 매입해 서울으로 싣고 온 선상이나 지방 상인은 일단 그것을 경강 연변에 있는 여객 주인에게 넘겼다. 그러면 여객 주인은 그것을 처분하기 위해 도성 안에 있는 시전이나 경강 연변에 설치된 시전 상인들을 불러들여 상품을 보여 주고 거래를 주선했다. 그리고 이들 사이에 거래가 이루어지면 시전 상인은 그것을 자신의 점포로 가져가서 일반 소매상이나 소비자에게 전매했다. 즉 서울에 반입된 상품은 반드시 지방 상인→여객 주인→시전 상인→중간도매업자中徒兒→소비자의 단계를 통하도록 되어 있었다.

그런데 시전 상인들은 이러한 권리를 함부로 남용했다. 지방 상인이 상품을 가져왔다고 여객 주인이 시전 상인에게 기별을 보내면, 그들은 한껏 배짱을 부리며 헐값에 사들이려고 했다. 이는 반드시 시전을 통해서만 서울에 상품을 판매하도록 되어 있는 규정을 악용한 것이다. 또 경강상인이나 여객 주인은 아무리 시전에 팔고 싶지 않더라도 서울 주변에 달리 판매할 만한 유통 구조가 없었으므로 그들에게 전매할 수밖에

칠패 시장 지금의 서울 서소문 밖에 있었다. 칠패에서는 시전과 마찬가지로 미곡·포목·어물 등 각종 물품이 매매되었는데, 그중에서 어물전이 가장 규모가 크고 활발했다.

없었다. 그러므로 여객 주인이나 경강 선상이 상업을 통한 이윤을 확대하려면 시전 상인을 유통 구조에서 배제시켜야 했다. 결국 서울로 반입되는 상품을 반드시 시전에 넘겨야 하는 규정을 철폐시킬 필요가 있었다. 이러한 규정을 철폐시키려는 노력이 곧 여객 주인으로 정착한 경강상인이 발전해 가는 과정이기도 했다.

경강상인이 시전 상인을 배제하고 서울의 유통 구조를 장악해 도고 상업을 전개할 수 있었던 배경은 무엇일까? 우선 서울과 그 주변 장시의 성장을 들 수 있다. 전국적 상품유통의 중심지로 성장한 서울은 명실상부한 전국 상품의 집산지였다. 이렇게 서울로 물자가 반입되는 것이 활성화되자 서울 내부에 새로운 장이 열리기 시작했다. 서울의 전통적 시장이던 종루와 함께 지금의 염천교 부근인 칠패와 지금의 광장 시장 부근인 이현에 새로운 시장이 성장해 종로와 규모가 비슷해졌다. 특히 칠패에서 거래하는 어물의 양은 시전의 열 배에 달할 정도로 번성했다. 아울러 서울 외곽에 새로운 상품유통의 거점도 생겨났다. 경기 광주의 송파장과 양주의 누원[7]장이 그것이다. 이 두 지역은 시전 상인들이 금난전권을 행사할 수 없는 지역이었다. 그러므로 경강상인들은 누원과 송파장을 직접 연결해 상품을 서울을 거치지 않고 동북 지역과 삼남 지역으로 유통시킬 수 있게 되었다.

이처럼 서울 안팎의 장시가 성숙해 가는 것을 활용해 여객 주인들은 서울의 상품유통에서 시전 상인을 배제하기 시작했다. 지방에서 상품을 싣고 오는 선상은 반드시 자기와 주인 관계를 맺은 여객 주인에게만 물건을 전매했다. 물건을 넘겨받은 여객 주인은 시전 상인을 부르지 않고 성안에 있는 중간도매업자나 서울 밖 송파, 누원에 있는 상인들을 불러 은밀히 물건을 유통시켰다. 중간도매업자들은 이렇게 구입한 물건과 시전에서 구입한 소량을 섞어서 서울에 유통시켰다. 행상 역시 시전보다는 상품 공급권을 쥐고 있는 여객 주인의 눈치

7 **누원** 지금의 경기도 의정부시 호원동 부근. 다락원이라고도 한다.

제주도의 여객 주인 김만덕 묘비 김만덕은 객주를 운영하면서 제주도 물품과 육지 물품을 교역하는 유통업을 통해 막대한 부를 이뤘고, 그 부를 기근에 시달리는 제주도민을 살리는데 쾌척했던 여성 거상이다. 묘비는 마을 사람들이 김만덕의 공을 기려 세웠다. 제주도 제주시 건입동 소재. 시도기념물 제64호.

를 보게 되었다. 즉 서울에서 행상을 하는 자들도 여객 주인의 지휘에 따라 상품을 팔러 다니는 상황이 되었다.

여객 주인의 활동은 서울에 그치지 않았다. 그들의 활동은 지방 장시와도 연결되어 있었다. 그들은 서울 안에서 시전 상인이 금난전권을 무기로 행패를 부린다거나 서울에 너무 많은 상품이 공급되어 가격이 하락하면, 서울에 반입된 상품을 서울로 공급하는 것이 아니라 송파 등 서울 외곽 장시를 통해 삼남 지방이나 평안도 지역 장시로 유출시키기도 했다. 그뿐 아니라 자신들이 직접 배를 통해 다른 지역으로 반출하기도 했다.

이것이 가능했던 것은 여객 주인의 조직망과 함께 육상·해운 교통이 발달하고 전국적 유통망이 형성되었기 때문이다. 18세기가 되면 전국적으로 일련의 유통망이 형성되었다. 그러한 유통망은 국가의 조세 수취망에 편승하기도 하고, 새롭게 유통로를 개척하기도 하면서 형성되었다. 여객 주인을 비롯한 경강상인은 발전된 육상·해운 교통을 발판으로 전국적 상업 유통을 장악했다. 그들은 각 지역의 생산물이 집하된 포구의 주인층과 연계해 포구를 돌아다니면서 상품을 매입해 서울로 공급하거나, 육로를 통해 공급되는 상품을 누원, 송파 등지에서 매입해 서울로 공급했다. 그뿐 아니라 전국을 돌아다니면서 시세를 파악할 수 있었으므로 그들이 서울로 반입한 상품을 가격이 비싼 곳으로 반출하기도 했다. 즉 경강상인-포구 주인-장시의 보부상으로 연결되는 구조 속에서 경강상인은 서울만이 아닌 전국적 유통망을 형성했다.

경강상인이 이렇게 성장하자 조선 정부도 시전 상인을 일방적으로 보호하는 정책을 포기하고 새롭게 성장한 경강상인을 새로운 상업 세력으로 인정하게 되었다. 그것이 1791년에 시행된 신해통공이었다.

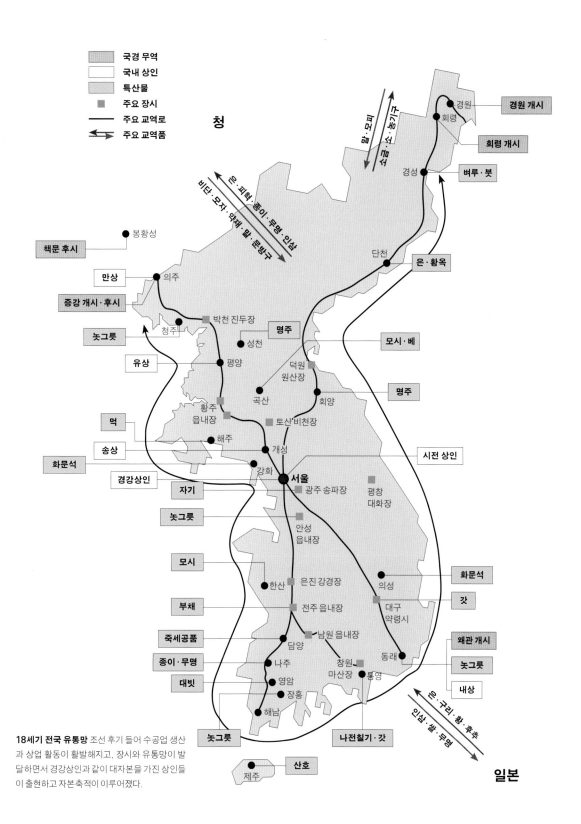

18세기 전국 유통망 조선 후기 들어 수공업 생산과 상업 활동이 활발해지고, 장시와 유통망이 발달하면서 경강상인과 같이 대자본을 가진 상인들이 출현하고 자본축적이 이루어졌다.

금난전권을
혁파하다

신해통공은 정조 개혁의 동지였던 채제공의 건의에 따라 시행되었다. 채제공이 이를 건의한 것은 앞선 세 차례의 통공 정책과 같은 이유에서였다. 당시 서울 상업계의 가장 큰 폐단은 작은 물종까지 취급하는 시전이 생겨 그들이 금난전권을 빙자해 상품유통을 독점하고 소상인의 생존권을 침해하는 데 있었다. 따라서 만들어진 지 수십 년이 안 된 작은 시전은 혁파하고, 육의전 이외의 시전은 금난전권을 행사하지 못하게 했다. 이는 영조 대 이래 새로운 시전이 많이 생기면서 야기된 폐단을 어떻게든 해결해야 한다는 시대적 과제에 대한 정부의 대응이었다.

그러나 시전 상인의 반발에 대한 대책을 마련해 놓고 신해통공을 실시한 것은 아니었다. 시전의 국역 부담을 덜어 주는 조치가 없었다. 통공 정책을 시행하는 명분이던 물가의 폭등도 신해통공 시행 이후 별반 나아지지 않았다. 오히려 사상에 의한 매점매석 행위로 물가는 신해통공 이전보다 더 올랐다.

시전 상인들은 신해통공에 크게 반발했다. 그들은 대궐에 들어가려는 채제공의 길을 가로막고 통공 정책을 폐기하라고 요구했다. 그들의 노력은 집요했다. 신해통공 실시 2년 뒤 채제공이 화성유수로 자리를 옮기자, 수원까지 그를 찾아가서 항의하기도 했다. 신해통공을 반대한 것은 시전 상인만이 아니었다. 정부에서도 일반 시전 중 규모가 큰 시전에는 금난전권을 돌려주자는 주장들이 나왔다.

그러나 채제공은 흔들리지 않았다. 그는 신해통공을 시행하자고 주장하면서 시전 상인의 모든 불만과 원성은 자신이 감당하겠다고 공언할 정도로 그 정당성을 확신했다. 그리고 시전 상인이나 정부 관료의 반발에도 신념을 굽히지 않았다.

정조도 통공 정책을 지지했다. 그는 정치란 민심을 존중해야 한다고 생각하고 있었고, 이는 상업정책에서도 마찬가지였다. 그는 물가가 시장의 가격 법칙에 의해 결정된다고 생각했다. 정부가 쌀값을 안정시키려면 쌀값을 강제로 통제하는 것이 아니라

주교사 터 가까운 곳의 용양봉저정 정조가 현륭원을 찾을 때 한강에 임시로 설치한 배다리를 건너면서 잠시 쉬어 가던 정자. 1789년(정조 13) 이후에 지은 것으로 추정된다. 휴식을 취하면서 점심을 먹었기 때문에 주정소로도 불렸다. 서울시 동작구 본동 소재. 서울특별시 유형문화재 제6호.

자유로운 상업 활동을 보장해 미곡의 유통을 활성화시키고 곡물의 원활한 수급 조절이 이루어져야 한다고 보았다. 쌀값 안정을 수요와 공급의 법칙에 따른 시장의 가격 조절 기능에 맡겨야 한다는 것이었다.

신해통공은 효과가 전혀 없지는 않았지만, 이전의 통공 정책과 마찬가지로 시전 상인의 반발과 물가 폭등에 대한 별다른 대책이 없었다. 따라서 신해통공 역시 이전의 통공 정책처럼 철회될 가능성이 많았다고 할 수 있다. 그러나 정조와 채제공이 중심이 되어 신해통공을 유지했고, 적어도 정조 연간에는 철회하지 않았다.

이와 같이 신해통공이 지속되었다는 것은 여기에 이전의 통공 정책과는 다른 배경이 있었음을 의미한다. 여기서 주목되는 것은 시전을 대신할 만한 상업 세력인 경강 상인이 성장했고, 이들을 통해 국가 재정을 보완할 수 있었다는 것이다.

신해통공이나 그 이전의 통공 정책이나 모두 시전의 국역 부담에 대한 반대급부로서 금난전권은 정당하다고 인식했다. 다만 금난전권을 가진 시전의 숫자를 금난전권이 처음 인정된 당시로 환원하려는 것이었다. 이는 난전을 시전으로 바꾸는 방법을 통해 상품경제의 이윤을 국가 재정으로 흡수하던 기존 정책의 포기를 의미한다. 따라서 통공 정책이 지속되기 위해서는 시전의 국역 부담을 덜어 주는 한편 그것을 보충할 재원을 마련하는 후속 조치가 필요하다고 할 수 있었다.

정부는 신해통공을 실시하면서 바로 시전의 부담을 덜어 주지 않았다. 시전 부담의 경감은 신해통공을 시행한 지 3년 만인 1794년에야 비로소 이루어졌다. 이때 시전의 국역 부담을 덜어 주는 것과 어물전을 육의전에서 제외하는 조치가 동시에 이루어졌다. 신해통공 이후 사상의 매점매석 행위가 성행하는 상황에서 매점매석의 주요 거래 물종이던 어물을 취급하는 어물전을 육의전에서 제외한 것이다. 이는 어물을 취급하는 사상에게 매우 유리한 조치라고 할 수 있다.

이와 함께 주목되는 것은 1793년에 주교사舟橋司가 설치되고 본격적으로 운영되기 시작했다는 점이다. 주교사는 정조가 화성에 행차할 때 한강에 설치하는 배다리를 관리하는 기구였다. 그런데 배다리에 투입되는 배가 바로 경강상인들이 소유한 배였다. 따라서 주교사를 설치했다는 것은 경강상인을 국가의 통제하에 두게 되었음을 의미한다. 아울러 이러한 통제를 바탕으로 주교사 소속 배를 세곡 운송에 활용함으로써 국가 재정을 보완할 수 있었다.

이런 점에서 신해통공은 조선 정부가 경강상인을 인정하고 그들을 통해 상업이윤을 국가 재정으로 활용하려는 정책이었다고 할 수 있다. 신해통공은 이처럼 18세기 상품경제의 발전을 반영하는 정책이었다. 신해통공을 계기로 폐쇄적이던 서울 상업계가 자유로운 경쟁 사업으로 전환되었다. 그런 점에서 신해통공은 획기적인 정책이라고 평가할 수 있다.

하지만 정책 효과라는 점에서 신해통공은 일정한 한계가 있었다. 신해통공은 시전 상인의 지나친 금난전권 행사로 인해 피해를 입던 소상인, 소생산자, 그리고 도시 빈민을 위한 정책이었다. 그런데 그들에게 고통을 주던 높은 물가는 시전 상인 때문만은 아니었다. 경강상인의 독점 상업도 물가가 오르는 원인이었다. 채제공과 정조도 이 사실을 알고 있었고, 신해통공을 시행할 때 시전의 금난전권을 혁파하는 것 못지않게 경강상인의 독점 상업을 금지할 것도 강조했다.

그러나 독점 규제는 효율적으로 이루어지지 않았다. 신해통공으로 형성된 상업 환경은 소상인이나 소비자보다는 경강상인에게 더 유리하게 작용했다. 이후 서울 상업계는 경강상인이 장악했고, 그들의 독점 행위로 소상인과 소비자가 피해를 입었다. 그 같은 독점 행위를 폐지하고 진정한 의미에서 자유로운 상업을 보장하는 조치가 필요했다. 그러나 정조 대에는 이를 해결하지 못하고, 훗날의 과제로 남기고 말았다.

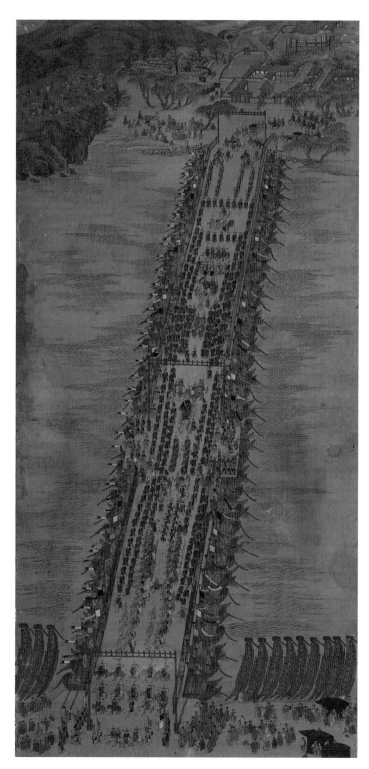

주교사가 관리하던 배다리 「화성능행도」 중 노량진의 배다리를 건너 서울로 환궁하는 행렬을 그린 「한강주교환어도」. 이 배다리를 만들고 여기에 동원된 경강상인들의 배를 관리하던 곳이 주교사였다. 배다리는 쇠사슬 등으로 배를 연결해 강을 가로지르게 한 뒤 그 위에 나무판자를 이어서 평평하게 만들었다. 규격이 통일된 교배선(橋排船) 36척, 난간 240쌍, 홍살문 3개로 만들었으며, 배다리 좌우의 위호선(衛護船) 12척이 사용되었다. 삼성미술관Leeum 소장. 비단에 채색. 세로 62센티미터, 가로 142센티미터. 보물 제1430호.

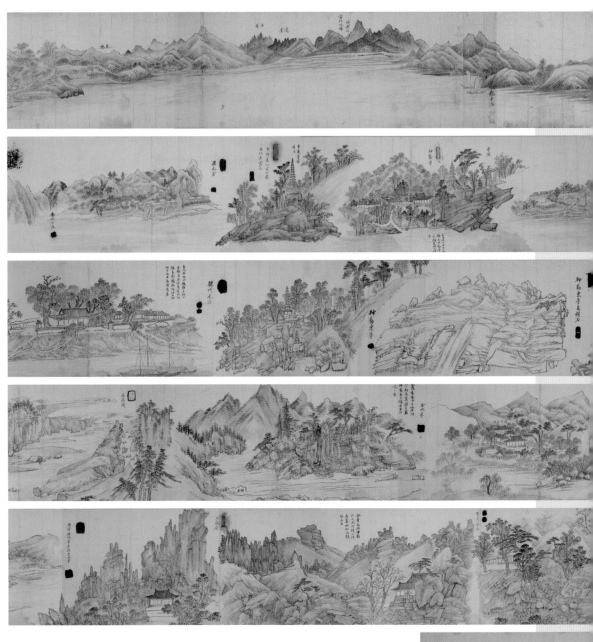

경강상인이 오가던 한강의 정경 1797년경 정수영이 한강 변을 따라 머물며 구경한 삼각산, 도봉산, 수락산 등을 눈에 보이는 대로 그린 「한임강명승도권」. 국립중앙박물관 소장. 종이에 수묵담채. 가로 1575.6센티미터, 세로 24.8센티미터.

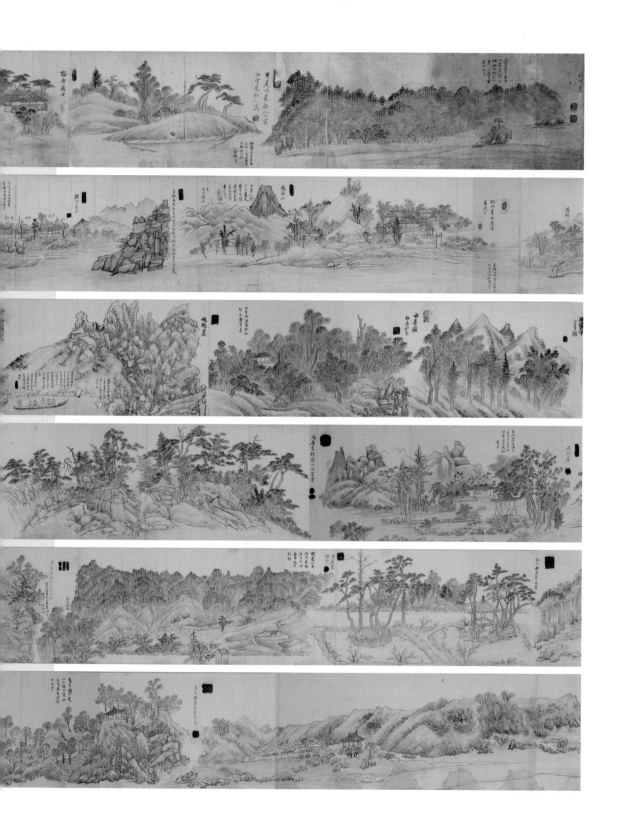

18세기
동아시아
시장경제

18세기는 동서양 모두 정치적으로 강력하고 사회적으로 안정되었으며, 경제적으로 발전하고 문화적으로도 번영했던 시기이다. 서양 경제가 신대륙의 발견과 이를 통한 해외시장 개척에 힘입어 발전했다면, 동아시아의 경제 발전은 17세기 이후 찾아온 평화에서 비롯되었다. 청이 중국을 정복하고 정치적 안정을 이룩한 이후, 동아시아의 한·중·일 3국은 200년 동안 평화의 세기를 맞이했다.

이 시기 동아시아 3국 모두 저습지와 산간을 중심으로 개간지가 확대되었다. 농업기술 발달로 단위면적당 농업 생산성도 향상되었다. 중국에서는 집약적 농업이 더욱 발달했고, 다양한 품종과 살충제의 개발 등 농법도 개량되었다. 일본은 비료와 농기구의 개발이 두드러졌고, 조선에서는 모내기가 전국적으로 확산되어 수확량이 크게 증대되었다.

이 같은 농업기술 개발과 함께 아메리카 대륙에서 전래된 옥수수·감자·고구마 등 구황작물의 보급, 의학의 발전과 위생 상태의 개선 등을 배경으로 동아시아의 인구는 급격히 늘어났다. 중국은 18세기 초반부터 연평균 1퍼센트에 육박하는 인구 증가율이 1세기 동안 지속되었다. 17세기 초반 1억 5000만 명 정도였던 인구가 18세기 말에 이르면 3억 명을 넘어섰다. 일본 역시 17세기에도 막부가 들어서면서 '인구 대폭발'의 시기를 맞았다. 17세기 초 1200만 명 정도였던 인구가 18세기 초에는 3000만 명을 넘어서면서 이 시기에만 2.5배에 달하는 인구 증가율을 보였다. 18세기에 들어서면서 기근과 전염병 등으로 인구 증가 추세가 둔화되거나 오히려 약간 감소했다가, 메이지유신 이후인 19세기 말에 다시 증가하는 경향을 보인다. 조선은 17세기 후반 이후 꾸준히 증가해 18세기 후반에는 1800만 명을 넘어섰다.

이처럼 동아시아 각국의 인구가 증가하면서 상공업이 크게 발달했다. 인구의 증가는 곡물과 수공업품의 수요를 늘렸으며 시장의 확대와 상품화폐경제의 발달을 가져왔다. 중국은 송강松江, 지금의 상하이 쑹장 구에서 면방직 산업이, 소주蘇州, 지금의 장쑤 성 쑤저우와 항주杭州, 지금의 저장 성 항저우에서 비단 산업이 발달했다. 이에 따라 주변 농촌을 중심으로 상품 원료의 생산이 늘어났고, 이를 판매하는 전문 시장이 시진市鎭이라 불리는 중소 규모의 도시로 성장했다. 중국 내 은 유통의 확산은 상공업의 성장을 더욱 촉진하고, 대운하와 장강長江, 양쯔 강 유역의 상업 노선들이 북에서 남으로, 동에서 서로 연결되면서 상품과 물자의 유통은 더욱 원활하게 되었다. 이러한 유통로의 발달을 배경으로 전국을 무대로 하는 거대 상인 집단이 활약하기 시작했다. 그중에서도 강남의 휘주徽州, 지금의 안후이 성 후이저우 상인과 강북의 산서山西, 지금의 산시 성 상인의 활동이 가장 두드러졌다.

일본에서는 무사와 상공업자들을 조카마치城下町, 영주의 거점인 성을 중심으로 형성된 도시에 살게 하면서 그곳을 중심으로 상공업이 발달했다. 조카마치의 상인들은 도시의 수요품을 주로 취급했으나, 상업이 전업화하지는 못했다. 하지만 18세기 이후 도시 상업이 번성하면서 전업 도매상 중심의 거대 상인이 출현했다. 이 시기에는 일본의 쌀 시장을 장악한 오사카大阪 상인과 전국에 지점을 두고 다양한 상품을 거래하며 성장한 오미近江, 시가 현 오미하치만 시 일대 상인이 유명했다. 막부의 통화 체제 정비에 따라 화폐경제가 발전하고 전국 규모에 걸친 육·해상 교통 체제의 확립은 상공업 발전에 큰 동력이 되었다.

조선에서도 도시와 농촌에서 민영 수공업이 발달했다. 17세기 이후 대동법 시행과 상평통보의 전국적 유통은 상품화폐경제의 발달을 더욱 촉진했다. 새로운 도로와 수로가 개발되고 또 기존의 세곡 운송로를 활용하면서 18세기 말 이후 장시와 포구는 유기적으로 연결되었다. 특히 전국에서 가장 큰 포구였던 마포와 용산 등이 위치한 경강 지역은 전국의 상품 가격을 조절하는 중심 시장의 역할을 했다. 이곳에서 활동하던 경강 상인은 미곡·어물 등의 운송과 판매로 막대

상점이 늘어선 중국 소주 거리 대형 비단 가게와 염직물 판매상들이 늘어서 있다. 시장경제가 발달한 모습을 잘 보여 준다.

한 이익을 얻었다. 개성을 중심으로 전국에 송방松房, 개성상인의 가게을 설치하고 국제무역과 홍삼 제조업에 진출한 개성상인 역시 전국을 무대로 한 상업 활동으로 성장했다.

동아시아 3국의 시장경제는 적어도 18세기까지는 새롭게 해외시장을 개척하거나 적극적인 상업·상인 보호 정책을 시행할 필요성을 느끼지 못할 정도로 내적 발전 동력이 충분했다. 그래서 상공업 발전을 배경으로 새롭게 성장한 계층의 이해를 보호하고 그들의 성장을 촉진할 수 있는 정치적, 사회적 변화를 이루어 내지는 않았다. 특히 조선은 18세기 이후 나타난 사회경제적 변화를 건국 이래 유지해 오던 기존 체제 안에서 수용하려 했다. 따라서 사회 전체의 내적 발전 동력이 한계점에 도달하게 되는 19세기를 별다른 준비 없이 맞이하게 되었다.

인포그래픽으로 보는 붕당정치

붕당과 탕평의 변주곡

서인	동인
소론	북인
노론	남인

왕	선조				광해군	인조		효종	현종	
	1575	1589	1591	1599	1613	1623	1636	1651	1659	1674
사건	을해당론	기축옥사	건저 문제	북인 내분	계축옥사	인조반정	병자호란	대동법	기해예송	갑인예송
	동서 분당	정여립의 난	남북 분당	대소 분당	폐모살제	서인 정권	주전vs주화	지지vs반대	효종상	인선왕후상

동인 김효원

이발 최영경 (숙청)

북인 이산해 이발

대북 이산해 (광해군 지지)

대북 정인홍 이이첨 (집권)

대북 이이첨 정인홍 (처형)

북인 소멸 남인에 흡수

한백겸 이원익 (지지)

허목 윤선도

허적

이원익 (정치 참여)

소북 남이공 (영창대군 지지)

남인 우성전 유성룡

소북 몰락

최명길 김자점 (반정 주도)

주전파 김상헌

한당 김육 (지지)

송시열 송준길

정철 (옥사 주도)

이덕형 (삭직)

주화파 최명길

붕당

서인 심의겸

정철 (실각)

이항복 (유배)

산당 김집 송시열 (반대)

김수홍

친청파 김자점

이 표는 16세기 이래 주요 사건마다 각 붕당의 세력이 어떻게 변화했는지 대략적인 추세를 보여 주기 위해 고안되었다. 파란색 계통이 동인 계열, 노란색 계통이 서인 계열을 표시한다. 표는 크게 동인계가 집권한 선조~광해군 대, 서인과 남인이 경쟁한 인조~숙종 대, 노론의 우세 속에 탕평이 등장한 경종~정조 대로 나눌 수 있다. 각 사건의 설명은 이어지는 면에서 확인할 수 있다.

숙종			경종		영조				정조	
1680	1689	1694	1721	1722	1727	1728	1755	1762	1777	1789
경신환국	기사환국	갑술환국	신축옥사	임인옥사	정미환국	무신란	을해옥사	임오화변	『명의록』	현륭원 천장
서인 집권	남인 집권	서인 집권	노론 퇴출	노론 참사	완론 탕평	이인좌의 난	나주괘서	사도세자 절명	정조에 대한 충역	사도세자 추숭
허견 윤휴 (실각)	권대운 김덕원 (등용)	민암 (실각)		목호룡 (삼급수 옥 고변)		향촌 남인 (반란 가담) / **청남** 오광운 (진압 발의)	**청남** 채제공 (조사 담당)	**청남** 채제공 (친세자)	**청남**	**청남** 채제공 (찬성)
		김춘택 남구만 박세채 (등용)	**소론** 조태구 (정국 주도)	김일경 (옥사 주도)	**급소** 김일경 (처형)	**급소** 심유현 이인좌 (반란 참여)	**급소** 윤지	**준소** 이종성 (친세자)	**준소** 정국 배제	**준소** 이성원 박하원 (찬성)
					준소 조태구 이광좌 (강경파)	**준소** 오명항 박문수 (반란 진압)	**준소** 이종성	**완소** 정휘량 (반세자)	**완소** 서명선 (충) 정후겸 (역)	**완소** 노론 시파와 동조
김석주 김수항 (등용)							**완소** 탕평의 일익 계속 담당			
					완소 송인명 정휘량 (탕평당)	**완소** 조현명 송인명 (권력 유지)	의리 관철 조정 장악	**완론** 홍봉한 (친세자) 홍계희 (반세자)	**완론** 홍국영 정민시 (충) 홍인한 (역)	**시파** 김희 서유린 김조순 (표면상 반대)
					완론 홍치중 (탕평당)	**완론** 김재로 (탕평 지지)		**준론** 이천보 (친세자) 김상로 김귀주 (반세자)	**준론** 김종수 유언호 (충) 김상로 (역)	**벽파** 김치인 김종수 심환지 (적극 반대)
		송시열 (실각)	**노론** 노론 4대신 (유배)	노론 4대신 (처형)	**준론** 민진원 (강경파)	**준론** 대 소론 공세 강화				

선조~광해군 연간의 붕당정치

서인	동인
소론	북인
노론	남인

왕	선조				광해군
	1575	1589	1591	1599	1613
사건	을해당론 동서 분당	기축옥사 정여립의 난	건저 문제 남북 분당	북인 내분 대소 분당	계축옥사 폐모살제
붕당	**동인** 김효원	이발 최영경 (숙청)	**북인** 이산해 이발	**대북** 이산해 (광해군 지지)	**대북** 정인홍 이이첨 (집권)
				소북 남이공 (영창대군 지지)	
			남인 우성전 유성룡		**소북** 몰락
		정철 (옥사 주도)			
					이덕형 (삭직)
	서인 심의겸	정철 (실각)	정철 (실각)		이항복 (유배)

붕당론을 주창한 구양수

동인과 서인이 갈리다

1575년 김효원과 심의겸 사이에 갈등이 일어났다. 두 사람을 따르는 세력은 서로 상대방을 소인의 당으로 배척해 붕당의 싹이 텄다. 그러자 이이가 주동해 김효원과 심의겸을 지방관으로 보냈지만, 붕당의 형성을 막을 수 없었다. 김효원의 동인은 영수로 대사헌 허엽을 추대하고, 심의겸의 서인은 좌의정 박순을 추대했다. 동인에는 이황과 조식의 문인, 서인에는 이이와 성혼의 문인이 많았다.

동인의 거두 조식의 유품

정여립의 난으로 동인이 위기를 맞다

1589년 10월 황해도 관찰사 한준 등이 정여립의 역모를 고변했다. 정여립이 자결하고 일부 관계자가 자백함에 따라 역모는 사실로 단정되었다. 문제는 정여립이 동인과 가까웠다는 것이다. 옥사를 주도한 서인 정철은 이발, 정언신, 정언지 등 동인의 지도자를 대거 처형하거나 유배 보냈다. 그 뒤 3년여 동안 희생된 자가 무려 1000여 명에 이르렀다.

임진왜란을 전후해 초기 붕당정치를 주도한 세력은 훈척의 척결에 더 적극적이던 신진 사류 중심의 동인이었다. 동인은 다시 남인과 북인으로 갈라졌고, 임진왜란 때 의병장을 많이 배출한 북인이 선조 말에 권력을 장악했다. 그중에서도 광해군을 옹립한 대북은 다른 모든 세력을 압도하면서 16세기 전반기를 풍미했다.

서인의 거두 정철의 시비

건저 문제로 서인 정철이 몰락하다

선조에게 왕비 소생의 왕자가 없어 세자 책봉이 미뤄지자, 좌의정 정철은 세자 책봉(건저)을 영의정 이산해와 상의해 함께 결정하기로 했다. 그러나 이산해는 선조의 총애를 받던 후궁 김빈에게 정철이 장차 건저를 청한 뒤 김빈 모자를 죽이려 한다고 무고했다. 이 사실을 들고 분노한 선조는 정철이 경연에서 건저를 거론하자 대로했다. 정철은 삭탈관직되고 서인이 피해를 입었다.

임진왜란을 앞두고 붕당 간에 의견이 갈리다

1590년(선조 23) 서인 황윤길을 정사, 동인 김성일을 부사로 하는 통신사가 일본에 파견되었다. 도요토미 히데요시를 접견하고 이듬해 귀국한 황윤길은 일본이 반드시 내침할 것이니 대비해야 한다고 주장했으나, 김성일은 민심이 흉흉해질 것을 고려해 그렇지 않다고 주장했다. 당시 동인이 우세했던 조정은 황윤길의 의견을 따르지 않았다. 임진왜란이 일어나자 선조는 이를 후회했다고 전한다.

동인이 남인과 북인으로 갈리다

건저 문제로 서인이 위기에 처했을 때 동인 내부에서 서인에 대한 강경파 이산해·이발 등은 북인으로, 온건파인 유성룡·우성전 등은 남인으로 갈라졌다. 이발의 집이 서울 북악 아래, 이산해의 집은 한강 이북에 있었고, 유성룡과 우성전의 집은 남산 부근에 있었기 때문에 각각 북인과 남인으로 불렸다고 한다.

임진왜란 극복의 선두에 섰던
유성룡의 투구

북인이 대북과 소북으로 갈리다

1599년(선조 32) 홍여순이 대사헌으로 천거되자 남이공이 이에 반대해 북인 내에 분열이 일어났다. 이때 홍여순과 이산해가 주도하는 붕당을 대북이라 하고, 남이공·유영경을 영수로 하는 붕당을 소북이라 했다. 유영경이 영의정에 올라 득세한 소북은 영창대군을 세자로 옹립하려 실패한 뒤 광해군이 등극하면서 몰락했다.

광해군과 함께 대북 정권이 수립되다

광해군을 세자로 옹립한 대북은 일찌감치 소북을 몰아내고 권력을 굳혔다. 그러나 영의정 이산해와 병조판서 홍여순이 알력을 보이면서 육북과 골북으로 갈라지기도 했다. 대북 정권이 영창대군을 유배 보내고 인목대비를 서궁에 유폐하려 하자 같은 대북의 유몽인·기자헌 등은 '폐모살제'에 반대하고 나서기도 했다.

인조~숙종 연간의 붕당정치

서인 동인
소론 북인
노론 남인

왕	인조		효종	현종		숙종		
	1623	1636	1651	1659	1674	1680	1689	1694
사건	인조반정 서인 정권	병자호란 주전vs주화	대동법 지지vs반대	기해예송 효종상	갑인예송 인선왕후상	경신환국 서인 집권	기사환국 남인 집권	갑술환국 서인 집권
붕당	**대북** 이이첨 정인홍 (처형) 이원익 (정치 참여) 최명길 김자점 (반정 주도)	북인 소멸 남인에 흡수 **주전파** 김상헌 **주화파** 최명길 **친청파** 김자점	한백겸 이원익 (지지) **한당** 김육 (지지) **산당** 김집 송시열 (반대)	허목 윤선도 송시열 송준길	허적 김수흥	허견 윤휴 (실각) 김석주 김수항 (등용)	권대운 김덕원 (등용) 송시열 (실각)	민암 (실각) 김춘택 남구만 박세채 (등용)

인조반정의 일등 공신 이귀

인조반정

서인이 대북 정권을 궤멸시키다

1623년 3월 12일 이괄, 최명길 등 서인 세력이 정변을 일으켜 광해군을 왕위에서 몰아내고 능양군을 인조로 옹립했다. 그들은 광해군이 영창대군을 죽이고 인목대비를 폐한 것을 패륜으로 비난하고, 중립 외교를 펼친 것도 명에 대한 명분과 의리를 저버린 행위로 비판했다. 이이첨·정인홍 등 수십 명이 처형되고, 200여 명이 유배되었다.

서인이 대북 정권에 맞서 일으킨 인조반정은 조선 시대를 그 전과 후로 가를 수 있을 만큼 중대한 사건이었다. 서인은 성리학에 입각한 의리와 명분을 앞세우다 청의 침략을 초래했지만, 정국을 주도할 수 있는 명분을 확보했다. 한동안 주춤하던 붕당 간 경쟁은 현종 대 예송 논쟁으로 다시 일어나 숙종 대에는 환국 때마다 한 붕당의 전제정치가 펼쳐지는 치열한 정쟁으로 발전했다.

서인 정권이 호란을 맞이하다

명에 대해 의리를 지키려는 인조와 서인의 정책은 후금(청)의 침략을 초래했다. 병자호란 당시 주화파와 주전파는 논쟁을 거듭했으나, 주전파에게는 난국을 타개할 방도가 없었다. 예조판서 김상헌, 이조참판 정온 등의 반대에도 불구하고 대세는 강화를 지지하는 쪽으로 기울었다. 주화론이 우세해 인조의 항복이 다가오자 김상헌과 정온은 자결을 시도하기도 했다.

대동법을 놓고 공론이 갈리다

광해군 때 경기에 한해 실시된 대동법이 인조반정과 호란 통에 확산되지 못하던 중 효종 대에 이르러 김육이 삼남에도 시행할 것을 주장하면서 다시 조정의 화두로 떠올랐다. 이에 대해 김장생의 아들인 김집이 반대하고, 김상헌·송시열·송준길 등이 김집을 두둔했다. 이는 김집 등의 산당(山黨)과 김육 등의 한당(漢黨)이 분열하는 계기가 되었다.

대동법 시행 기념비

서인과 남인이 예송 논쟁을 벌이다

효종이 죽자 인조의 계비 장렬왕후의 복상 기간을 두고 논쟁이 일어났다. 남인은 효종이 둘째 아들이지만 왕위를 계승했으므로 장자로 대우해 삼년상을 해야 한다고 주장했다. 반면 서인은 효종이 장자가 아니므로 『주자가례』대로 기년상을 치를 것을 주장했다. 이는 왕실의 예를 사대부와 똑같이 적용할 것인가(서인) 특별하게 볼 것인가(남인) 하는 문제와 연결되었다. 예송 논쟁은 효종의 비인 인선왕후가 죽었을 때도 재연되어 최종적으로 남인이 승리했다.

송시열의 사당 대로사

경신환국으로 서인이 집권하다

1680년(숙종 6) 3월 남인인 영의정 허적은 집안 잔칫날 비가 오자 왕실용 천막을 허락 없이 가져갔다. 이를 안 숙종은 분노해 서인에게 군권을 넘겼다. 그 뒤 허적의 서자 허견이 인조의 손자들과 역모를 했다는 고변이 들어와 허견·허적·윤휴 등 남인이 죽거나 유배되었다. 이때 서인이 정권을 독식하면서 붕당정치는 일당전제의 성향을 보이게 되었다.

기사환국으로 남인이 집권하다

서인 민유중의 딸 인현왕후가 원자를 낳지 못하던 중 남인의 지지를 받는 소의 장씨가 아들을 낳자 숙종은 서인의 반대에도 불구하고 그 아들을 원자로 삼았다. 그러자 서인의 영수 송시열이 나서 반대론을 펼쳤으나, 숙종은 송시열의 관작을 삭탈하고 영의정 김수흥을 파직했다. 그리고 목내선·민암 등 남인을 대거 등용했다. 숙종은 인현왕후를 폐위한 뒤, 희빈으로 승격되었던 장씨를 비로 책봉했다.

갑술환국으로 남인이 결정적으로 몰락하다

1694년(숙종 20) 서인 김춘택·한중혁 등이 폐비 민씨의 복위 운동을 벌였다. 폐비 사건을 후회하던 숙종은 도리어 기사환국 당시 국문을 주도한 민암·유명현 등을 귀양 보냈다. 그

인현왕후가 살던 안국동 옛 집, 감고당

리고 남구만·박세채·윤지완 등을 등용했다. 왕비 장씨는 희빈으로 강등되고 인현왕후가 복위했다. 이때 몰락한 남인은 이후 세력을 만회하지 못했다.

경종~정조 연간의 붕당과 탕평

서인 | 동인
소론 | 북인
노론 | 남인

왕	경종		영조				정조	
연도	1721	1722	1727	1728	1755	1762	1777	1789
사건	신축옥사 노론 퇴출	임인옥사 노론 참사	정미환국 완론 탕평	무신란 이인좌의 난	을해옥사 나주괘서	임오화변 사도세자 절명	『명의록』 정조에 대한 충역	현룡원 천장 사도세자 추숭
붕당		목호룡 (삼급수 옥 고변)		향촌 남인 (반란 가담) **청남** 오광운 (진압 발의)	**청남** 채제공 (조사 담당)	**청남** 채제공 (친세자)	**청남** 채제공	**청남** 채제공 (찬성)
	소론 조태구 (정국 주도)	김일경 (옥사 주도)	**급소** 김일경 (처형)	**급소** 심유현 이인좌 (반란 참여)	**급소** 윤지 **준소** 이종성	**준소** 이종성 (친세자)	**준소** 정국 배제	**준소** 이성원 박하원 (찬성)
			준소 조태구 이광좌 (강경파)	**준소** 오명항 박문수 (반란 진압)	**완소** 탕평의 일익 계속 담당	**완소** 정휘량 (반세자)	**완소** 서명선 (충) 정후겸 (역)	**완소** 노론 시파와 동조
			완소 송인명 정휘량 (탕평당)	**완소** 조현명 송인명 (권력 유지)	의리 관철 조정 장악	**완론** 홍봉한 (친세자) 홍계희 (반세자)	**완론** 홍국영 정민시 (충) 홍인한 (역)	**시파** 김희 서유린 김조순 (표면상 반대)
			완론 홍치중 (탕평당)	**완론** 김재로 (탕평 지지)		**준론** 이천보 (친세자) 김상로 김귀주 (반세자)	**준론** 김종수 유언호 (충) 김상로 (역)	**벽파** 김치인 김종수 심환지 (적극 반대)
	노론 노론 4대신 (유배)	노론 4대신 (처형)	**준론** 민진원 (강경파)	**준론** 대 소론 공세 강화				

노론 3대신

노론과 소론이 격렬한 정쟁을 벌이다

1669년(현종 10) 송시열과 윤증이 대립하면서 서인은 노론과 소론으로 갈라지기 시작했다. 갑신환국으로 남인이 몰락한 뒤 소론은 숙종의 후계자로 희빈 장씨의 아들인 세자(경종)를, 노론은 숙빈 최씨의 아들 연잉군(영조)을 밀었다. 경종이 즉위하자 노론은 경종에게 연잉군을 세제로 삼을 것을 요구해 관철시키고, 연잉군의 대리청정까지 추진했다. 소론은 이를 경종에 대한 역(逆)으로 몰아 노론 4대신을 탄핵했다. 결국 4대신과 노론 핵심 세력은 삭탈관직되고 유배되었다(신축옥사).

남인이 몰락한 뒤 찾아온 서인 천하는 다시 서인에서 갈라선 노론과 소론이 경종과 영조를 둘러싸고 벌이는 격렬한 싸움에 자리를 내주었다. 이 싸움은 사실상 노론의 승리로 귀결되었으나, 영조와 정조는 노론의 독주를 허용하지 않고 국왕이 모든 정파를 아울러 국정을 주도하는 탕평을 실현시키기 위해 애썼다. 그것은 18세기의 조선이 회춘을 맞는 주요한 동력이었다.

임인옥사로 노론이 궤멸적인 타격을 받다

신축옥사로 기회를 잡은 소론의 영수 김일경 등은 남인 목호룡 등을 시켜 노론이 경종을 시해하려는 역모를 했다고 고변하게 했다. 김일경은 국문을 주도해 이미 유배를 떠난 노론 4대신 등 60여 명을 처형하고 170여 명을 처벌했다(임인옥사). 김일경의 칼끝은 연잉군에게 향했으나 경종이 사망하면서 연잉군은 영조로 즉위해 위기를 모면했다.

영조가 탕평을 추진하다

영조 대의 국시를 정한 『대훈』

영조는 탕평으로 붕당정치를 제어하려 했다. 김일경 등 급소를 제거한 영조는 그밖의 소론과는 협력하면서 그들을 중심으로 노론도 등용하는 탕평 정치를 펼쳤다. 소론과 노론은 양쪽 모두 탕평에 적극적인 완론 세력과 자기 붕당의 의리에 충실한 준론 세력으로 나뉘었다. 영조의 탕평은 1741년(영조 17) 『대훈』에서 정식화된다.

무신란과 을해옥사로 소론이 위축되다

영조의 집권과 더불어 몰락한 소론 일부와 남인 세력은 1728년(영조 4) 무신년에 반란을 일으켰다. 이 반란의 진압을 주도한 세력은 영조의 탕평에 참여한 준소(소론 준론)였다. 따라서 반란이 진압된 뒤에도 탕평은 지속될 수 있었다. 그러나 1755년(영조 31) 1월 윤지 등 소론 일부가 일으킨 나주괘서사건이 일어나 500여 명이 죽거나 유배되었다(을해옥사). 이 사건은 영조의 탕평이 불안한 지반 위에 서 있다는 것을 확인시켜 주었다.

사도세자의 죽음으로 탕평이 위기를 맞다

영조는 1749년(영조 25)부터 사도세자에게 대리청정을 맡겼다. 사도세자는 이종성 등 소론과 우호적인 관계를 맺으면서 노론의 압박에 시달렸다. 이 상황에서 병에 걸린 세자가 비행을 저질러 문제가 되자 영조는 결단을 내려 세자를 폐하고 뒤주에 가두어 죽게 했다. 이때 조정은 노론과 소론을 막론하고 세자를 지지하는 세력과 반대하는 세력으로 분열했다.

정조가 자신을 중심으로 충역을 가르다

영조는 사도세자가 죽자 그의 아들인 세손을 효장세자(사도세자의 형)의 양자로 삼아 종통을 잇게 했다. 왕위에 오른 세손(정조)은 영조의 뜻을 받들어 사도세자를 왕으로 추숭하지 않는 것을 전제로 정국을 운영했다. 그리고 자신의 즉위에 기여한 자들을 충, 즉위를 방해한 자들을 역으로 규정한 『명의록』을 편찬해 자신을 중심으로 한 탕평의 교범으로 삼았다.

정조가 사도세자를 고리로 대탕평을 시도하다

1789년(정조 13) 사도세자의 능을 현륭원으로 이장하면서 사도세자를 고리로 한 정조의 정계 장악이 일정에 올랐다. 영조가 사도세자의 죽음을 후회했음을 시사하는 「금등」의 공개, 영남남인들의 만인소, 사도세자 추숭 등 일련의 과정이 숨 가쁘게 진행되었다. 정조는 각각의 국면에서 공개적인 공론 대결을 유도해 점점 더 많은 세력을 자기 주위에 결집시키는 방법을 사용했다. 그러나 1800년(정조 24) 정조의 사망과 더불어 그의 탕평은 미완으로 끝났다.

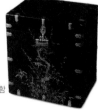

혜경궁 홍씨의 옥책함

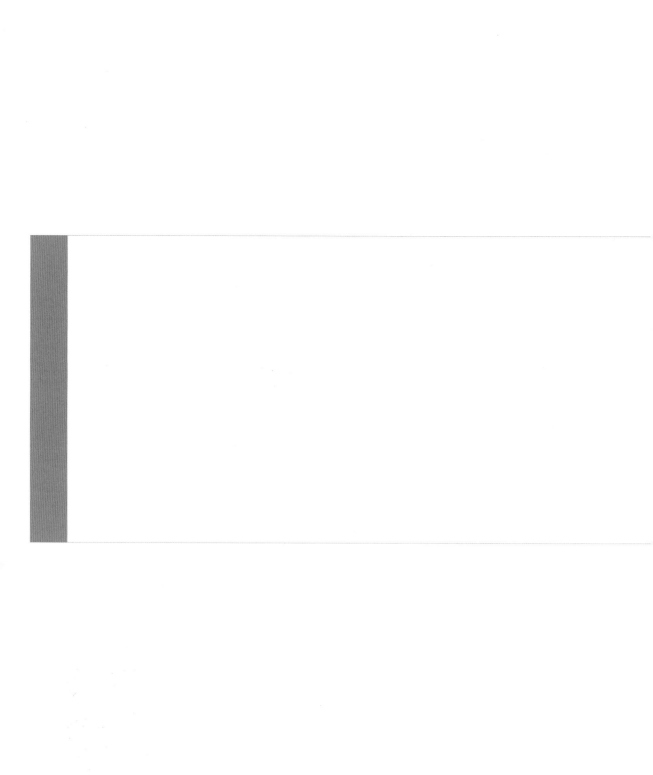

18세기를 나가며

18세기에 활약한 국가들

1_ 조선 | 1392~1910 | 18세기 조선은 영조와 정조의 치세를 거치며 중흥기를 맞았다. 영조와 정조는 폐해가 심각했던 붕당 간 갈등을 완화하고자 탕평 정책 등을 추진했고, 학문과 문화를 진흥했다. 실학자들이 연이어 나타나고, 북벌론과 대척점에 있는 북학론을 주장하는 흐름도 생겼다. 서학(천주교)을 연구하고 그것에 귀의하는 이들도 생겨났다. 이렇듯 새로운 조선을 모색하는 여러 흐름이 나타났으나, 낡은 체제를 바꾸는 데까지 나아가지는 못했다.

2_ [중국] 청ㆍ후금 1616~1636, 청 1636~1912 | 18세기에 청은 전성기를 맞이한다. 강희ㆍ옹정ㆍ건륭 시대로 불리는 이 시기에 영토를 크게 넓히는 한편 안정적인 통치 체제를 구축했다. 인구가 대폭 늘어나고 경제력도 커졌다. 한족 학자들을 대거 동원해 대규모 문화 사업도 진행했다. 이처럼 전성기를 구가했으나, 청은 건륭제 재위 후반기에 이르러 부패가 심각한 상태에 이르는 등 안으로 병들어 갔다. 건륭제가 세상을 떠난 지 50년도 못 돼 청은 영국을 비롯한 유럽 국가들의 침략에 시달리게 된다.

3_ [일본] 에도 막부 | 1603~1867 | 18세기 들어 에도 막부는 흔들렸다. 막부와 번은 지출이 늘면서 재정이 궁핍해졌다. 고정 수입에 의존하던 무사들도 쌀값이 떨어지면서 위기에 처했다. 에도 막부의 8대 쇼군 도쿠가와 요시무네는 이에야스의 시대를 이상적 사회로 삼아 1716부터 30년간 각종 개혁을 시도했으나(교호 개혁), 얼마 지나지 않아 다시 위기에 빠졌다. 상품화폐경제 발달로 농촌에서 빈부 격차가 커지고 계층 분화 속도가 빨라지면서 막번 체제가 흔들리는 흐름 자체를 바꾸지도 못했다. 막부는 방향을 바꿔 상인들의 힘을 적극 이용해 재원을 마련하려 했다. 그러나 이는 상업자본의 이익만 늘리는 결과를 가져왔다. 사회가 흔들리면서 농민 소요도 늘어났다.

4_ [베트남] 레왕조 | 1428~1788 | 레왕조는 16세기에 일시적으로 멸망했다가 1592년 부활했다. 그러나 권력 다툼이 일어나 남북으로 갈라지고, 남과 북은 여러 차례 전쟁을 치렀다. 농촌이 황폐해지면서 농민 봉기가 빈발했다. 1771년에 일어난 떠이썬 봉기군은 남과 북의 두 세력을 모두 무너뜨렸으나, 오래가지 못했다. 남부에 기반을 둔 응웬가의 응원 아잉은 프랑스의 지원을 받아 1802년 떠이썬 군을 물리치고 베트남의 마지막 왕조인 응웬왕조를 연다.

5_ [인도] 무굴제국 | 1526~1858 | 1707년 무굴제국의 제6대 황제 아우랑제브가 데칸 고원 원정 중 사망했다. 황제 자리를 놓고 내분이 일어나면서 무굴제국은 급격히 쇠퇴했다. 데칸 고원에 있던 마라타동맹은 이 틈을 놓치지 않고 힘을 키웠으나 1761년 아프간 세력에 패하면서 힘이 약해졌다. 영국의 동인도회사 군대에게도 패하면서, 마라타동맹에 속했던 여러 세력은 차츰 영국에 종속된다. 이에 앞서 영국은 1757년 프랑스와 연합한 벵골 태수의 군대를 격파하고(플라시전투) 벵골을 장악했다.

6_ [이란] 사파비왕조 1502~1736, 카자르왕조 1779~1925 | 1736년 사파비왕조가 멸망했다. 무함마드 칸이 세운 카자르 왕조가 그 뒤를 이었다. 투르크계인 카자르족 출신인 무함마드 칸은 오늘날의 이란 전역을 장악했다. 또한 수도를 테헤란으로 옮겼다.

7_ [사우디아라비아] 18세기 아라비아 반도에서는 와하브 운동이 펼쳐졌다. 수니파 사상가 무함마드 이븐 압둘 알 와하브가 주창한 이 운동의 핵심은 예언자 무함마드 시대로 돌아가자는 것이었다. 와하브가 이븐 사우드와 동맹을 맺은 것을 계기로 와하브운동은 널리 퍼졌다. 19세기 초 오스만튀르크 군대에 패하면서 사우드 가문과 와하브의 사상은 위기를 맞지만, 20세기 들어 힘을 회복해 아라비아 반도를 대부분 장악한다. 그것이 오늘날 사우디아라비아다.

8_ [러시아] 로마노프왕조 | 1613~1917 | 스웨덴과 폴란드, 오스만튀르크에 막혀 고전하던 러시아가 18세기에 강국으로 거듭났다. 변화를 주도한 인물은 표트르 1세(표트르 대제)였다. 표트르 1세는 서구화 정책 등을 통해 내정을 정비하고, 스웨덴을 물리치며 발트 해 연안을 되찾았다. 카스피 해 서안을 병합하는 등 남쪽으로도 세력을 뻗쳤다. 예카테리나 2세 때 러시아는 다시 세력을 확장했다. 오스만튀르크와 두 차례 전쟁을 벌이고 폴란드를 분할 점령하며 영토를 넓혔다. 그러나 후진적인 농노제를 오히려 확장하는 등 반동적인 정책을 고수해 1773~1775년에 커다란 농민반란(푸가초프의 반란)이 일어나기도 했다.

9_ [폴란드] | 한때 동유럽의 강자로 군림했던 폴란드왕국이 지도에서 사라졌다. 지배층이 내분에 휩싸이면서 국력이 약해진 폴란드는 러시아, 오스트리아, 프로이센에 세 차례(1772년, 1793년, 1795년, 오스트리아는 2차 분할에는 불참)에 걸쳐 분할 점령됐다. 폴란드는 제1차 세계대전 후인 1918년 독립한다.

10_ [독일] 신성로마제국 | 962~1806 | 30년전쟁으로 폐허가 된 독일에서 프로이센이 강국으로 떠올랐다. 프리드리히 2세는 오스트리아왕위계승전쟁(1740~1748)을 통

해 슐레지엔을 차지했다. 오스트리아는 프랑스, 러시아와 손잡고 보복 전쟁을 벌였다(7년전쟁, 1756~1763). 고전하던 프로이센은 기적적으로 승리를 거두며, 다음 세기에 독일을 통일할 기반을 마련한다.

11_ [오스트리아] 합스부르크왕조 | 18세기 초 오스트리아는 에스파냐왕위계승전쟁을 통해 이탈리아 지역의 밀라노, 나폴리 등을 획득했다. 그러나 프로이센에 슐레지엔을 내주며 후퇴해야 했다. 그 후 폴란드 분할에 참가해 다시 세력을 과시했지만, 프랑스대혁명 후 '혁명 프랑스'에 거듭 패전하며 18세기를 마감했다.

12_ [프랑스] 부르봉왕조 1589~1792, 1814~1830와 '혁명 프랑스' | 1789년에 프랑스대혁명이 일어났다. 루이 14세 이래 사치를 일삼으며 재정을 탕진한 왕실, 봉건적 특권을 고수하는 귀족 등 낡은 체제의 문제점이 쌓이고 쌓여 결국 폭발한 것이다. 부르주아를 중심으로 한 세력은 부르봉왕조를 무너뜨렸다. 자유, 평등, 박애에 바탕을 둔 '혁명 프랑스'의 탄생이다. 혁명의 불길이 번지는 것을 두려워한 오스트리아, 프로이센 등은 연합군을 결성해 프랑스를 공격했다. 프랑스 국내에서도 반혁명 세력이 '혁명 프랑스'를 무너뜨릴 기회를 엿보고 있었다. '혁명 프랑스'는 초기에 위태로웠으나, 시민들이 의용군에 적극 합류하면서 상황이 바뀌었다. 혁명 세력은 왕정을 폐지하고 공화국을 선포하는 한편 국왕 루이 16세를 처형했다. 숱한 고비를 맞지만, 프랑스대혁명 이념은 세계 곳곳으로 퍼지며 새로운 시대의 문을 활짝 열었다. 그러나 부르주아 세력이 가난한 사람들을 정치에서 배제하려 하는 등 대혁명의 이상 실현은 19세기 이후에도 여전히 과제로 남는다.

13_ [영국] 스튜어트왕조(잉글랜드 1603~1714, 스코틀랜드 1371~1714)에서 하노버(윈저)왕조(1714~)로 | 영국에서는 제2차 인클로저 운동, 증기기관 발명 등을 계기로 산업혁명이 활발하게 진행됐다. 인도에서 프랑스를 밀어냈다. 북아메리카에서도 프랑스에 우위를 점했으나, 미국 독립으로 한 발 물러서야 했다. 1707년 잉글랜드와 스코틀랜드가 합동해 그레이트브리튼왕국을 이뤘다. 1603년 이래 스튜어트왕가에서 모두 통치하긴 했지만 별개의 의회를 가진 두 나라로 존재하다가 통합한 것이다. 1714년 앤 여왕이 후사 없이 세상을 떠나며 스튜어트왕조는 막을 내렸다. 독일 출신인 조지 1세가 그 뒤를 이어 하노버왕조를 열었다. 하노버왕조는 제1차 세계대전이 한창이던 1917년 독일식 이름을 버리고 윈저왕조로 명칭을 바꾼다. 오늘날 영국 왕실이 바로 이 윈저왕가다.

14_ [에스파냐] 합스부르크왕가에서 부르봉왕가로 | 합스부르크왕가인 국왕 카를로스 2세가 후사 없이 사망한 후 에스파냐왕위계승전쟁이 발발했다. 프랑스의 루이 14세가 손자를 에스파냐 국왕으로 세우자 영국, 네덜란드, 오스트리아가 동맹을 맺고 프랑스와 전쟁을 벌였다. 프랑스가 수세인 상태에서 종전 조약이 체결됐다. 프랑스는 부르봉왕가의 에스파냐 통치를 인정받기 했지만, 아메리카 식민지의 일부를 영국에 내주는 등 상당한 손실을 감수해야 했다.

15_ [미국] | 1776~ | 1776년 미국이 독립을 선언했다. 1763년 7년 전쟁이 끝나자 영국은 아메리카 식민지에 대한 통제를 강화하고 세금 부담을 늘렸다. 식민지인들은 '대표 없는 곳에 과세 없다'며 반발했다. 1773년 보스턴 차 사건으로 양측의 갈등이 고조됐다. 영국으로부터 독립하려는 흐름도 강해지면서 1775년 독립 전쟁이 발발했다. 초기에는 영국이 유리했으나 프랑스 등이 독립 세력을 지원하면서 흐름이 바뀌었다. 1783년 영국은 미국의 독립을 승인했다(파리조약). 콜럼버스의 항해 이후 유럽 국가들의 식민지가 된 아메리카에서 첫 번째 독립 국가, 그것도 왕국이 아닌 공화국이 탄생했다는 건 적잖은 의미가 있다. 그러나 원주민, 흑인 노예는 물론 백인 중에서도 가난한 이들은 자유롭고 평등한 미국이라는 이상에서 오랫동안 배제됐다.

지도로 보는 18세기의 국가들
❶조선 ❷청 ❸에도 막부 ❹레왕조 ❺무굴제국 ❻사파비왕조, 카자르왕조 ❼사우디아라비아 ❽로마노프왕조 ❾폴란드 ❿신성로마제국 ⓫합스부르크왕조 ⓬부르봉왕조, '혁명 프랑스' ⓭스튜어트왕조, 하노버(윈저)왕조 ⓮합스부르크왕가에서 부르봉왕가로 ⓯미국

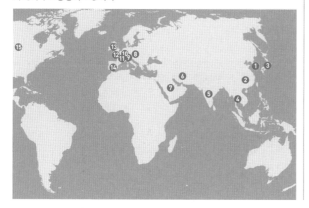

18세기를 이끌고 간 인물들

▌한국

1_ 정선 | 1676~1759 | 화가. 호는 겸재. 중국의 산천을 상상해서 그리는 대신 조선의 산천을 있는 그대로 화폭에 옮기는 진경산수화라는 고유의 화풍을 만들어 낸 인물로 꼽힌다.

2_ 신유한 | 1681~1752 | 문장가이자 시인. 1719년 조선 통신사행의 일원(제술관)으로 발탁돼 일본에 갔다. 그곳에서 뛰어난 문장과 시로 일본 문인들을 사로잡았다. 이 일본 방문 경험을 정리한 『해유록』은 조선 후기 기행문학의 백미로 꼽힌다. 그러나 서얼이라는 신분의 한계 때문에 평생 미관말직을 전전해야 했다.

3_ 이익 | 1681~1763 | 실학자. 대표 저작은 『성호사설』. 한전론을 비롯한 개혁 방안을 제시했다.

4_ 박문수 | 1691~1756 | 문신. 붕당으로는 소론에 속했다. 영조 집권 초기 영남에서 어사로 활약했고 1728년 이인좌의 난을 진압하는 데에도 공을 세웠다. 실무에 뛰어났고, 특히 군정(軍政)과 세정(稅政)에 밝아 균역법 제정 등 국정 개혁에서 중요한 역할을 했다. 전국 곳곳에 암행어사 박문수 설화가 있을 정도로 암행어사의 대명사로 인식되고 있다.

5_ 홍대용 | 1731~1783 | 실학자이자 과학 사상가. 호는 담헌. 지전설(地轉說)과 우주무한론(宇宙無限論)을 주장했고 혼천의를 제작하기도 했다. 청나라에 다녀온 후 쓴 『을병연행록』은 박지원의 『열하일기』와 더불어 조선 후기의 대표적인 중국 견문록으로 꼽힌다.

6_ 박지원 | 1737~1805 | 실학자이자 소설가. 호는 연암. 북학파. 중국에 다녀온 후 발표한 『열하일기』에서 청을 배격하는 대신 청의 문물을 과감히 받아들일 것을 주장했다. 『열하일기』는 내용뿐만 아니라 문체도 당시로서는 파격적이었다. 이는 정조가 문체반정을 일으키는 계기로 작용한다. 또한 박지원은 「허생전」, 「호질」, 「양반전」 등을 통해 허위의식에 사로잡힌 지배층을 풍자했다.

7_ 김만덕 | 1739~1812 | 제주의 여성 거상. 어려서 부모를 잃고 기녀가 됐으나, 그 후 객주를 차려 큰돈을 벌었다. 1793년 제주에 큰 가뭄이 들자 김만덕은 사재를 털어 백성을 구제했다. 소식을 들은 정조는 '금강산을 보고 싶다'는 김만덕의 소원을 들어줬다.

8_ 김홍도 | 1745~? | 화가. 호는 단원. 도화서 화원으로서 정조의 신임을 얻으며 당대 최고의 화가로 인정받았다. 산수, 인물, 불화 등 분야를 가리지 않고 뛰어난 작품을 남겼지만 특히 풍속화의 대가로 불린다. 김홍도의 풍속화는 백성의 일상생활을 생동감 있게 담았다.

9_ 박제가 | 1750~1805 | 실학자. 호는 초정. 박지원과 더불어 북학파를 대표하는 인물이다. 서얼이라는 신분의 한계가 뚜렷했지만 이덕무, 유득공 등 다른 서얼 출신 학자들과 함께 규장각 검서관으로 등용됐다. 대표 저작은 청나라에 다녀온 경험을 정리한 『북학의』.

10_ 정조 | 1752~1800 | 조선의 제22대 임금. 뒤주에 갇혀 죽은 사도세자의 아들. 고초 끝에 왕위에 오른 후 각종 개혁 정책을 추진했다. 조선의 중흥을 이룩한 군주라는 평가를 받는다.

11_ 이벽 | 1754~1785 | 종교인. 청에서 들어온 서학(천주교) 관련 책을 연구하고 동료들과 강학회를 진행했다. 그것을 통해 조선에서 자생적으로 천주교 신앙 운동이 일어나는 계기를 만들었다.

12_ 이승훈 | 1756~1801 | 종교인. 1784년 청 북경에서 조선인 최초로 영세를 받았다.

13_ 신윤복 | 1758~? | 화가. 호는 혜원. 김홍도와 더불어 조선을 대표하는 풍속화가로 꼽힌다. 주로 서민의 일상을 소탈하고 익살스럽게 다룬 김홍도와 달리, 신윤복은 양반층의 풍류와 향락, 남녀 간의 연애를 다룬 작품을 많이 남겼다.

14_ 윤지충 | 1759~1791 | 종교인. 한국 천주교 최초의 순교자. 어머니가 세상을 떠난 후 천주교 의식에 따라 위패를 없애고 제사를 지내지 않았다가 처형됐다.

15_ 정약용 | 1762~1836 | 실학자. 호는 다산. 정조의 두터운 신임을 얻었으나, 정조가 세상을 떠난 후 18년에 걸친 기나긴 귀양살이를 해야 했다. 『목민심서』, 『경세유표』, 『흠흠신서』를 비롯한 500여 권에 이르는 저술을 통해 실학을 집대성한 인물이라는 평가를 받고 있다.

세계

1_ 샤를 몽테스키외 | 1689~1755 | 프랑스의 계몽주의 사상가. 1748년에 낸 『법의 정신』에서 국왕의 권력 독점을 비판하며 3권 분립을 주장했다.

2_ 무하마드 이븐 압둘 알 와하브 | 1703~1792 | 아라비아 반도에서 활동한 이슬람 수니파 사상가. 오스만튀르크와 유럽 국가들에 눌려 지내던 아랍인들에게 예언자 무함마드 시대로 돌아가자고 주장했다. 경전 『쿠란』과 예언자의 언행록 『하디스』의 권위만을 인정하고, 이를 문자 그대로 해석해야 한다고 강조했다.

3_ 칼 폰 린네 | 1707~1778 | 스웨덴의 식물학자. 1758년, 『자연의 체계』 개정판에서 동식물을 체계적으로 구분하는 방법인 이명법을 제시했다. 이명법은 오늘날 사용되는 생물 분류법의 근간을 이룬다. 이러한 공로를 인정받아 린네는 '분류학의 아버지'로 불린다.

4_ 건륭제 | 1711~1799 | 청의 제6대 황제. 청의 전성기로 꼽히는 강희·옹정·건륭 시대의 마지막을 장식했다. 건륭제는 정치를 안정시키고, 대외 원정을 여러 차례 성공시켰으며, 『사고전서』를 편찬하는 등 문화 사업도 활발히 전개했다. 그러나 지나친 대외 원정으로 인한 재정 부담, 만년의 사치 등으로 인해 건륭제 재위기 후반에 청은 안으로 곪고 있었다. 건륭제 사후 청은 급격히 쇠퇴한다.

5_ 장 자크 루소 | 1712~1778 | 프랑스의 사상가. 전제 지배를 강하게 비판하고 시민의 자유를 강조해 프랑스대혁명에 영향을 준 인물로 꼽힌다. 『사회계약론』, 『에밀』 등의 저작을 남겼다.

6_ 임마누엘 칸트 | 1724~1804 | 독일의 철학자. 비판 철학의 창시자. 모든 사람이 지닌 이성을 보편적 도덕의 출발점으로 삼았다. 『순수 이성 비판』 등을 남겼다.

7_ 제임스 쿡 | 1728~1779 | 영국의 탐험가. 탐험 선단을 이끌고 태평양을 비롯한 전 세계의 바다를 누볐다. 캡틴 쿡으로 불린다.

8_ 조지 워싱턴 | 1732~1799 | 미국의 정치가. 영국에 맞서 독립 전쟁을 이끈 후 미국의 초대 대통령이 됐다. 신생국 미국의 기반을 다지는 데 공헌했다.

9_ 제임스 와트 | 1736~1819 | 영국의 기계기술자. 1764년, 토머스 뉴커먼의 증기기관(1711년 탄생)을 대폭 개선해 새로운 증기기관을 만들었다. 와트의 증기기관은 산업혁명의 기폭제 역할을 했다.

10_ 토머스 페인 | 1737~1809 | 영국 출신의 급진 사상가. 미국 독립 전쟁과 프랑스대혁명에 참가했다. 페인이 1776년에 출간한 『상식』은 아메리카 대륙에서 선풍적인 인기를 끌었다. 이 책에서 페인은 군주제를 신랄하게 비판하고 민주적 공화제와 미국 독립을 적극 옹호했다. 영국의 보수주의자 에드먼드 버크에 맞서 프랑스대혁명을 지지하는 책을 내기도 했다.

11_ 앙투안 라부아지에 | 1743~1794 | 프랑스의 화학자. 1774년 질량보존의 법칙을 발견하고 1783년 연소의 원리를 밝혔다. 근대 화학의 창시자로 불린다.

12_ 제러미 벤담 | 1748~1832 | 영국의 철학자이자 법률학자. '최대 다수의 최대 행복'을 추구하는 공리주의를 표방했다. 1791년 원형 감옥인 판옵티콘을 고안하기도 했다.

13_ 에드워드 제너 | 1749~1823 | 영국의 의사. 1796년 종두법을 고안했다.

14_ 요한 볼프강 폰 괴테 | 1749~1832 | 독일의 문학가이자 정치가. 『파우스트』, 『젊은 베르테르의 슬픔』 등의 작품을 남겼다.

15_ 볼프강 아마데우스 모차르트 | 1756~1791 | 오스트리아의 음악가. 음악의 천재이자 신동으로, 시대를 초월해 사랑받는 수많은 명곡을 남겼다.

16_ 나폴레옹 보나파르트 | 1769~1821 | 프랑스의 군인이자 정치가. 대혁명으로 격동하던 프랑스를 침공한 외국 군대를 물리친 후 공화정을 무너뜨리고 황제가 됐다. 그 후 영국을 제외한 유럽의 열강을 굴복시켰지만, 러시아 원정에 실패하면서 몰락했다.

18세기에 처음 나온 물건들

物

한국

1_ 백두산정계비 | 1712년 조선과 청이 두 나라의 경계선을 확정하기 위해 백두산에 세운 비. 서쪽으로는 압록강, 동쪽으로는 토문강을 국경으로 삼는다는 내용이다. 19세기 말 토문강의 위치를 둘러싸고 조선과 청은 분쟁을 벌인다. 조선은 토문강을 쑹화 강의 지류로 보고 간도를 조선 영토로 여겼지만, 청나라는 토문강이 두만강을 가리키는 것이라고 주장했다. 1905년 조선의 외교권을 빼앗은 일본은 1909년 청과 간도협약을 맺고 청의 간도 영유권을 인정했다. 남만주 철도 부설권을 청으로부터 얻는 조건으로 간도 문제에 관한 청의 주장을 받아들인 것이다.

2_ 균역법 | 1750년 백성의 군역 부담을 줄이고자 도입한 세법. 이전엔 양인 장정이 군대에 가지 않으면 베(군포)를 1년에 1인당 2필씩 걷었는데, 이를 1필로 줄였다. 지위와 상관없이 양인이라면 누구나 이를 부담하도록 규정을 만들었다. 영조의 대표적인 치적 중 하나로 꼽힌다.

3_ 『택리지』 | 1751년 이중환이 전국을 답사한 결과를 기초로 저술한 지리서. 통치 목적으로 만든 이전의 지리책과 달리 백성의 실생활에 도움을 줄 목적으로 만들었다는 평가를 받는다.

4_ 『일성록』 | 1752년부터 1910년까지 국왕이 한 말과 행동, 그리고 국정의 주요 사항을 기록한 일기. 국왕을 기준으로 편찬한 일기 형식을 취하고 있지만, 실질적으로 정부의 공식 역사 기록이라고 볼 수 있다.

5_ 고구마 | 1763년 일본에 조선통신사로 갔던 조엄이 돌아오면서 고구마 종자를 들여왔다. 이를 제주도와 동래에서 시험 재배하는 데 성공한 후 고구마는 남부 해안 지역과 제주도를 중심으로 널리 퍼졌다. 고구마는 19세기에 들어오는 감자와 더불어 대표적인 구황작물로 자리 잡는다. 조엄이 들여왔다고 하여 '조저(趙藷)'라고 불리기도 했다.

6_ 해동가요 | 1764년 김수장이 편찬한 시조집. 『청구영언』(1728년), 『가곡원류』(1876년)와 더불어 조선의 3대 시조집으로 불린다.

7_ 규장각 | 정조가 자신의 즉위년인 1776년에 설치한 왕립 도서관. 창덕궁 후원에 주합루를 짓고 이 건물의 1층을 규장각으로 썼다. 공식 기능은 역대 국왕의 시문, 친필 서화 등을 보관하고 관리하는 것이었다. 그러나 정조는 이를 넘어 규장각을 개혁 정치의 산실로 만들 생각을 했다. 왕권을 위협하던 권신들을 누르고 여러 사회 문제를 해결할 방안을 학문적으로 연구하는 곳으로 규장각을 활용하고자 했다. 이를 위해 당파를 초월해 뛰어난 학자를 모아 우대하며, 이들을 정조 자신을 도울 핵심 관료로 키우려 했다.

8_ 『동사강목』 | 안정복이 1756년 집필을 시작해 1778년 완성한 역사책.

9_ 『발해고』 | 1784년 유득공이 쓴 역사책. 발해의 역사를 독립적으로 다루고 체계화해 사학사에서 의미가 큰 책이다.

10_ 『무예도보통지』 | 1790년에 간행된 무예 훈련 교범. 정조의 명에 따라 규장각 검서관 이덕무, 박제가와 장용영의 백동수 등이 공동으로 작업해 만들었다. 전략, 전술을 중심으로 한 이론 위주의 군사 서적들과 달리, 실전에 활용되는 전투 동작을 하나하나 그림과 글로 해설했다.

11_ 화성 | 정조가 오늘날 수원에 건설한 신도시. 1796년 완공됐다. 정조는 아버지 사도세자(장헌세자)의 묘를 이쪽으로 옮긴 뒤 그 주변에 새로운 도시 화성을 만들었다. 조선에 들어온 동서양의 건축 기술을 최대한 활용해 공사를 진행했고 거중기, 도르래 등의 최신 장비도 활용했다. 화성 건설은 정조의 왕권 강화책 중 하나였다. 1997년 세계 문화유산에 등재됐다.

12_ 빨간 배추김치 | 18세기 중반을 지나면서 오늘날과 같은 형태의 빨간 배추김치가 널리 퍼졌다. 김치는 수천 년 전부터 있었던 것으로 추정되고 배추김치 역시 18세기 이전에도 있었다. 그러나 오늘날과는 다른 모습이었다. 18세기 중엽 통이 크고 속이 꽉 찬 형태의 배추가 중국에서 들어오면서 배추에 고추, 마늘, 파, 생강, 젓갈 등을 버무린 오늘날과 같은 빨간 배추김치가 확산됐다. 임진왜란 무렵 고추가 들어오면서, 이전보다 소금의 양을 줄이고 젓갈을 본격적으로 활용할 수 있게 된 것도 이러한 변화의 한 원인이었다.

세계

1_ 피아노 | 1709년 이탈리아 사람인 바르톨로메오 크리스토포리가 쳄발로(16~18세기에 널리 쓰인 건반악기)의 몸통을 활용해 피아노포르테라는 악기를 만들었다. 악기 이름은 여리게 연주하라는 피아노와 세게 연주하라는 포르테를 합한 것이다. 일반적으로 이것을 최초의 피아노로 본다. 오스트리아, 독일, 영국 등에서 피아노포르테를 몇 번 개량하는 과정을 거쳐 19세기 후반 오늘날과 같은 형태의 피아노가 만들어졌다. 전부터 있던 건반

악기와 달리 피아노는 음의 강약을 자유롭게 조절할 수 있었다. 또한 화성과 선율을 모두 낼 수 있었다. 이러한 장점을 지닌 피아노는 서양 음악을 대표하는 악기로 자리매김한다.

2_ 저작권법 | 1709년, 세계 최초로 영국에서 저작권법이 탄생했다. 출판물에 대한 저자들의 권리를 인정하고 학습을 장려한 이 법은 당시 통치자의 이름을 따 '앤 여왕 법'으로도 불린다.

3_ 지정은제 | 1716년 청 황제 강희제가 광동에서 시범 실시하고 1729년 옹정제가 청 전역으로 확대 실시한 새로운 조세 제도. 명 대에 만들어진 일조편법은 각종 세금을 토지세와 부역세(인두세)로 묶어 은으로 내게 했다. 이와 달리 지정은제는 부역세를 토지세에 포함시켜 은으로 내게 한 제도. 사람을 기준으로 매기던 세금을 없애고 토지세 하나만을 거둔 지정은제는 땅을 많이 가진 대지주의 부담을 늘리고 가난한 백성의 부담을 줄였다.

4_ 화씨와 섭씨 | 독일의 물리학자 다니엘 가브리엘 파렌하이트가 1724년 물, 얼음, 소금의 3중점을 0°F로, 사람의 체온을 100°F로 정했다. 파렌하이트는 물의 어는점(32°F)과 끓는점(212°F) 사이를 180개의 눈금으로 나눈 온도 체계를 만들었다. 이는 '화씨(華氏) 온도'로 불린다. 파렌하이트를 한자로 '화륜해(華倫海)'라고 표기한 데서 비롯됐다. 1742년에는 스웨덴의 천문학자 안데르스 셀시우스가 1기압에서 물의 어는점을 0도, 끓는점을 100도로 정하고, ℃라는 기호를 사용했다. 한자로 셀시우스를 '섭이사(攝爾思)'라고 표기하면서 '섭씨(攝氏) 온도'로 불린다.

5_ '나는 북' | 1733년 영국의 기술자인 존 케이가 발명한 방직기(flying shuttle). 실을 엮어 천을 만드는 방직 작업의 효율성을 획기적으로 높였다. '나는 북' 발명 후 천을 생산하는 속도는 빨라졌지만 실을 생산하는 방적기의 속도는 한동안 이에 못 미쳤다. 그러나 1760년대에 새로운 방적기가 만들어지면서 이 문제가 해결됐고, 영국 면공업의 생산력은 급속히 높아졌다.

6_ 『국부론』 | 1776년 영국의 애덤 스미스가 출간한 책. 자본가들의 영리 추구를 옹호하는 논리적 기반을 제공하고, 경제학을 사회과학의 독립된 학문으로 만든 저서라는 평가를 받고 있다.

7_ 『사고전서』 | 중국에서 나온 책을 모두 모아 정리하겠다는 목표를 내걸고 편찬된 총서. 건륭제의 명으로 편찬 작업이 시작돼 1782년 완성됐다. 『강희자전』 등을 편찬한 할아버지 강희제와 마찬가지로, 건륭제도 『사고전서』 편찬이라는 대규모 문화 사업을 진행했다. 한족 지식인들을 참여시켜 만주족 정권에 대한 불만을 누그러뜨리고, 시중의 서적을 검열하려는 의도도 있었다고 한다.

8_ 『홍루몽』 | 청 사람 조점(조설근)이 쓴 장편소설. 조점은 이 소설을 쓰던 중 1763년 세상을 떠났다. 『홍루몽』은 그로부터 28년 후인 1791년 출간된다. 구어체를 사용해 생동감 있게 인물을 묘사하고 구성에 긴박감이 넘쳐 시중에서 폭발적인 반응을 얻었다. 『홍루몽』을 연구하는 학문인 홍학(紅學)이 있을 정도로 전근대 중국을 대표하는 소설 중 하나로 꼽힌다.

9_ 미터법 | 1790년 샤를 탈레랑의 제안으로 파리과학아카데미가 미터법을 만들었다. 미터법은 지구자오선 길이의 4000만분의 1을 1미터로 하고, 이를 기준으로 무게와 부피 단위까지 정한 것이다. 1799년 프랑스 정부는 도량형 단위를 미터법으로 통일했다. 나폴레옹 원정을 거치며 미터법은 유럽 각지로 퍼졌다. 1875년 미터조약이 성립되면서 미터법은 국제 도량형의 표준으로 널리 인정받게 된다.

10_ 전지 | 1800년 이탈리아의 과학자 알렉산드로 볼타가 전지를 발명했다. 볼타전지는 세계 최초의 전지로서 전기화학 발전에 크게 공헌했다. 전압의 단위로 쓰이는 볼트(V)는 1881년 볼타의 이름을 따서 붙인 명칭이다.

국내 저서

강만길, 『조선후기 상업자본의 발달』(고려대학교출판부,
　　1973).

강우방 · 김승희, 『甘露幀』(예경, 1995).

고동환, 『조선시대 서울도시사』(태학사, 2007).

고동환, 『조선시대 시전상업 연구』(지식산업사, 2013).

고동환, 『조선후기 서울 상업 발달사 연구』(지식산업사,
　　1998).

구범진, 『청나라, 키메라의 제국』(민음사, 2012).

국립국악원 편, 『조선시대 음악풍속도 II』(민속원, 2003).

김명호, 『열하일기 연구』(창작과비평사, 1990).

김백철, 『두 얼굴의 영조 : 18세기 탕평군주상의
　　재검토』(태학사, 2014).

김백철, 『박문수 : 18세기 탕평군주의 이상과
　　현실』(한국학중앙연구원출판부, 2014).

김백철, 『영조 : 민국을 꿈꾼 탕평군주』(태학사, 2011).

김백철, 『조선후기 영조의 탕평정치 : 『속대전』의 편찬과
　　백성의 재인식』(태학사, 2010).

김성윤, 『조선후기 탕평정치 연구』(지식산업사, 1997).

김영희, 「연행예술의 전통과 가면극」, 『새 민족문학사 강좌
　　1』(창비, 2009).

김현양, 「민중연희의 전통과 탈춤의 성장」, 『민족문학사 강좌
　　(상)』(창비, 1995).

김호동, 『몽골제국과 고려』(서울대학교출판문화원, 2007).

김호동, 『몽골제국과 세계사의 탄생』(돌베개, 2010).

동북아역사재단 편, 『동아시아의 역사』
　　I~III(동북아역사재단, 2011).

박도식, 『조선전기 공납제 연구』(혜안, 2011).

박평식, 『조선전기 교환경제와 상인연구』(지식산업사,
　　2009).

박평식, 『조선전기 상업사 연구』(지식산업사, 1999).

박희병, 『범애와 평등』(돌베개, 2013).

백승철, 『조선후기 상업사 연구』(혜안, 2000).

변광석, 『조선후기 시전상인 연구』(혜안, 2001).

사진실, 『공연문화의 전통』(태학사, 2002).

사진실, 『한국연극사 연구』(태학사, 1997).

서연호, 『한국 연극 전사』(연극과인간, 2006).

서인화 · 진준현, 『조선시대 음악풍속도 I』(민속원, 2002).

송찬식, 『조선후기 사회경제사의 연구』(일조각, 1997).

오성, 『조선후기 상인 연구』(일조각, 1989).

원유한, 『조선후기 화폐사』(혜안, 2008).

유본학, 『꿈의 문화유산 화성』(신구문화사, 1996).

유봉학, 『조선후기 학계와 지식인』(신구문화사, 1998).

윤मं봉, 「18세기 漢陽을 중심으로 한 산대놀이 양상」, 『문학
　　작품에 나타난 서울의 형상』(한샘출판사, 1994).

윤용출, 『조선후기의 요역제와 고용노동』(서울대학교출판부,
　　1998).

윤정분, 『중국 근세 경세사상 연구』(혜안, 2002).

이강한, 『고려와 원제국의 교역의 역사 : 13~14세기 감춰진
　　교류상의 재구성』(창비, 2013).

이영춘, 『조선후기 왕위계승연구』(집문당, 1998).

이욱 외, 『거상, 전국 상권을 장악하다』(두산동아, 2005).

이태진, 『조선유교사회사론』(지식산업사, 1989).

이태진, 『조선후기의 정치와 군영제 변천』(한국연구원,
　　1985).

이태진, 『한국사회사연구』(지식산업사, 1986).

임계순, 『청사 : 만주족이 통치한 중국』(신서원, 2000).

임종태, 『17,8세기 중국과 조선의 서구 지리학 이해』(창비,
　　2012).

임형택 편역, 『李朝時代 敍事詩(하)』(창작과비평사, 1992).

전경욱, 『한국의 전통연희』(학고재, 2004).

정만조, 「영조대의 정국추이와 탕평책」, 『영조의 국가정책과
　　정치이념』(한국학중앙연구원, 2012).

정수환, 『조선후기 화폐유통과 경제생활』(경인문화사,
　　2013).

정옥자, 『조선후기 문화운동사』(일조각, 1988).

정진농, 『오리엔탈리즘의 역사』(살림, 2003).

조혜인, 『공민사회의 동과 서』(나남, 2009).

조혜인, 『동에서 서로 퍼진 근대 공민사회』(집문당, 2012).

주재홍, 『우리 안의 만들어진 동양』(아카넷, 2009).

차기진, 『조선후기의 서학과 척사론
　　연구』(한국교회사연구소, 2002).

최성환, 「정조의 의리탕평과 노론 벽파의 대응」, 『정조의
　　비밀어찰』(푸른역사, 2011).

최종식, 『서양경제사론』(서문당, 1978).

허용호, 「인형극의 역사적 전개 양상」, 『연희, 신명과 축원의
　　한마당』(국사편찬위원회, 2006).

번역서

J. J. 클라크, 장세룡 옮김, 『동양은 어떻게 서양을
　　계몽했는가』(우물이있는집, 2004).

데이비드 E. 먼젤로, 김성규 옮김, 『동양과 서양의 위대한
　　만남, 1500~1800』(휴머니스트, 2009).

마스이 츠네오, 이진복 옮김, 『대청제국』(학민사, 2004).

마크 C. 엘리엇, 이훈 · 김선민 옮김, 『만주족의
　　청제국』(푸른역사, 2009).

미스기 다카토시, 김인규 옮김, 『동서도자교류사 :
　　마이센으로 가는 길』(눌와, 2001).

미야 노리코, 김유영 옮김, 『조선이 그린 세계지도 : 몽골제국의
　　유산과 동아시아』(소와당, 2010).

小林多加士, 이진복 옮김, 『상업의 세계사 : 바닷길로 본 세계
　　경제의 역사』(황금가지, 2004).

스기야마 마사아키, 임대희 외 옮김, 『몽골
　　세계제국』(신서원, 1999).

안드레 군더 프랑크, 이희재 옮김,『리오리엔트』(이산, 2003).
야마구치 게이이지, 김현영 옮김,『일본근세의 쇄국과
    개국』(혜안, 2001).
오타기 마쓰오, 윤은숙 외 옮김,『대원제국』(혜안, 2013).
융이, 류방승 옮김,『백은비사』(RHK, 2013).
이시바시 다카오, 홍성구 옮김,『대청제국』(휴머니스트,
    2009).
蔣兆成 · 王日根, 이은자 옮김,『강희제 평전』(민음사, 2010).
재닛 아부-루고드, 박흥식 · 이은정 옮김,『유럽패권 이전:
    13세기 세계체제』(까치, 2006).
잭 웨더포드, 정영목 옮김,『칭기스칸 잠든 유럽을
    깨우다』(사계절, 2013).
제임스 B. 팔레, 김범 옮김,『유교적 경세론과 조선의 제도들
    : 유형원과 조선후기』1-2(산처럼, 2008).
조너선 D. 스펜스, 이준갑 옮김,『강희제』(이산, 2001).
존 M. 홉슨, 정경옥 옮김,『서구문명은 동양에서
    시작되었다』(에코리브르, 2005).
朱謙之, 진홍석 옮김,『중국이 만든 유럽의 근대』(청계,
    2010).
티머시 브룩, 박인규 옮김,『베르베르의 모자:베르메르의
    그림을 통해 본 17세기 동서문명교류사』(추수밭,
    2008).
프랑수와 케네, 나정원 옮김,『중국의 계몽군주정』(엠-애드,
    2014).

——

논문

강명관,「조선후기 경아전사회의 변화와 여항문학」,
    『대동문화연구』 25권 (1990).
김문기,「17세기 江南의 氣候變動과 明淸交替」, 부경대학교
    사학과 박사학위 논문 (2008).
김은영,「본산대놀이 가면극의 분화과정」, 고려대학교
    국어국문학과 석사학위 논문 (2000).
김효정,「18세기「甘露幀」연회패 등장의 다면적 의미 연구」,
    한국예술종합학교 예술전문사학 석사학위 논문
    (2010).
노대환,「18세기 후반 연암일파의 연행과 청조정세 인식」,
    『대동문화연구』 85권 (2014).
박광용,「조선후기 '탕평' 연구」, 서울대학교 국사학과
    박사학위 논문 (1993).
안대회,「城市全圖詩와 18세기 서울의 풍경」,
    『고전문학연구』 제35집 (2009).
양진석,「17, 18세기 환곡제도의 운영과 기능 변화」,
    서울대학교 국사학과 박사학위 논문 (2003).
이병천,「朝鮮後期 商品流通과 旅客主人」,『經濟史學』 6권
    (1983).
이세영,「18,9세기 穀物市場의 形成과 流通構造의 變動」,
    『韓國史論』 9권 (1983).

이욱,「18세기말 서울 商業界의 變化와 政府의 對策」,
    『歷史學報』 142권 (1994).
전경욱,「감로탱에 묘사된 전통연희와 유랑예인집단」,
    『공연문화연구』 제20집 (2010).
정만조,「영조대 중반의 정국과 탕평책의 재정립」,
    『역사학보』 111권 (1986).
정연식,「조선후기 '役摠'의 운영과 양역변통」, 서울대학교
    국사학과 박사학위 논문 (1993).
정재훈,「18세기의 연행과 정조(正祖)」,『동국사학』 53권
    (2012).
정재훈,「연행사가 체험한 조선과 청의 세 가지 경계」,
    『退溪學과 儒教文化』 52권 (2013).
최성환,「임오화변 관련 당론서의 계통과 '정조의 임오의리'」,
    『역사와 현실』 (2012).
최성환,「정조대 탕평정국의 군신의리 연구」, 서울대학교
    국사학과 박사학위 논문 (2009).
최주희,「조선후기 선혜청의 운영과 중앙재정구조의 변화
    : 재정기구의 합설과 지출경비 과정을 중심으로」,
    고려대학교 한국사학과 박사학위 논문 (2014).

——

사료

『경종실록』
『당의통략(黨議通略)』
『명의록(明義錄)』
『영조실록』
『이재난고(頤齋亂藁)』
『정조실록』
『한중록(閑中錄)』
『현고기(玄皐記)』

——

웹사이트

국립국어원 알고싶은한글 http://www.korean.go.kr/
    hangeul/

글

272~277 • 18세기 정리 _ 김덕련

사진

8 • 크리스토포리 피아노 _ The Metropolitan Museum of Art, Image source: Art Resource, NY

10~11 • 「음악 축제」_ EUROCREON/ The Bridgeman Art Library

12 • 「베토벤」_ EUROCREON/ The Granger Collection

13 • 「베니스의 사육제」_ De Agostini Editore S.p.A.

14 • 카페 프로코프 _ De Agostini Picture Library

16 • 마담 조프랭의 살롱 _ EUROCREON/ The Bridgeman Art Library

17 • 「1789년 7월 14일의 바스티유 감옥 습격」_ Chateau de Versailles, France / Bridgeman Images

22~25 • 「고소번화도」_ 중국 랴오닝성박물관

27 • 「우야궁예미인」_ 일본 도쿄국립박물관

28 • 「월야선유도」_ 국립중앙박물관

30 • 「천하전여총도」_ 개인 소장

36 • 영조 어진 _ 국립고궁박물관

38 • 이광좌 필적 _ 성균관대학교박물관

40 • 연잉군 초상 _ 국립고궁박물관

41 • 「조선국왕책봉고명」_ 한국학중앙연구원

43 • 「무신친정계첩」_ 국립중앙박물관

44 • 조현명 영정 _ 국립중앙박물관

45 • 「어제대훈」_ 국립고궁박물관

48 • 「천의소감」_ 한국학중앙연구원

50 • 「왕비책교명」_ 국립고궁박물관

53 • 홍봉한 초상 _ 경기도박물관

55 • 서명선 초상 _ 일본 덴리대학교

57 • 탕평비 탁본 _ 수원박물관

58 • 「균역청사목」_ 국립중앙도서관

61 • 면포 _ 한국학중앙연구원

63 • 「봉사도」_ 중국 중앙민족대학교

64 • 「부역실총」_ 규장각한국학연구원

65 • 상평통보 _ 국립중앙박물관

69 • 「속병장도설」_ 규장각한국학연구원

72 • 박문수 초상 _ 천안박물관

74 • 「양역실총」_ 규장각한국학연구원

75 • 「경세유표」_ 국립중앙도서관

76 • 영조 어보 _ 국립고궁박물관

82 • 「상관역우동문도」_ 삼성미술관Leeum

83 • 「상명동사제인 연우연용당도」_ 삼성미술관Leeum

85 • 돌 거북 _ 청계천문화관, 중앙문화재연구원

86 • 어제어필 _ 부산박물관

87 • 「도성도」_ 규장각한국학연구원

89 • 「사산금표도」_ 규장각한국학연구원

90 • 「자휼전칙」_ 국립중앙도서관

91 • 「북한지」_ 서울역사박물관

93 • 오간수문 철책문 _ 청계천문화관

98 • 「요계관방지도」_ 규장각한국학연구원

98 • 「천하고금대총편람도」_ 서울역사박물관

98 • 「조선팔도고금총람도」_ 숭실대학교한국기독교박물관

98 • 「영고탑총람도」_ 국립중앙도서관

98 • 「서북피아양계만리일람지도」_ 국립중앙도서관

99 • 「서북계도」_ 규장각한국학연구원

99 • 「대동여지도」_ 규장각한국학연구원

100 • 「관동도」_ 고려대학교박물관

100 • 「동국지도」_ 규장각한국학연구원

100 • 「신라고구려백제조조구역지도」_ 국립중앙도서관

100 • 「해동지도」_ 규장각한국학연구원

100 • 「동국지도」_ 국립중앙도서관

100 • 「해동여도」_ 규장각한국학연구원

100 • 「해동팔도봉화산악지도」_ 고려대학교대학원도서관

100 • 「천하여지도」_ 프랑스 프랑스국립도서관

100 • 「천하대총일람지도」_ 국립중앙도서관

100 • 「팔도총도」_ 규장각한국학연구원

101 • 「조선팔도지도」_ 규장각한국학연구원

101 • 「조선전도」_ 숭실대학교한국기독교박물관

101 • 「조선전도」_ 삼성미술관Leeum

101 • 「아국총도」_ 규장각한국학연구원

101 • 「천하도」_ 규장각한국학연구원

101 • 「여지고람도보」_ 국립중앙도서관

101 • 「해동지도」_ 규장각한국학연구원

101 • 「팔도지도」_ 규장각한국학연구원

101 • 「조선경도일본대판서국해변항로지도」_ 독도박물관

101 • 일본 태정관 문서 _ 일본 국립공문서관

101 • 한국도 _ 한국교회사연구소

101 • 「지나조선지도」_ 규장각한국학연구원

101 • 「해동여지도」_ 국립중앙도서관

101 • 「울릉도도항금지건의문」_ 독도박물관

101 • 「동국팔도대총도」_ 규장각한국학연구원

101 • 「조선전도」_ 한국교회사연구소

101 • 「해동여지도」_ 국립중앙도서관

101 • 「여지도」_ 규장각한국학연구원

101 • 「여지도」_ 국립중앙도서관

102 • 봉황산 _ 최인진

106 • 박지원 초상 _ 실학박물관

109 • 「담헌집」_ 숭실대학교한국기독교박물관

110 • 「열하일기」_ 규장각한국학연구원

113 • 「서북피아교계도」_ 국립중앙도서관

114 • 「박통사언해」_ 국립중앙도서관

117 • 「연경성시도」_ 국립중앙도서관

119 • 「북학의」_ 규장각한국학연구원

120 • 서명응 초상 _ 일본 덴리대학교

122 • 「겸가당아집도」_ 국립중앙박물관

124~125 • 「연행도」_ 숭실대학교한국기독교박물관

126 • 정약용 초상 _ 개인 소장

128 • 유형원 필적 _ 성균관대학교박물관

129 • 안산 옛 지도 _ 규장각한국학연구원

131 • 「하학지남」_ 규장각한국학연구원

136 • 「주교요지」_ 한국교회사연구소

143 • 전동성당 _ 연합뉴스

144 • 「인곡정사」_ 개인 소장

144 • 「장안연우」_ 간송미술관

144 • 「동문조도」_ 이화여자대학교박물관

144 • 「목멱조돈」_ 간송미술관

144 • 「풍계유택」_ 개인 소장

144 • 「인왕제색」_ 삼성미술관Leeum

145 • 「옥동청강」_ 개인 소장

145 • 「서교전의」_ 선문대학교박물관

145 • 「백악산」_ 간송미술관

145 • 「의금부」_ 개인 소장

(주)민음사는 이 책에 실린 모든 자료의 출처를 찾기 위해
최선을 다했습니다. 누락이나 착오가 있으면 다음 쇄를
찍을 때 꼭 수정하겠습니다.

'민음 한국사'를
펴내며

최근 불붙은 역사 교과서 논쟁이나 동아시아 역사 전쟁을 바라보면 해묵은, 그러나 항상 새롭기만 한 질문이 떠오른다. '지금 우리에게 역사란 무엇인가?' 어느 때보다 더 엄중해진 이 화두를 안고 고민을 거듭하던 2011년, 민음사에서 함께 대형 역사 시리즈를 만들자는 제안을 해 왔다. 어려운 시기에 많은 비용과 제작 기간을 필요로 하는 출판 프로젝트에 투자를 해 보겠다는 뜻이 반갑고 고마웠다.

구상 중이던 몇 가지 기획안을 제시하고 논의한 끝에 대장정에 들어간 것이 이번에 내놓는 '민음 한국사' 시리즈였다. 이 시리즈의 프로젝트 명은 '세기의 서書'였다. 『한국생활사박물관』, 『세계사와 함께 보는 타임라인 한국사』 등 한국사를 시각적이고 입체적으로 조명한 전작의 바탕 위에서 100년 단위로 한국사를 세계사의 흐름 속에서 통찰하는 본격 통사에 도전해 보자는 취지였다.

통사를 다루면서 주제에 따른 시대구분을 하지 않고 무미건조한 100년의 시간대를 적용한 것은 기존의 역사 인식을 해체하고 새로운 것을 준비한다는 의미가 있다. 왕조사관, 민족사관, 민중사관 등 일세를 풍미한 역사관에 따른 시대구분은 과거와 같은 힘을 발휘하지 못하고 있다. 그러나 21세기에 걸맞은 새로운 사관은 아직 정립되지 않았다. '민음 한국사'는 바로 그런 시기에 누구에게나 '평등'하게 다가오는 세기 단위로 역사를 재배열하고 그동안 우리가 놓친 것은 없을까, 잘못 본 것은 없을까 들여다보고 동시대의 세계사와 비교도 하면서 한국사의 흐름을 새롭게 파악해 보자는 제안이다.

또 십진법 단위의 연대기에 익숙한 현대 한국인에게는 18세기, 19세기 등 100년 단위나 386, 7080, 8090 등 10년 단위의 시기 구분이 '제국주의 시대'나 '무슨 정부의 시대'보다 더 폭넓은 공감대를 불러일으키기도 한다. 과거의 역사를 대상으로 그런 공감대를 넓혀 가다 보면, 좀 더 열린 공간에서 한국사를 재구성할 계기가 마련될 수 있을 것이다.

현대 한국인의 관점에서 볼 때 18세기는 매우 모순적인 시대였다. 한편에서는 17세기의 위기를 넘기고 찬란한 문화 부흥을 이룬 시기, 서학을 비롯한 신문물이 들어오고 북학을 비롯한 새로운 기운이 일어나며 신분 질서가 흔들리던 변화의 시기로 18세기를 바라본다. 그러나 한편에서는 편협하고 폐쇄적인 소중화론이 확산되고 가부장적인 유교 문화가 양반 사회는 물론 서민들에게까지 뿌리 내리던 보수적인 시기로 18세기를 보기도 한다.

하긴 역사상 어느 시대가 모순적이지 않은 때가 있었겠는가? 그런데도 특히 18세기가 그 양면성으로 인해 주목을 받는 이유는 다음에 이어지는 19세기 때문일 것이다. 18세기에 영국, 프랑스 등 서유럽의 선진국과 견주어도 뒤지지 않을 만큼 찬란한 문화의 융성을 뽐내던 조선이 바로 다음 세기에 극적일 정도로 쇠락하고 만다는 역사상을 대부분의 한국인이 갖고 있다. 그 원인은 무엇일까, 왜 조선은 19세기 들어 근대화의 대열에서 뒤처지게 되었을까? 그러한 안타까움이 사람들로 하여금 더욱더 18세기가 간직하고 있었을, 그리고 19세기로 이어지는 어느 지점에서 잃어버리고 만 '가능성'을 찾게 만드는 것 아닐까?

그러나 18세기는 18세기일 뿐이다. 18세기를 주도한 사람들, 예컨대 정조, 박지원, 정약용 등은 오늘날 우리가 알고 있는 19세기를 향해 나아가고 있지 않았다. 그들의 18세기는 결코 19세기나 20세기에 종속되지 않은 그들만의 시대였고, 그들은 이 시대를 자신들의 방식으로 살아 내었다. 그들의 삶, 그들의 꿈을 현대의 프리즘으로 굴절시키는 일 없이 되살려 내는 것은 어쩌면 그 시대를 계승한 우리 자신을 더 잘 보는 일일 수도 있다. '민음 한국사'의 18세기 편을 내놓으며 우리가 조금은 더 그런 목표에 가까이 다가갔기를 바라마지 않는다.

민음 한국사 　조선 04

I8세기

왕의 귀환

1판 1쇄 펴냄 2014년 12월 17일
1판 2쇄 펴냄 2021년 5월 24일

집필　　　김백철, 노대환, 염정섭, 오상학, 이욱, 정재훈, 최성환, 허용호
편저　　　강응천

발행인　　박근섭, 박상준
펴낸곳　　(주)민음사

출판등록　1966년 5월 19일 (제16-490호)
주소　　　서울특별시 강남구 도산대로1길 62(신사동) 강남출판문화센터 5층 (우편번호 06027)
대표전화　02-515-2000 | 팩시밀리 02-515-2007
홈페이지　www.minumsa.com

978-89-374-3714-4　　04910
978-89-374-3700-7　　(세트)

* 잘못 만들어진 책은 구입처에서 교환해 드립니다.